RÉUSSIR L'EXAMEN

1re générale
BAC 2022

prépabac

Français

- **Hélène Bernard**
  Agrégée de Lettres modernes
  Lycée Albert Camus (Bois-Colombes)

- **Denise Maréchal**
  Agrégée de Lettres modernes
  Lycée Le Likès – La Salle (Quimper)
  Chargée de cours en LEA Techniques de communication
  à l'Université de Bretagne Occidentale

- **Bérangère Touet**
  Agrégée de Lettres modernes
  Lycée Marie Curie (Nogent-sur-Oise)

- **Sophie Saulnier**
  Agrégée de Lettres modernes

- **Swann Spies**
  Agrégé de Lettres modernes
  Lycée François Truffaut (Beauvais)

Le site de vos révisions

L'achat de ce Prépabac vous permet de bénéficier d'un **ACCÈS GRATUIT*** à toutes les ressources d'**annabac.com** :

- fiches de cours, vidéos, quiz interactifs, sujets corrigés
- dans chaque matière, des parcours de révision

Pour profiter de cette offre, rendez-vous sur www.annabac.com !

* Selon les conditions précisées sur le site.

Hatier s'engage pour l'environnement en réduisant l'empreinte carbone de ses livres. Celle de cet exemplaire est de :
750 g éq. CO_2
Rendez-vous sur www.hatier-durable.fr

Achevé d'imprimer par L.E.G.O. S.p.A. - Lavis (TN) - Italie
Dépôt légal : 07823 - 9/01 - Juin 2021

Maquette de principe : Frédéric Jély
Mise en pages : STDI
Coordination éditoriale : Lisa Roche, Anne-Lise Barbanès
Édition : Charlotte Davreu, Sophie Lovera
Iconographie : Nadine Gudimard, Hatier Illustration
Illustrations : Juliette Baily

© Hatier, Paris, 2021   **ISBN** 978-2-401-07823-9

Sous réserve des exceptions légales, toute représentation ou reproduction intégrale ou partielle, faite, par quelque procédé que ce soit, sans le consentement de l'auteur ou de ses ayants droit, est illicite et constitue une contrefaçon sanctionnée par le Code de la Propriété Intellectuelle. Le CFC est le seul habilité à délivrer des autorisations de reproduction par reprographie, sous réserve en cas d'utilisation aux fins de vente, de location, de publicité ou de promotion de l'accord de l'auteur ou des ayants droit.

Mode d'emploi

■ Comment utiliser votre Prépabac tout au long de l'année ?

▶ Commencez par situer votre niveau de connaissance grâce au **TEST** en début de chaque chapitre.

▶ Dans les chapitres qui se rapportent aux œuvres au programme et aux épreuves, votre score vous permet d'établir **votre parcours de révision** dans le chapitre.

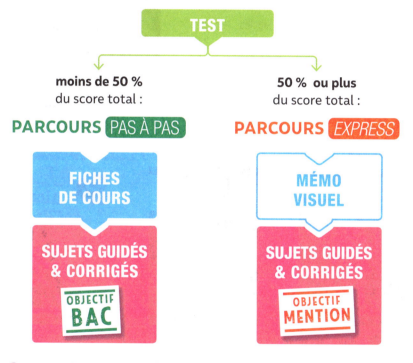

■ Comment vous organiser dans la dernière ligne droite ?

▶ Ciblez vos révisions et exercez-vous en priorité avec les **sujets OBJECTIF BAC** que vous n'avez pas encore traités.

▶ Vous trouverez aussi sur le site **annabac.com** des ressources utiles dans la phase de révision finale (voir ci-contre).

Il ne vous reste plus qu'à vous lancer !

SOMMAIRE

La poésie, du XIXᵉ au XXIᵉ siècle

1 La poésie : histoire littéraire et outils d'analyse

TEST Pour vous situer et identifier les fiches à réviser 14

FICHES DE COURS

1. Le genre poétique 16
2. La poésie au XIXᵉ siècle 18
3. La poésie aux XXᵉ et XXIᵉ siècles 20
4. La versification 22
5. Analyser un poème 24

MÉMO VISUEL 26

EXERCICES & CORRIGÉS 28

2 Les recueils de poésie au programme

  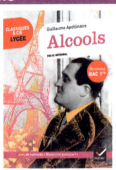

TEST Pour vous situer et établir votre parcours de révision 36

FICHES DE COURS

6. Hugo, *Les Contemplations* (livres I à IV)
   Parcours : « Les Mémoires d'une âme » 38
7. Baudelaire, *Les Fleurs du mal*
   Parcours : Alchimie poétique : la boue et l'or 40
8. Apollinaire, *Alcools*
   Parcours : Modernité poétique ? 42

MÉMO VISUEL 44

SUJETS GUIDÉS & CORRIGÉS

OBJECTIF BAC • OBJECTIF MENTION 46

La littérature d'idées, du XVIᵉ au XVIIIᵉ siècle

3 La littérature d'idées : histoire littéraire et outils d'analyse

TEST   Pour vous situer et identifier les fiches à réviser   58

FICHES DE COURS
- **9** Qu'est-ce que la littérature d'idées ?   60
- **10** La littérature d'idées aux XVIᵉ et XVIIᵉ siècles   62
- **11** La littérature d'idées au XVIIIᵉ siècle   64
- **12** Les stratégies argumentatives   66
- **13** Analyser un texte d'idées   68

MÉMO VISUEL   70

EXERCICES & CORRIGÉS   72

4 Les œuvres de littérature d'idées au programme

 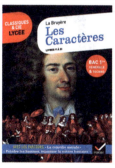 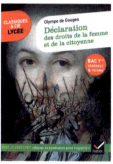

TEST   Pour vous situer et établir votre parcours de révision   80

FICHES DE COURS
- **14** Rabelais, *Gargantua*
  Parcours : « Rire et savoir »   82
- **15** La Bruyère, *Les Caractères* (livres V à X)
  Parcours : « La comédie sociale »   84
- **16** Olympe de Gouges, *Déclaration des droits de la femme et de la citoyenne*
  Parcours : « Écrire et combattre pour l'égalité »   86

MÉMO VISUEL   88

SUJETS GUIDÉS & CORRIGÉS

OBJECTIF BAC • OBJECTIF MENTION   90

SOMMAIRE

Le roman et le récit, du Moyen Âge au XXIe siècle

5 Le récit : histoire littéraire et outils d'analyse

TEST Pour vous situer et identifier les fiches à réviser — 102

FICHES DE COURS

- 17 Les écritures narratives — 104
- 18 Le récit, du Moyen Âge au XVIIIe siècle — 106
- 19 Le récit au XIXe siècle — 108
- 20 Le récit depuis le XXe siècle — 110
- 21 Analyser un extrait de récit — 112

MÉMO VISUEL — 114

EXERCICES & CORRIGÉS — 116

6 Les romans et récits au programme

TEST Pour vous situer et établir votre parcours de révision — 124

FICHES DE COURS

- 22 Mme de Lafayette, *La Princesse de Clèves*
  Parcours : Individu, morale et société — 126
- 23 Stendhal, *Le Rouge et le Noir*
  Parcours : Le personnage de roman : esthétiques et valeurs — 128
- 24 Yourcenar, *Mémoires d'Hadrien*
  Parcours : Soi-même comme un autre — 130

MÉMO VISUEL — 132

SUJETS GUIDÉS & CORRIGÉS

OBJECTIF BAC • OBJECTIF MENTION — 134

Le théâtre, du XVIIe siècle à nos jours

7 Le théâtre : histoire littéraire et outils d'analyse

TEST Pour vous situer et identifier les fiches à réviser — 146

FICHES DE COURS

25	Le genre théâtral	148
26	Le théâtre au XVIIe siècle	150
27	Le théâtre aux XVIIIe et XIXe siècles	152
28	Le théâtre aux XXe et XXIe siècles	154
29	Analyser un extrait de théâtre	156

MÉMO VISUEL — 158

EXERCICES & CORRIGÉS — 160

8 Les pièces de théâtre au programme

TEST Pour vous situer et établir votre parcours de révision — 168

FICHES DE COURS

30	Molière, *Le Malade imaginaire*
	Parcours : Spectacle et comédie	170
31	Marivaux, *Les Fausses Confidences*
	Parcours : Théâtre et stratagème	172
32	Lagarce, *Juste la fin du monde*
	Parcours : Crise personnelle, crise familiale	174

MÉMO VISUEL — 176

SUJETS GUIDÉS & CORRIGÉS

OBJECTIF BAC • OBJECTIF MENTION — 178

SOMMAIRE

Réussir l'épreuve écrite

9 Maîtriser les outils de l'analyse grammaticale et littéraire

TEST Pour vous situer et identifier les fiches à réviser	190

FICHES DE COURS

33	Analyser le lexique	192
34	Analyser les phrases	194
35	Étudier l'énonciation	196
36	Identifier la tonalité d'un texte	198

MÉMO VISUEL — 200

EXERCICES & CORRIGÉS — 202

10 Construire un commentaire de texte

TEST Pour vous situer et établir votre parcours de révision	208

FICHES DE COURS

37	Analyser le texte à commenter	210
38	Élaborer le plan et l'introduction d'un commentaire	212
39	Rédiger un commentaire de texte	214

MÉMO VISUEL — 216

SUJETS GUIDÉS & CORRIGÉS

OBJECTIF BAC • OBJECTIF MENTION — 218

11 Construire une dissertation

TEST Pour vous situer et établir votre parcours de révision — 228

FICHES DE COURS

- **40** Analyser un sujet de dissertation — 230
- **41** Construire le plan d'une dissertation — 232
- **42** Rédiger une dissertation — 234

MÉMO VISUEL — 236

SUJETS GUIDÉS & CORRIGÉS

OBJECTIF BAC · OBJECTIF MENTION — 238

12 Améliorer ses écrits

TEST Pour vous situer et identifier les fiches à réviser — 248

FICHES DE COURS

- **43** Faire des phrases courtes et bien construites — 250
- **44** Exprimer des relations logiques — 252
- **45** Éviter les répétitions — 254
- **46** Écrire sans fautes — 256

MÉMO VISUEL — 258

EXERCICES & CORRIGÉS — 260

SOMMAIRE

Réussir l'épreuve orale

13 Préparer et passer l'épreuve

TEST — Pour vous situer et établir votre parcours de révision — 270

FICHES DE COURS
- **47** Préparer l'épreuve orale — 272
- **48** Réussir la première partie de l'oral — 274
- **49** Présenter une œuvre à l'oral — 276
- **50** Dialoguer avec l'examinateur — 278

MÉMO VISUEL — 280

SUJETS GUIDÉS & CORRIGÉS
OBJECTIF BAC • OBJECTIF MENTION — 282

14 Être à l'aise à l'oral

TEST — Pour vous situer et identifier les fiches à réviser — 292

FICHES DE COURS
- **51** Se présenter devant un public — 294
- **52** Retenir l'attention du jury — 296
- **53** S'exprimer efficacement — 298

MÉMO VISUEL — 300

EXERCICES & CORRIGÉS — 302

Annexes

Corrigés des tests — 306
Lexique littéraire — 308
Tableaux de grammaire — 316

La poésie, du XIXe au XXIe siècle

La poésie

1 La poésie : histoire littéraire et outils d'analyse

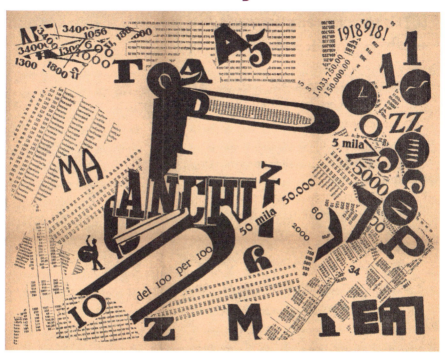

TEST	Pour vous situer et identifier les fiches à réviser	14
FICHES DE COURS	1 Le genre poétique	16
	2 La poésie au XIXe siècle	18
	3 La poésie aux XXe et XXIe siècles	20
	4 La versification	22
	5 Analyser un poème	24
	MÉMO VISUEL	26
EXERCICES & CORRIGÉS	• *Méditations poétiques*, Alphonse de Lamartine (1820)	28
	• *Les Fleurs du mal*, Charles Baudelaire (1857-1861)	30
	• *Les Amours jaunes*, Tristan Corbière (1873)	31

13

TESTEZ-VOUS

→ CORRIGÉS P. 306-307

Faites le point sur vos connaissances puis établissez votre **parcours de révision** en fonction de votre score.

1 Maîtriser les caractéristiques de la poésie
→ FICHE 1

1. Quelles sont les caractéristiques de la poésie ?
- a. Elle crée un monde.
- b. Elle dissocie forme et sens.
- c. Elle a son propre usage de la langue.
- d. Elle utilise toujours le vers.

2. Vrai ou faux ?

	VRAI	FAUX
a. Les contraintes de la versification sont un obstacle à la créativité poétique.	☐	☐
b. La poésie est un art de la suggestion.	☐	☐
c. Le poète est un voyant.	☐	☐
d. L'« art poétique » désigne l'habilité d'un poète à manier la versification.	☐	☐ …/2

2 La poésie du XIXe siècle au XXIe siècle
→ FICHES 2 et 3

1. Reliez chaque poète au courant auquel il appartient.

- Théophile Gautier •
- Alphonse de Lamartine •   • romantisme
- Victor Hugo •   • Parnasse
- Paul Verlaine •   • symbolisme
- Charles Baudelaire •

2. Lesquels de ces recueils n'ont pas été écrits au XIXe siècle ?
- a. *Les Fleurs du mal* (Ch. Baudelaire)
- b. *Romances sans paroles* (P. Verlaine)
- c. *Les Regrets* (J. Du Bellay)
- d. *Alcools* (G. Apollinaire)

3. Quelles sont les caractéristiques de la poésie surréaliste ?
- a. Elle décrit avec précision le réel.
- b. Elle prend le rêve comme modèle.
- c. Elle s'affranchit des règles de la versification.
- d. C'est une poésie engagée.

…/3

| TEST | FICHES DE COURS | EXERCICES |

3 Connaître les règles de la versification

→ FICHE 4

1. Cochez la (ou les) bonne(s) réponse(s).

☐ **a.** Un sonnet est un poème de douze vers.

☐ **b.** Un sonnet est composé de quatre strophes.

☐ **c.** Un rondeau comporte un refrain.

☐ **d.** Une ballade est une forme libre.

2. Dans les vers ci-dessous, vous reconnaissez :

☐ **a.** un rejet　　☐ **c.** des rimes suivies　　☐ **f.** des rimes croisées

☐ **b.** un trimètre romantique　　☐ **d.** une diérèse　　☐ **g.** des alexandrins

☐ **e.** des assonances　　☐ **h.** un contre-rejet

Le pré est vénéneux mais joli en automne
Les vaches y paissant
Lentement s'empoisonnent
Le colchique couleur de cerne et de lilas
Y fleurit tes yeux sont comme cette fleur-là
Violâtres comme leur cerne et comme cet automne
Et ma vie pour tes yeux lentement s'empoisonne

Guillaume Apollinaire, « Les Colchiques », *Alcools*, 1913.
© Éditions Gallimard   .../2

4 Analyser un poème

→ FICHE 5

Quels sont les trois éléments clés pour analyser l'extrait suivant ?

La surface du pain est merveilleuse d'abord à cause de cette impression quasi panoramique qu'elle donne : comme si l'on avait à sa disposition sous la main les Alpes, le Taurus ou la Cordillère des Andes.

Ainsi donc une masse amorphe en train d'éructer fut glissée pour nous dans le four stellaire, où durcissant elle s'est façonnée en vallées, crêtes, ondulations, crevasses... Et tous ces plans dès lors si nettement articulés, ces dalles minces où la lumière avec application couche ses feux, — sans un regard pour la mollesse ignoble sous-jacente. [...]

Francis Ponge, « Le pain », *Le Parti pris des choses*, 1942.
© Éditions Gallimard

☐ **a.** la versification　　☐ **c.** la tonalité　　☐ **e.** les champs lexicaux

☐ **b.** les images　　☐ **d.** les enjambements　　☐ **f.** le rythme   .../1

Score total .../8

1 • La poésie : histoire littéraire et outils d'analyse   **15**

1 Le genre poétique

En bref *La poésie est avant tout un travail sur les mots, sur le langage : est poète celui qui réinvente la langue. Ce faisant, la poésie réinvente le monde : elle nous le donne à voir autrement.*

I Réinventer la langue

1 L'usage courant de la langue

■ Un mot a une face matérielle, le signifiant (ensemble de sons et de lettres), et une face immatérielle qui est dotée d'un sens : le signifié.

■ Signifié et signifiant sont indissociables l'un de l'autre et renvoient à un objet du monde (le référent), qu'il soit concret « la table » ou abstrait « le bien ». Qu'on le nomme « table » ou *tavola*, l'objet table ne change pas. On dit que le mot est arbitraire ou immotivé : il n'y a pas de lien direct entre le mot et l'objet qu'il désigne.

2 L'usage poétique de la langue

■ Le poète Stéphane Mallarmé regrette que les mots de la langue soient si mal assortis à ce qu'ils désignent (leur référent). Ainsi, il considère que les sonorités des mots « jour » et « nuit » ne correspondent pas à la réalité qu'ils désignent : alors que le mot « nuit » a un timbre clair, le mot « jour » a un timbre sombre.

■ C'est alors à la poésie de « rémunérer le défaut des langues » : chercher à ce que les mots arrivent à être plus près des choses. Dans l'usage poétique de la langue, le poète cherche à faire correspondre forme et sens, à remotiver les mots.

■ « Manier savamment une langue, c'est pratiquer une espèce de *sorcellerie évocatoire*. » Comme l'écrit Baudelaire, c'est donc bien le travail sur la langue qui permet de créer un monde. C'est ce que fait la **poésie**.

> **À NOTER**
>
> Le mot « **poésie** » vient du verbe grec *poiein* qui signifie « faire, créer ». Le poète est celui qui, à l'aide de la matière des mots, crée un monde.

3 Le poète, un être à part ?

■ Le poète est souvent pensé comme un être à part, qui a accès à une autre vérité, au-delà du langage de tous les jours.

■ Le poète « pareil aux prophètes [...] voit, quand les peuples végètent ! », c'est ainsi que Victor Hugo le définit dans un poème intitulé « Fonction du poète » (1829). Plus tard, en 1871, Arthur Rimbaud écrit que « Le Poète se fait voyant par un long, immense et raisonné dérèglement de tous les sens ».

II L'apport des contraintes

On pourrait penser que les nombreuses contraintes de la versification () brident l'imagination. Or, comme l'écrit Baudelaire à propos du sonnet « parce que la forme est contraignante, l'idée jaillit plus intense ». On peut, à partir de là, donner quelques caractéristiques de la poésie.

■ **L'intensité.** Les formes sont souvent brèves, l'idée doit se mouler dans le mètre du vers. Cela oblige à chercher l'intensité plutôt que la longueur, ce que permet la métonymie : « la pâle mort » = la mort qui rend pâle.

■ **La suggestion.** La poésie n'est pas explicative, elle montre, elle suggère. Pour cela, elle se sert d'images. Toutes les figures de l'analogie sont privilégiées : comparaison, métaphore, allégorie, personnification.

■ **Les rapprochements.** Les mots mis à la rime ont du poids, ils sont mis en relation, et cette relation peut créer du sens. Ainsi, il n'est pas anodin de mettre à la rime « tyrannique » et « république » (La Fontaine).

■ **Les mises en relief.** Anaphores, parallélisme, chiasmes se jouent des structures du vers. L'alexandrin et sa césure à l'hémistiche peuvent renforcer le poids d'une antithèse : « Qui produit la richesse/en créant la misère. » (Victor Hugo)

> **À NOTER**
> On qualifie d'**art poétique** un poème dans lequel le poète expose sa conception de la poésie et la met en pratique (ex. : Verlaine, « Art poétique »).

zoOm — Le poète et sa muse

La figure du poète est souvent associée à une muse. Dans ce tableau, Le Douanier-Rousseau (1844-1910) représente Guillaume Apollinaire accompagné de Marie Laurencin dont le poète fut amoureux. Elle le tient par l'épaule et lui montre le chemin de la poésie.

Le Douanier Rousseau, *La Muse inspirant le poète*, 1909.

1 • La poésie : histoire littéraire et outils d'analyse

2 La poésie au XIXᵉ siècle

En bref | *Le XIXᵉ siècle révolutionne la poésie de l'âge classique, tant dans son contenu que dans ses formes.*

I Trois influences

1 | Le romantisme

■ Le courant romantique, qui marque l'histoire des idées au cours de la première partie du XIXᵉ siècle, trouve dans la poésie un genre particulièrement adapté à l'expression des sentiments.

■ Les *Méditations poétiques* d'Alphonse de Lamartine, parues en 1820, sonnent le début de la poésie romantique marquée par le lyrisme : l'amour, la fuite du temps, la nature en sont les principaux thèmes.

■ Après l'échec des révolutions de 1830 et de 1848, certains poètes se tournent vers une écriture repliée sur le « je » et ses souffrances. Ainsi Alfred de Musset écrit : « Faire une perle d'une larme, / Du poète ici-bas voilà la passion ». D'autres prolongent leur action politique dans la poésie, comme Victor Hugo avec son recueil *Les Châtiments* (1852).

2 | Le Parnasse

Lassés du lyrisme romantique, ainsi que du réalisme et du naturalisme, certains poètes (Théophile Gautier, Leconte de Lisle, José-Maria de Hérédia, Banville, Villiers de l'Isle-Adam) revendiquent une poésie qui cherche le Beau et non l'utile. Ils prônent une poésie impersonnelle. La beauté de la forme l'emporte sur le sens. C'est l'Art pour l'Art.

3 | Le symbolisme

■ D'accord avec le Parnasse pour se positionner contre le naturalisme qui prétend expliquer mécaniquement l'homme, le symbolisme s'en démarque néanmoins.

■ Le sens est restauré, mais il n'est pas donné d'emblée : il est suggéré par des images, le symbole, mystère à déchiffrer dont le poète peut donner les clés ; c'est ce que fait Charles Baudelaire dans les « Correspondances ». D'autres, comme Stéphane Mallarmé s'engagent dans une poésie plus hermétique.

> **À NOTER**
> Il est souvent difficile de réduire un poète à un seul mouvement littéraire ; ainsi, le recueil *Les Fleurs du mal* de Baudelaire relève aussi bien du romantisme, du réalisme que du symbolisme.

■ La recherche des harmonies musicales (Paul Verlaine) et d'un langage inédit, derrière lequel le « je » s'efface pour laisser parler le monde (Arthur Rimbaud), en est aussi une caractéristique.

18

II L'exploration des formes

1 Reprise de formes anciennes

■ Les poètes empruntent à la poésie médiévale et à celle du XVIe siècle l'ode et la ballade. Ils sont aussi séduits par la musicalité de la chanson. Victor Hugo fait paraître *Odes et ballades* en 1822, Laforgue reprend les rythmes des chansons populaires dans ses *Complaintes*.

■ Les poètes n'oublient pas le sonnet mais le retravaillent de multiples façons.

2 La libération du vers

■ Victor Hugo, chef de file du romantisme, prône la libération du vers : il s'agit de casser la monotone cadence de l'alexandrin par l'utilisation du **trimètre romantique** et des enjambements.

 MOT CLÉ
Le **trimètre romantique** refuse la césure à l'hémistiche (6//6) : *Je suis banni !/je suis proscrit !/ je suis funeste !* (Hugo)

■ L'alexandrin n'est plus la règle ; bien souvent les poètes lui préfèrent l'octosyllabe, ou même des vers de trois ou quatre syllabes. Paul Verlaine revendique le vers impair : « De la musique avant toute chose, / Et pour cela préfère l'Impair ».

■ Aloysius Bertrand (*Gaspard de la nuit*, 1842), innove avec le poème en prose. Charles Baudelaire (*Le Spleen de Paris*, 1869) et Arthur Rimbaud (*Illuminations*, 1872-1875) s'y essayent également.

■ Gérard de Nerval (*Les Filles du feu*) mêle prose poétique et poèmes en vers.

zOOm

Les « Vilains Bonshommes »

Henri Fantin-Latour, *Un coin de table*, 1872.

Fantin-Latour immortalise une réunion de poètes parnassiens, surnommés par la critique les « Vilains Bonshommes ». On reconnaît, assis à gauche, Paul Verlaine et Arthur Rimbaud.

3 La poésie aux xxᵉ et xxiᵉ siècles

En bref *Aux xxᵉ et xxiᵉ siècles, les poètes explorent les voies ouvertes par la poésie de la fin du xixᵉ siècle et multiplient expériences et expérimentations.*

I La première moitié du xxᵉ siècle

1 L'esprit nouveau

■ Guillaume Apollinaire (*Alcools*, 1912) et Blaise Cendrars (*Du monde entier*, 1912-1924) conservent les grands thèmes de la poésie lyrique, mais introduisent des éléments de la modernité : la ville, la « rue industrielle », le quotidien prosaïque.

■ Ils recherchent aussi une écriture nouvelle, suppriment toute ponctuation, utilisent le vers libre, travaillent les calligrammes. Ils sont fortement influencés par la peinture qui connaît elle aussi de grandes évolutions avec les débuts du cubisme. C'est la surprise qui, pour Apollinaire, est le « ressort de la poésie nouvelle ».

2 Le surréalisme

■ La poésie est le genre littéraire privilégié du surréalisme. L'amour et l'éloge de la femme sont les thèmes principaux. *Capitale de la douleur* de Paul Éluard en est une bonne illustration.

■ L'acte poétique est conçu comme un acte révolutionnaire. Les procédés du rêve (association d'idées, images, contradictions, images saugrenues...) sont pris comme modèle de l'écriture.

■ La période de la Seconde Guerre mondiale et la Résistance sont propices à la poésie engagée. Paul Éluard écrit « Liberté », lancé sous forme de tract par l'aviation britannique. C'est « L'honneur des poètes » (anthologie publiée clandestinement en 1943) que de résister avec leurs armes : les mots. Les poètes Robert Desnos, René Char, s'engagent dans la Résistance.

3 La diversité

La poésie de cette période ne se réduit pas au courant surréaliste, d'autant que de nombreux poètes, comme Louis Aragon (*Les Yeux d'Elsa*), quittent ce mouvement.

■ Paul Valéry et Paul Claudel redonnent un souffle lyrique au monde dans de grandes odes ou de longs poèmes. Paul Claudel adopte la forme du verset.

■ Jacques Prévert, dans *Paroles* (1945) adopte un ton plus léger et une langue plus populaire qui se rapproche parfois de la chanson.

TEST ▶ **FICHES DE COURS** ▶ EXERCICES

II De l'après-guerre à aujourd'hui

1 Expérimentations du langage

■ L'**OuLiPo** retrouve la joie de la forme et des contraintes. Raymond Queneau publie *Cent mille milliards de poèmes*, 12 sonnets dont les 14 vers découpés peuvent se combiner entre eux.

> **MOT CLÉ**
> L'**OuLiPo** (Ouvroir de Littérature Potentielle), né en 1960, explore les potentialités de la littérature par le jeu des contraintes et la recherche de formes nouvelles.

■ Dans la lignée de Guillaume Apollinaire, les poèmes se font plus graphiques, les poètes travaillent sur son aspect visuel, suppriment la ponctuation, jouent à confondre prose et poésie et adoptent le poème en prose.

2 Expérimentations du monde et expérimentations intérieures

■ Les descriptions attentives des objets du quotidien, de l'anodin, sont en même temps un retour aux réalités du monde et une réflexion sur ce que peut en dire la poésie (Francis Ponge, *Le Parti pris des choses*, 1942 ; Yves Bonnefoy, *Les Planches courbes*, 2001).

■ Aimé Césaire et Léopold Sédar Senghor, hommes politiques et poètes, créent une poésie de la « négritude » qui dit l'identité africaine et les malheurs dus à la colonisation.

■ Les poètes se livrent également à des explorations intérieures : Henri Michaux, poète, voyageur et peintre, mêle écriture et dessin sous l'influence de la mescaline ; Bernard Noël mêle expérience intérieure, expérience du corps et prise de position politique dans une écriture dénuée de tout lyrisme.

zoOm

Le surréalisme en peinture

La peinture surréaliste, comme la poésie surréaliste, explore le monde du rêve et les images étranges qui l'habitent.

Salvador Dalí, *Rêve causé par le vol d'une abeille autour d'une pomme-grenade une seconde avant l'éveil*, 1944.

1 • La poésie : histoire littéraire et outils d'analyse   21

4 La versification

En bref *S'il faut toujours lier analyse du sens et analyse de la forme, c'est encore plus vrai en poésie. Vous devez maîtriser les principes de la versification.*

I Formes fixes et formes libres

1 Les formes fixes

■ Les poèmes à forme fixe reposent sur une division en vers et en strophes.
• Le vers est reconnaissable graphiquement (retour à la ligne) et auditivement par le retour de la rime qui délimite un mètre, défini par le **nombre de syllabes** du vers. Les plus courants sont l'octosyllabe, le décasyllabe et l'alexandrin.

À NOTER
Le [ə] n'est prononcé ni en fin de vers, ni devant une voyelle. Il est prononcé (et compté) quand il précède une consonne ou un *h* aspiré : [muvəmã].

• Les vers sont regroupés en strophes : les plus fréquentes sont le distique (2 vers), le tercet (3 vers) et le quatrain (4 vers).

■ Les formes fixes les plus utilisées jusqu'au XIXe siècle sont :
• la ballade, composée de trois strophes et un envoi (une demi-strophe) ;
• l'ode, poème lyrique, chanté à l'origine, et alternant trois strophes correspondant à un mouvement de danse ;
• le sonnet, constitué de deux quatrains et deux tercets.

2 Les formes libres

À partir du milieu du XIXe siècle, les poètes s'affranchissent des contraintes formelles. Se développent ainsi :
• le poème en prose, qui joue sur les sonorités, les rythmes et les images sans s'astreindre aux contraintes du vers.
• le calligramme, dont la disposition des lettres tente de représenter sur l'espace de la page l'objet même qui en est le thème.

II Les jeux sur les sonorités

■ Dans les poèmes à forme fixe, les vers sont associés deux à deux par des rimes. Celles-ci peuvent être plates ou suivies (aabb), embrassées (abba), ou croisées (abab). La rime est dite pauvre si un seul phonème est répété, suffisante (2 phonèmes), ou riche (3 et plus).

■ Pour qualifier la répétition d'un son ailleurs qu'à la rime, on parle d'allitération (sons consonantiques) ou d'assonance (sons vocaliques).

| TEST | **FICHES DE COURS** | EXERCICES |

■ Selon le mètre, les sons [j], [je], [jœ], [jɛ]... peuvent se prononcer en une seule syllabe (**synérèse** -ion-, -ier-...) ou en deux syllabes (**diérèse** -i-on-, -i-er- ...).

III Le rythme des vers

■ La **césure** (//) est la coupe principale du vers. Dans un alexandrin, la césure 6//6 est dite « à l'hémistiche ».

■ Les **coupes** (/) sont des rythmes secondaires.

Dieux d'argent/qui tenaient//des saphirs/dans leurs mains. (Éluard)
3/3//3/3 : il s'agit d'un tétramètre régulier.

■ Il arrive que la syntaxe ne s'assujettisse pas au moule du vers, créant un effet de discordance. On distingue trois cas :
• l'**enjambement** : la phrase court sur deux vers :

Les vibrantes douleurs dans ton cœur plein d'effroi
Se planteront bientôt comme dans une cible. (Baudelaire)

• le **rejet** : une partie du groupe syntaxique est rejeté dans le vers suivant :

Trois mille six cent fois par heure, la Seconde
Chuchote : souviens-toi !-[...] (Baudelaire)

• le **contre-rejet** : la partie brève est en fin de vers et la suite du groupe syntaxique est dans le vers suivant :

Les minutes, mortel folâtre, sont des gangues
Qu'il ne faut pas lâcher sans en extraire l'or ! (Baudelaire)

Peinture ou poème ?

Le peintre futuriste Marinetti se sert du potentiel graphique et sonore des lettres pour composer une page visuellement rythmée et bruyante.

Filippo Tommaso Marinetti, *Les Mots en liberté*, 1919.

1 • La poésie : histoire littéraire et outils d'analyse

5 Analyser un poème

En bref *Un poème est une forme souvent brève et parfois déroutante. Comment procéder pour l'appréhender ?*

Étape 1 — Identifier les caractéristiques du poème

■ Même si l'analyse d'un poème ne peut se réduire à l'étude de sa forme, il est nécessaire de commencer par repérer les caractéristiques formelles.

• Comment s'inscrit le poème sur le blanc de la page ? A-t-il une forme ramassée, allongée ? Est-ce en relation avec son sens ? Veut-il mimer le thème dont il parle, comme un calligramme par exemple ?

• Quel est le système de strophes ? Peut-on reconnaître une **forme fixe** ? Si oui, le poète respecte-t-il les règles ou les retravaille-t-il à sa manière ?

• Quel est le type de rimes (plates, embrassées, croisées) ? Y a-t-il une alternance dans le choix des rimes ? Au contraire, le poème est-il tout en rimes suivies, par exemple ?

> 👍 **CONSEIL**
> Pour analyser un **sonnet**, rappelez-vous que les quatrains ont un contenu plus abstrait que les tercets, dont le rôle est illustratif. Le dernier vers (la chute) peut donner la clé du poème.

• Quel est le mètre employé (octosyllabes, décasyllabes, alexandrins…) ? Le poème est-il hétérométrique (utilisation de divers mètres) ou isométrique (utilisation d'un seul mètre). Où se font les césures (pauses) ? Quel rythme donnent-elles au poème ? Y a-t-il des enjambements ?

■ Toutes ces caractéristiques vous permettent-elles de reconnaître l'influence d'un courant littéraire auquel le poète appartiendrait ou duquel il se démarquerait ? Faites appel à vos connaissances et aux informations données par le paratexte.

Étape 2 — Cerner le propos du poète

1 | L'énonciation et les thématiques

■ Le poème est-il à la première personne ? Est-il adressé à quelqu'un (la femme aimée, le lecteur, une allégorie…) ? Est-il situé dans le temps et dans l'espace ?

■ On retrouve, à travers l'histoire de la poésie, des grandes thématiques comme l'amour (rencontre amoureuse, coup de foudre), le passage du temps, le deuil, la beauté, la poésie elle-même. Mais n'oubliez pas que tout est permis à l'écriture poétique, il n'y a pas de thème interdit : laissez parler le texte et laissez-vous surprendre.

TEST **FICHES DE COURS** EXERCICES

2 | Les tonalités

■ La poésie est généralement associée au lyrisme, qu'il soit expression du bonheur ou du malheur (dans ce cas on parle de lyrisme élégiaque). Mais il peut être aussi épique, didactique, satirique, burlesque (→ FICHE 36).

> **À NOTER**
> Si le **poème lyrique** célèbre la beauté de la nature, il peut aussi célébrer la beauté de la ville, son mouvement, son bruit, ses couleurs (ex. : « Zone » d'Apollinaire).

■ Le poème défend-il une cause, une opinion ? S'inscrit-il dans un débat d'idées ? Incite-t-il à l'action comme les poèmes de la Résistance, par exemple ? On parle alors de poésie engagée.

Étape 3 Affiner la lecture

1 | Musicalité

■ Une fois repéré le type de rimes, on doit regarder quels mots elles servent à mettre en écho. Cet écho provoque-t-il la surprise ?

■ Il faut être attentif à tous les jeux d'allitérations et d'assonances (→ FICHE 3) qui tendent à mimer ce dont le poème parle.

■ Pour l'analyse des poèmes en prose, il faut mettre en évidence les rimes internes, les alexandrins cachés, etc., tout ce qui relève de la musicalité poétique.

> **À NOTER**
> Le **vers libre** est un vers libéré de la régularité du mètre, des césures et des coupes. Il remplace souvent les rimes par des assonances.

2 | Images

■ En tant qu'art du langage, la poésie en utilise toutes les possibilités. Il est nécessaire d'analyser les images, métaphores, analogies, comparaisons et d'en exploiter le sens, voire la multiplicité des sens.

■ Les images peuvent aussi être suggérées par le jeu des connotations, par la description d'une atmosphère : le lecteur semble percevoir ce que décrit le poème.

3 | Jeux de langages

Un poème possède souvent plusieurs sens : soyez particulièrement attentif à la polysémie des mots pour comprendre toutes les dimensions du poème.

> Nos pieds glissaient d'un pur et large mouvement (Verlaine)
> [« pied » renvoie à la fois à la partie du corps et à l'ancienne unité de mesure du mètre poétique : ce qui semblait le récit d'une anecdote devient ainsi un poème sur la poésie]

1 • La poésie : histoire littéraire et outils d'analyse   **25**

MÉMO VISUEL

Les mots clés

Pour identifier un poème
- **type de poème :** forme fixe, forme libre, poème en prose, calligramme, art poétique…
- **fonction :** louer, déplorer, dénoncer, décrire, définir la poésie…
- **tonalité :** lyrique, polémique, comique, didactique…
- **singularité du poème :** thème, inventivité, sentiments…

Pour analyser la versification
- **strophe :** distique, tercet, quatrain…
- **mètre :** octosyllabe, décasyllabe, alexandrin…
- **rythme :** césures et pauses ; synérèse/diérèse ; enjambement, rejet, contre-rejet
- **rimes :** suivies, embrassées, croisées ; riches/pauvres

LA POÉSIE

Quelques œuvres clés à connaître

XIXᵉ siècle
- *Châtiments* (1852), *Contemplations* (1856), Victor Hugo
- *Les Fleurs du mal* (1857), Charles Baudelaire
- *Une saison en enfer* (1873), *Illuminations* (1872-1875), Arthur Rimbaud
- *Jadis et naguère* (1884), Paul Verlaine

TEST · FICHES DE COURS · EXERCICES

La méthode

Comment analyser un poème ?

1. Caractériser la **forme** du poème
2. Identifier l'**énonciation** (présence du poète, d'un destinataire…)
3. Repérer le ou les **thèmes** (amour, mort, nature, guerre, poésie, objet…)
4. Déterminer la **tonalité** dominante
5. Analyser les **images** (métaphores, allégories…) et la **musicalité** (allitérations, assonances, rythmes…)

DU XIXᵉ AU XXIᵉ SIÈCLE

Les principaux courants

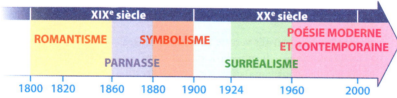

XXᵉ siècle

- *Alcools* (1913), Guillaume Apollinaire
- *La prose du Transsibérien et de la petite Jehanne de France* (1913), Blaise Cendrars
- *La nuit remue* (1935), Henri Michaux
- *Le Parti pris des choses* (1942), Francis Ponge

XXIᵉ siècle

- *Où vont les arbres ?* (2011), Vénus Khoury-Ghata
- *Le Poème des morts* (2017), Bernard Noël

1 • La poésie : histoire littéraire et outils d'analyse

▶ EXERCICES

Méditations poétiques, Alphonse de Lamartine (1820)

1 **Complétez ce texte avec les mots proposés.**

classique • sentiments • romantisme • nature • âme • succès

▶ C'est à l'âge de trente ans que Lamartine publie son premier recueil de poèmes, *Méditations poétiques*. Le recueil connaît un grand .... et est considéré comme l'acte de naissance du ....

▶ Dans cette œuvre de forme relativement ...., la nouveauté est la large place donnée à l'expression des .... Comme d'autres écrivains romantiques, Lamartine cherche dans la .... une concordance avec ses états d'..................... .

> **MOT CLÉ**
> **Fuite du temps** : le temps passe et s'écoule, de la naissance à la mort, de manière inexorable. La poésie en fait un de ses thèmes privilégiés, souvent sur le mode du regret et de la déploration.

2 **Lisez l'extrait et répondez aux questions.**

Après la mort de la femme aimée, le poète revient sur les rives du lac qu'il prend à témoin de l'amour disparu et à qui il confie sa douleur.

▢ marques d'énonciation
▢ caractérisation de la nature
▢ thème de la fuite du temps

Le lac

Ainsi, toujours poussés vers de nouveaux rivages,
Dans la nuit éternelle emportés sans retour,
Ne pourrons-nous jamais sur l'océan des âges
Jeter l'ancre un seul jour ?

5   Ô lac ! l'année à peine a fini sa carrière[1],
Et près des flots chéris qu'elle devait revoir,
Regarde ! je viens seul m'asseoir sur cette pierre
Où tu la vis s'asseoir !

Tu mugissais ainsi sous ces roches profondes,
10 Ainsi tu te brisais sur leurs flancs déchirés,
Ainsi le vent jetait l'écume de tes ondes
Sur ses pieds adorés.

Un soir, t'en souvient-il ? nous voguions en silence ;
On n'entendait au loin, sur l'onde et sous les cieux,
15 Que le bruit des rameurs qui frappaient en cadence
Tes flots harmonieux.

28

TEST ⟩ FICHES DE COURS ⟩ **EXERCICES**

Tout à coup des accents inconnus à la terre
Du rivage charmé frappèrent les échos ;
Le flot fut attentif, et la voix qui m'est chère
20 Laissa tomber ces mots :

« Ô temps ! suspends ton vol, et vous, heures propices !
Suspendez votre cours :
Laissez-nous savourer les rapides délices
Des plus beaux de nos jours !

25 « Assez de malheureux ici-bas vous implorent,
Coulez, coulez pour eux ;
Prenez avec leurs jours les soins qui les dévorent ;
Oubliez les heureux.

« Mais je demande en vain quelques moments encore,
30 Le temps m'échappe et fuit ;
Je dis à cette nuit : Sois plus lente ; et l'aurore
Va dissiper la nuit.

« Aimons donc, aimons donc ! de l'heure fugitive,
Hâtons-nous, jouissons !
35 L'homme n'a point de port, le temps n'a point de rive ;
Il coule, et nous passons ! »

Temps jaloux, se peut-il que ces moments d'ivresse,
Où l'amour à longs flots nous verse le bonheur,
S'envolent loin de nous de la même vitesse
40 Que les jours de malheur ?
[...]
Ô lac ! rochers muets ! grottes ! forêt obscure !
Vous, que le temps épargne ou qu'il peut rajeunir,
Gardez de cette nuit, gardez, belle nature,
Au moins le souvenir !

45 Qu'il soit dans ton repos, qu'il soit dans tes orages,
Beau lac, et dans l'aspect de tes riants coteaux,
Et dans ces noirs sapins, et dans ces rocs sauvages
Qui pendent sur tes eaux.

Qu'il soit dans le zéphyr[2] qui frémit et qui passe,
50 Dans les bruits de tes bords par tes bords répétés,
Dans l'astre au front d'argent qui blanchit ta surface
De ses molles clartés.

1 • La poésie : histoire littéraire et outils d'analyse   **29**

Que **le vent qui gémit, le roseau qui soupire**,
Que **les parfums légers de ton air embaumé**,

55 Que tout ce qu'on entend, l'on voit ou l'on respire,
Tout dise : Ils ont aimé !

Alphonse de Lamartine, *Méditations poétiques*, 1820.

1. Trajectoire : l'année s'est écoulée.
2. Vent léger et doux.

1. Repérez les différents mouvements du texte : complétez les pointillés en regard du texte avec des intitulés qui les résument.

2. À partir de l'étude de l'énonciation dans les cinq premières strophes et de l'analyse des expressions surlignées en rose, montrez que ce poème est aussi un hymne à la nature.

3. En vous appuyant sur les termes soulignés, montrez l'omniprésence du thème de la fuite du temps et mettez au jour l'opposition entre deux temporalités.

Les Fleurs du mal, Charles Baudelaire (1857-1861) → FICHE 2

3 **Complétez ce texte avec les mots proposés.**

Spleen et idéal • sérénité • romantisme noir • mélancolie • tension • procès

▶ *Les Fleurs du mal* s'ouvrent sur « .... », la première des cinq sections du recueil. Les deux mots s'opposent : le premier tend vers la ...., le désespoir, l'obscurité ; le second tend vers la lumière, le bonheur, la .... Cette .... entre deux mouvements contraires caractérise la poésie de Baudelaire. Son écriture parfois violente choque la morale bourgeoise : le recueil est accueilli par un ....

▶ *Les Fleurs du mal*, composées de 1840 à 1860, traversent l'histoire littéraire : le recueil porte la marque du romantisme et particulièrement du .... , mais aussi du Parnasse et du symbolisme.

4 **Lisez l'extrait et répondez aux questions.**

lexique de l'idéal
lexique du spleen

Spleen LXXVII

Je suis comme le **roi** d'un pays pluvieux,
Riche, mais **impuissant**, **jeune** et pourtant **très vieux**,
Qui, de ses précepteurs méprisant les courbettes,

5 **S'ennuie** avec ses chiens comme avec d'autres bêtes.
Rien ne peut l'**égayer**, ni gibier, ni faucon,
Ni son peuple mourant en face du balcon.
Du bouffon favori la grotesque ballade
Ne distrait plus le front de ce **cruel malade** ;

10 Son **lit fleurdelisé** se transforme en **tombeau**,
Et les dames d'atour, pour qui tout prince est **beau**,

30

| TEST | FICHES DE COURS | EXERCICES |

Ne savent plus trouver d'impudique toilette
Pour tirer un souris de ce jeune squelette.
Le savant qui lui fait de l'or n'a jamais pu
15 De son être extirper l'élément corrompu,
Et dans ces bains de sang qui des Romains nous viennent,
Et dont sur leurs vieux jours les puissants se souviennent,
Il n'a su réchauffer ce cadavre hébété
Où coule au lieu de sang l'eau verte du Léthé[1].

Charles Baudelaire, *Les Fleurs du mal*, 1857-1861.

1. « Fleuve de l'oubli » dans les Enfers grecs (on le retrouve dans le mot *léthargie*, synonyme de torpeur, apathie, incapacité d'agir).

1. Observez les mots surlignés : comment Baudelaire oppose-t-il spleen et idéal ?

2. Quel portrait le poète dresse-t-il de lui-même ?

Les Amours jaunes, Tristan Corbière (1873)   → FICHE 2

5 **Lisez la présentation de l'œuvre, puis cochez les affirmations correctes.**

Poète mort très jeune, classé par Paul Verlaine parmi les « poètes maudits », Tristan Corbière publie un seul recueil, *Les Amours jaunes,* composé de 101 poèmes. Ce recueil mêle les thèmes amoureux à l'ironie, à l'autodérision, au détournement des formes poétiques dites « classiques ».

❏ **a.** Corbière est un poète sentimental.

❏ **b.** Il a été reconnu par ses pairs et a connu le succès.

❏ **c.** Poète habile, il se joue des formes fixes.

❏ **d.** Le titre du recueil est un éloge de la couleur.

❏ **e.** La tonalité principale est le lyrisme.

6 **Lisez l'extrait et répondez aux questions.**

Le crapaud

Un chant dans une nuit sans air...
La lune plaque en métal clair
Les découpures du vert sombre.

5 ... Un chant ; comme un écho, tout vif
Enterré, là, sous le massif...
— Ça se tait : Viens, c'est là, dans l'ombre...

— Un crapaud ! — Pourquoi cette peur,
Près de moi, ton soldat fidèle !
10 Vois-le, poète tondu, sans aile,
Rossignol de la boue... — Horreur ! —

marques d'énonciation

👍 **CONSEIL**

Un poème s'appréhende par le regard — il faut être attentif à sa forme graphique — et par l'oreille : le lire à haute voix permet d'en comprendre les subtilités et effets.

1 • La poésie : histoire littéraire et outils d'analyse   **31**

> ... Il chante. — Horreur !! — Horreur pourquoi ?
> Vois-tu pas son œil de lumière...
> Non : il s'en va, froid, sous sa pierre.
> 15 ....
> Bonsoir — ce crapaud-là c'est moi.

Tristan Corbière, « Le Crapaud », Les Amours jaunes, 1873.

1. En vous aidant du repérage effectué et des signes de ponctuation, montrez que ce poème a un destinataire.

2. Quelle forme fixe Tristan Corbière détourne-t-il ici ? Quel est l'effet produit ?

7 Prolongement artistique et culturel.

En 1819, le poète anglais Keats écrit une « Ode à un rossignol ». Le peintre Joseph Severn s'inspire du poème pour le représenter à l'écoute de l'oiseau chanteur.

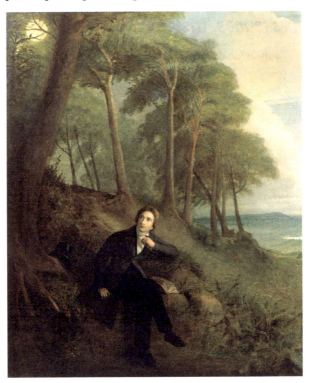

Joseph Severn, *Keats Listening to a Nightingale on Hampstead Heath* (*Keats écoutant un rossignol à Hamptsead Heath*), 1851.

1. Décrivez brièvement le tableau.

2. En quoi cette représentation du poète s'oppose-t-elle à la lecture que vous avez faite du « Crapaud » de Tristan Corbière ?

TEST > FICHES DE COURS > **EXERCICES**

 **CORRIGÉS**

Méditations poétiques, Alphonse de Lamartine (1820)

1 ▸ C'est à l'âge de trente ans que Lamartine publie son premier recueil de poèmes, *Méditations poétiques*. Le recueil connaît un grand **succès** et est considéré comme l'acte de naissance du **romantisme**.

▸ Dans cette œuvre de forme relativement **classique**, la nouveauté est la large place donnée à l'expression des **sentiments**. Comme d'autres écrivains romantiques, Lamartine cherche dans la **nature** une concordance avec ses états d'**âme**.

2 1. L'étude de l'énonciation et des temps verbaux permet de distinguer trois grands mouvements. La partie centrale correspond à la **prise de parole de la femme aimée**, elle est repérable à l'utilisation des guillemets, et est annoncée par le vers 20 (ponctuation et verbe introducteur de parole). Cette prise de parole est encadrée par une première partie au passé (**remémoration d'une scène**) et par une dernière partie au présent (**souhait que la nature arrête la fuite du temps**).

2. Le poème est empreint de lyrisme. Pour le démontrer, on peut s'appuyer sur :
• **les marques de l'énonciation**. Dès les premières strophes, le poète, qui s'exprime à la 1re personne, s'adresse à une nature personnifiée à travers l'apostrophe « Ô lac ! », suivie de marques de la 2e personne.
• **les expansions nominales** associées aux noms évoquant la nature. De sens mélioratif, ces expansions expriment le réconfort qu'apporte la nature au poète.

3. Le thème de la fuite du temps parcourt tout le poème. Une fois repérée la constante métaphore de l'eau qui « coule », on peut distinguer deux types de temporalité : **celle des humains**, tributaires du temps qui passe et impuissants à en arrêter le cours, **par opposition à celle de la nature**.

 À NOTER

L'association du temps qui fuit à un cours d'eau est un motif récurrent dans la littérature. Le lac, fermé sur lui-même, semble mieux retenir ses eaux et donc, dans le poème de Lamartine, plus apte à garder le souvenir vivant.

Les Fleurs du mal, Charles Baudelaire (1857-1861)

3 ▸ *Les Fleurs du mal* s'ouvrent sur « **Spleen** et idéal », la première des cinq sections du recueil. Les deux mots s'opposent : le premier tend vers la **mélancolie**, le désespoir, l'obscurité ; le second tend vers la lumière, le bonheur, la **sérénité**. Cette **tension** entre deux mouvements contraires caractérise la poésie de Baudelaire. Son écriture parfois violente choque la morale bourgeoise : le recueil est accueilli par un **procès**.

 MOT CLÉ

Spleen : mot anglais signifiant ennui, profonde mélancolie proche de la dépression.

▸ *Les Fleurs du mal*, composées de 1840 à 1860, traversent l'histoire littéraire : le recueil porte la marque du romantisme et particulièrement du **romantisme noir**, mais aussi du Parnasse et du symbolisme.

1 • La poésie : histoire littéraire et outils d'analyse   33

4 **1.** Le poème est construit sur une **opposition** entre des termes appartenant au lexique du **spleen** (surlignés en rose) et d'autres relevant du lexique de l'**idéal** (surlignés en jaune). Cette opposition est particulièrement marquée dans le vers 2, à travers deux hémistiches construits en parallèle (adjectif mélioratif/connecteur d'opposition/adjectif péjoratif).

2. Le portrait est **désespéré**. Le poète est en même temps riche et impuissant, jeune et vieux. Sa mélancolie ne peut être imputée aux éléments extérieurs puisque tout est là pour le divertir : il la porte en lui-même, elle est donc sans espoir de guérison. Le choix des rimes plates, les énumérations négatives, la cadence de l'alexandrin, **tout mime l'ennui**.

Les Amours jaunes, Tristan Corbière (1873)

5 Les affirmations **c** et **e** sont correctes.

▸ L'affirmation **a** est fausse : Tristan Corbière se garde de tout sentimentalisme, il s'en protège par l'ironie et l'autodérision. Mais cela n'interdit pas un certain lyrisme par le choix des thèmes et l'expression des sentiments.

▸ L'affirmation **b** est fausse : il n'a pas connu le succès, il est l'un des « poètes maudits ».

▸ L'affirmation **d** est fausse : la couleur jaune fait référence à l'expression « rire jaune » et à des amours ratés.

6 **1.** Les tirets, associés à l'impératif du vers 9, à la présence du « je », et à la formule interrogative du vers 12 sont la marque d'un **dialogue**. Les points de suspension des vers 6, 11, 12, indiquent que la parole de l'un est interrompue par celle de l'autre. Dans le dernier vers, l'identification du poète au crapaud est adressée à la personne à qui il dit « bonsoir ».

2. Il s'agit d'un **sonnet inversé** qui commence par les deux tercets et finit par les deux quatrains, la ligne de points de suspension détachant le dernier vers. Ce système invite à une **double lecture**, du premier vers au dernier vers, mais aussi du dernier vers au premier vers : le dernier vers devient alors comme la première phrase d'une lettre. Les deux lectures, celle qui va du paysage à la découverte de l'horrible animal et celle qui commence par présenter le poète en crapaud, montrent la **solitude du poète** dont la laideur physique empêche de faire entendre la beauté de la parole amoureuse.

7 **1.** Il s'agit d'un **paysage romantique**, en clair obscur qui va s'obscurcissant vers la gauche. Le beau visage du poète éclairé fait écho en diagonale à la Lune vers laquelle il tourne son regard à l'écoute du rossignol, perché dans les hauteurs des arbres.

2. Le rossignol, porteur du **chant poétique**, est transformé en crapaud qu'il ne faut plus chercher dans les hauteurs des arbres, mais sous les pierres. Le paysage dessiné par le poète évoque les ombres chinoises, les couleurs sont froides et métalliques. Tout le mouvement du poème est l'exact inverse de celui du tableau.

La poésie
2 Les recueils poétiques au programme

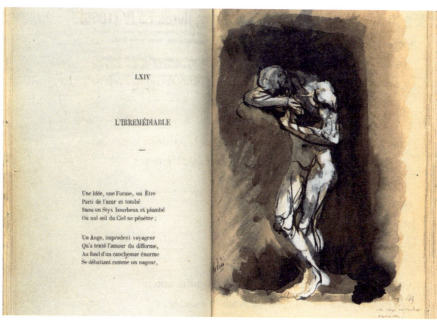

TEST — Pour vous situer et établir votre parcours de révision — 36

FICHES DE COURS
- **6** Hugo, *Les Contemplations*, livres I à IV
  Parcours : « Les Mémoires d'une âme » — 38
- **7** Baudelaire, *Les Fleurs du mal*
  Parcours : Alchimie poétique : la boue et l'or — 40
- **8** Apollinaire, *Alcools*
  Parcours : Modernité poétique ? — 42

MÉMO VISUEL — 44

OBJECTIF BAC
1 DISSERTATION | Alchimie poétique : la boue et l'or — 46

OBJECTIF MENTION
2 COMMENTAIRE | Max Jacob, *Le Cornet à dés* (1917) — 50

SUJETS GUIDÉS & CORRIGÉS

TESTEZ-VOUS

→ CORRIGÉS P. 306-307

Faites le point sur vos connaissances puis établissez votre **parcours de révision** en fonction de votre score.

1 Victor Hugo, *Les Contemplations*, livres I à IV (1856) → FICHE 6

1. Victor Hugo…
- ☐ **a.** est un poète qui s'est engagé dans l'action politique.
- ☐ **b.** s'est réfugié dans la poésie, après avoir échoué comme dramaturge.
- ☐ **c.** a écrit toutes ses œuvres en exil.

2. Le recueil *Les Contemplations*…
- ☐ **a.** est un ensemble de poèmes lyriques sur la nature.
- ☐ **b.** est un ensemble de poèmes aux tonalités différentes.
- ☐ **c.** a une dimension autobiographique.

3. Dans *Les Contemplations*, Hugo…
- ☐ **a.** évoque le souvenir de sa fille, Léopoldine.
- ☐ **b.** donne sa conception de la poésie.
- ☐ **c.** dénonce les injustices.

4. Le sous-titre « Mémoires d'une âme » signifie que…
- ☐ **a.** Victor Hugo a tenu un journal intime au jour le jour.
- ☐ **b.** la poésie donne un accès privilégié aux états de l'âme.
- ☐ **c.** le recueil a un but moralisateur.

…/4

2 Baudelaire, *Les Fleurs du mal* (1857) → FICHE 7

1. Baudelaire…
- ☐ **a.** est un poète romantique.
- ☐ **b.** est l'ami de Verlaine.
- ☐ **c.** a écrit des critiques d'art.

2. Le recueil *Les Fleurs du mal*…
- ☐ **a.** est le seul recueil poétique de Baudelaire.
- ☐ **b.** a connu un grand succès dès sa parution.
- ☐ **c.** a un titre oxymorique.

TEST > FICHES DE COURS > SUJETS GUIDÉS

3. Les poèmes des *Fleurs du mal* sont...

☐ **a.** organisés chronologiquement.

☐ **b.** tous des sonnets.

☐ **c.** très nouveaux par leur forme.

4. L'expression « Alchimie poétique : la boue et l'or » signifie que...

☐ **a.** le poète doit cacher la boue derrière l'or poétique.

☐ **b.** le poète transforme la boue en or grâce à son art.

☐ **c.** le poète est confronté à un rêve inaccessible : transformer la boue en or.

.../4

3 **Apollinaire, *Alcools* (1913)**

→ FICHE **8**

1. Apollinaire...

☐ **a.** est mort pendant la Guerre de 1914-1918.

☐ **b.** est un ami de Picasso.

☐ **c.** n'a écrit que des poèmes.

2. Le recueil *Alcools*...

☐ **a.** est composé chronologiquement.

☐ **b.** présente une unité formelle.

☐ **c.** associe vers libres et formes régulières.

3. Reliez le titre du poème au thème qu'il traite.

« Zone » •　　　　　　• l'automne

« Le pont Mirabeau » •　　　　• la modernité

« Nuit rhénane » •　　　　　• la fuite du temps

« Les colchiques » •　　　　• l'amour et la mort

« La Loreley » •　　　　　• l'ivresse

4. Pour Apollinaire, la modernité poétique est...

☐ **a.** un changement total dans la forme poétique.

☐ **b.** un changement total dans les thématiques.

☐ **c.** un regard émerveillé devant le monde en progrès.

.../4

Score sur l'œuvre étudiée .../4

Parcours PAS À PAS ou *EXPRESS* ? → MODE D'EMPLOI P. 3

2 • Les recueils poétiques au programme　**37**

6 Hugo, *Les Contemplations*, livres I à IV

Parcours : « Les Mémoires d'une âme »

En bref *L'autobiographie se définit comme un récit rétrospectif en prose qu'une personne réelle fait de sa propre existence. Pourtant, c'est dans un recueil de poèmes que Hugo rappelle les souvenirs et les impressions de sa destinée. Qu'apporte la poésie à ces « Mémoires d'une âme » ?*

I Connaître l'œuvre

1 L'auteur et le contexte

■ Victor Hugo (1802-1885) a traversé les nombreux bouleversements de l'histoire de son siècle. Comme les romantiques, il est marqué par la chute de Napoléon Iᵉʳ, il s'engage dans l'action politique et finit par s'opposer à Napoléon III, ce qui le conduit à l'exil.

■ Il est l'auteur d'œuvres variées – romans (*Les Misérables*), pièces de théâtre (*Ruy Blas*) et recueils poétiques (*Les Contemplations*) – qui apportent un souffle nouveau à la littérature de son époque.

2 Composition et tonalité du recueil

■ *Les Contemplations*, publiées en 1856, sont composées de deux volumes : *Autrefois* et *Aujourd'hui*. Hugo écrit qu'« un abîme les sépare, le tombeau ». En effet, si *Autrefois* couvre les années 1830-1843, *Aujourd'hui* s'ouvre le 4 septembre 1843, date de la mort de sa fille Léopoldine.

■ Les deux volumes sont composés chacun de trois parties dont les titres suivent l'itinéraire intellectuel du poète : I. Aurore, II. L'âme en fleur, III. Les luttes et les rêves, IV. *Pauca meae* (« quelques mots pour ma fille »), V. En marche, VI. Au bord de l'infini.

■ La plupart des poèmes sont écrits entre 1841 et 1856, ce qui donne aux quatre premiers livres une tonalité nostalgique marquée par les souvenirs des jours heureux, et assombrie par le deuil.

II Comprendre le parcours

1 Une temporalité subjective et éclatée

■ Si Hugo revendique le caractère autobiographique des *Contemplations*, le sous-titre « Mémoires d'une âme » suggère qu'il s'agit non pas de la narration des événements d'une vie mais d'une âme qui se souvient de ses états intérieurs.

■ Bien que datés, les poèmes ne se présentent pas toujours dans l'ordre chronologique. En outre, les dates sont souvent fictives. Le recueil suit donc plutôt l'ordre des sentiments que l'ordre du temps de l'écriture ou des événements.

TEST   FICHES DE COURS   SUJETS GUIDÉS

🔴 Ce trouble dans la linéarité temporelle est accentué par le choix de la poésie qui conduit au discontinu : chaque pièce vaut pour elle-même et a sa propre thématique. Le recueil devient un kaléidoscope des reflets des états d'âme du poète.

2 | Un miroir tendu au lecteur : « Ah, insensé, qui crois que je ne suis pas toi. »

🔴 Si Rousseau, dans ses *Confessions*, justifie son projet autobiographique en clamant sa différence, le projet de Hugo est tout autre : *Homo sum*, écrit-il, « je suis un homme » comme les autres. Tout homme pourra ainsi contempler sa propre destinée dans celle de Hugo.

> **CITATION**
> « Je veux montrer à mes semblables un homme dans toute la vérité de la nature ; et cet homme, ce sera moi. Moi seul. [...] Je ne suis fait comme aucun de ceux que j'ai vus ; j'ose croire n'être fait comme aucun de ceux qui existent. » (Rousseau, *Les Confessions*)

🔴 Au seuil des *Fleurs du mal*, Baudelaire apostrophe son lecteur « Hypocrite lecteur, – mon semblable –, mon frère ! ». « Je est un autre » écrira Rimbaud un peu plus tard. Pour Hugo, le « je » lyrique est semblable et différent car le « poète écoute en lui-même une lyre » (*Contemplations* I, 2) : le poète est seul capable de parler le langage de l'âme.

zoOm — Le paysage, miroir de l'âme

J. M. W. Turner, *Paysage avec une rivière et une baie dans le lointain*, c. 1840.

Pour Turner (1789-1851), « il convient de distinguer [...] ce qui s'adresse à l'imagination de ce qui s'adresse à l'œil... ». Il rejoint en cela le brouillage du temps opéré par Hugo dans *Les Contemplations*.

2 • Les recueils poétiques au programme

7 Baudelaire, *Les Fleurs du mal*

Parcours : Alchimie poétique : la boue et l'or

En bref | *Baudelaire se réclame de l'alchimiste dont le rêve est de transmuter le fer en or. Comment la poésie lui permet-elle de réussir là où la chimie échoue ?*

I Connaître l'œuvre

1 L'auteur et le contexte

■ **Charles Baudelaire** (1821-1867), orphelin de père, refuse de suivre la carrière diplomatique qui lui est proposée, et n'a qu'un désir : être écrivain. Il fait figure de poète maudit par la vie qu'il mène et par son recueil poétique, *Les Fleurs du mal,* qui lui valent un procès à leur parution en 1857.

■ Il est aussi l'auteur de poèmes en prose : *Le Spleen de Paris* (1869). Ses *Curiosités esthétiques* (1860) font de lui un critique d'art et le premier théoricien de la Modernité. Traducteur de Poe, il trouve en lui un « destin jumeau ».

■ Baudelaire est au croisement de plusieurs mouvements littéraires : s'il dédicace son poème « Le Cygne » au poète romantique Hugo, c'est au Parnassien Théophile Gautier, qu'il dédie son recueil. Certains de ses poèmes relèvent d'une veine réaliste, tandis que « Correspondances » le pose comme précurseur du symbolisme.

2 Composition du recueil

■ *Les Fleurs du mal* rassemble 136 poèmes, répartis dans six sections : « Spleen et idéal » (85 poèmes), « Tableaux parisiens » (18), « Le Vin » (5), « Fleurs du mal » (9), « Révolte » (3), « La Mort » (6).

■ La composition du recueil a été longuement mûrie. Entre l'édition de 1857 et celle de 1861, l'ordre des sections change, mais « Spleen et Idéal » reste en ouverture et « La Mort » en clôture. On peut y voir l'histoire d'un itinéraire.

■ Une autre manière d'étudier la composition du recueil est d'observer l'alternance du **Spleen et de l'Idéal**, ou d'y retrouver des cycles correspondant aux femmes qui ont marqué sa vie (Jeanne Duval, Mme Sabatier, Marie Daubrun).

> ✏️ **À NOTER**
> Les poèmes du Spleen (mélancolie) expriment le désespoir et la sensation d'écrasement, tandis que ceux de l'Idéal expriment le bonheur et la sensation d'élévation.

II Comprendre le parcours

1 La poésie comme alchimie

■ L'alchimie est au principe de tout langage qui transforme la matière en mots et en sons. Ce pouvoir est démultiplié par la poésie. C'est ainsi que Baudelaire peut écrire dans *L'Art romantique* :

> Manier savamment une langue, c'est pratiquer une espèce de sorcellerie évocatoire.
>
> Baudelaire, *L'Art romantique*, 1868.

Penser la poésie comme alchimie ne se réduit pas à dire qu'elle permet de rendre le réel plus poétique ; elle le transfigure dans un jeu de métaphores, d'images qui induisent des correspondances et jouent avec les symboles.

■ C'est en ce sens que Rimbaud, dans son poème en prose, « Alchimie du verbe », affirme que le poète doit « **inventer un verbe poétique** accessible, un jour ou l'autre, à tous les sens », au risque de l'hallucination et de la folie.

2 | La boue et l'or, l'alliance des contraires

> Ô vous, soyez témoins que j'ai fait mon devoir
> Comme un parfait chimiste et comme une âme sainte.
> Car j'ai de chaque chose extrait la quintessence,
> Tu m'as donné ta boue et j'en ai fait de l'or.
>
> Baudelaire, « Ébauche d'un épilogue pour la 2ᵉ édition des *Fleurs du mal* ».

■ Baudelaire dépasse le romantisme de Musset qui prétend « faire d'une larme une perle ». Il ne s'agit pas seulement de bien manier la rime, « ce bijou d'un sou / Qui sonne creux et faux sous la lime » (Verlaine, « Art poétique »).

■ La poésie de Baudelaire est violente : pour transformer la boue en or, il faut la dire dans toute son horreur, et **chanter la beauté du laid**. Comme le titre du recueil l'annonce, un des secrets de l'alchimie poétique est l'alliance des contraires.

> **À NOTER**
> On retrouve cette attirance pour le macabre et pour la provocation dans *Les Chants de Maldoror* de Lautréamont (1869).

zoOm

Le désespoir du « je » baudelairien vu par Rodin

En 1887-1888, le sculpteur Rodin illustre *Les Fleurs du mal*. Ce lavis (une seule couleur diluée pour obtenir des intensités différentes) traduit le sentiment de profond désespoir du « je » baudelairien.

Auguste Rodin, illustration du poème « L'irrémédiable », *Les Fleurs du mal*, 1857.

8 Apollinaire, *Alcools*

Parcours : Modernité poétique ?

En bref *Au début du XXᵉ siècle, la poésie, comme la peinture, connaissent de profonds bouleversements. Guillaume Apollinaire s'enthousiasme pour les peintres cubistes et cherche dans sa poésie à effectuer la même révolution.*

I Connaître l'œuvre

1 L'auteur et le contexte

■ Guillaume Apollinaire se trouve au cœur de la vie intellectuelle et artistique du début du XXᵉ siècle. Il est surtout connu pour son recueil, *Alcools* (1913), pour ses *Calligrammes* (1918) et pour ses *Poèmes à Lou* écrits depuis le front pendant la Première Guerre mondiale.

■ Proche des peintres cubistes, il a également publié *Méditations esthétiques* (1913), manifeste pour la peinture cubiste.

■ En 1917, il crée le néologisme « surréalisme » pour décrire son drame féministe *Les Mamelles de Tirésias*, et signifier que créer n'est pas imiter la nature.

> J'ai pensé qu'il fallait revenir à la nature même, mais sans l'imiter à la manière des photographes. Quand l'homme a voulu imiter la marche, il a créé la roue qui ne ressemble pas à une jambe. Il a fait ainsi du surréalisme sans le savoir.
>
> Apollinaire, *Les Mamelles de Tirésias*, préface.

■ Il est, un moment, proche du « futurisme », mouvement pictural italien qui prône la vitesse. Enfin, dans *L'Esprit nouveau et les Poètes* (1917), il explicite sa conception d'une poésie nouvelle, dont le ressort est la surprise.

2 Composition et thèmes du recueil

■ *Alcools* rassemble une cinquantaine de poèmes, écrits entre 1898 et 1913. L'ordre n'est ni chronologique, ni thématique. Le poète privilégie un système d'échos (ainsi du premier et du dernier poème qui se répondent l'un l'autre) et d'alternance entre pièces longues et pièces courtes (ainsi du monostiche « Chantre », qui suit « Palais », composé de onze quatrains).

■ Le poème d'ouverture, « Zone », écrit en 1913, a fonction de manifeste par le choix du vers libre, la forme longue, narrative, la coexistence du présent (la « rue industrielle ») et du passé (lieux traversés, expériences vécues...).

■ Apollinaire affirme que chaque poème renvoie à des éléments de sa vie, à des événements tristes ou gais, alternant ainsi mélancolie et fantaisie.

TEST　FICHES DE COURS　SUJETS GUIDÉS

II Comprendre le parcours

1 Entre tradition et modernité

■ Le passage entre le XIXe et le XXe siècle correspond à une période d'innovations technologiques : électricité, automobile, tour Eiffel, première ligne de métro, etc. Les éléments du monde moderne deviennent des objets poétiques.

■ Pour dire ces réalités nouvelles, Apollinaire, comme Cendrars, travaillent sur la forme : absence de ponctuation, vers libres, poésie visuelle qui tient compte de l'espace de la page et qui trouvera son aboutissement dans les *Calligrammes*.

■ Mais la modernité **ne signifie pas le rejet du passé** et des formes anciennes. Au contraire, le vers libre côtoie des formes plus classiques. De même, les thématiques mêlent références antiques ou bibliques aux tramways et aux rails.

> **CITATION**
> « Mais nos pieds ne se détachent qu'en vain du sol qui contient les morts. » (Apollinaire, *Les Méditations esthétiques*.)

2 Un nouveau lyrisme

■ Apollinaire se dit « en quête d'un lyrisme neuf et humaniste en même temps » (Lettre à Toussaint-Luca, 1908). Dans *L'Esprit nouveau et les Poètes*, il affirme que « les poètes modernes sont [...] des créateurs, des inventeurs et des prophètes. »

■ Ce nouveau lyrisme est souvent celui d'un « je » composite à la manière des portraits cubistes qui donnent à voir plusieurs facettes d'un personnage en même temps. Il est aussi polyphonique, comme dans « Cortège » dans lequel le poète à la recherche de lui-même « connaî[t] les autres » et nous fait entendre leurs voix.

zoOm

La modernité picturale

La vivacité des couleurs, la nouveauté du trait, l'énergie qui se dégage de l'œuvre sont constitutifs de ce « lyrisme neuf » associé par Apollinaire à la modernité.

Fernand Léger, *Les Constructeurs*, 1941.

MÉMO VISUEL

L'œuvre

Les Contemplations, I à IV, Hugo (1856)

- **Mouvement :** romantisme
- **Structure :** deux volumes *Autrefois* et *Aujourd'hui*, composés chacun de trois livres
- **Thèmes :** la jeunesse, l'amour, la misère du monde, le deuil, la nature, le poète et la poésie, la vie simple

Le parcours

« Les Mémoires d'une âme »

- Le choix de la poésie transforme l'écriture autobiographique et lui donne un caractère éclaté et discontinu.
- Le « je » autobiographique coexiste avec un « je » lyrique, qui, selon Hugo, dépasse sa propre individualité et dans lequel tout lecteur peut se reconnaître.

LES ŒUVRES

L'œuvre

Alcools, Apollinaire (1913)

- **Mouvement :** « l'esprit nouveau »
- **Structure :** alternance de poèmes longs et de poèmes courts, échos thématiques
- **Thèmes :** la fuite du temps, l'amour (malheureux), la ville industrielle, la modernité, la religion, l'exil

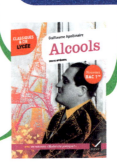

Le parcours

Modernité poétique ?

- La modernité ne signifie pas le refus total d'une poésie ancienne, considérée comme dépassée. Au contraire, il s'agit d'un mariage subtil entre passé et présent.
- La modernité consiste aussi dans l'expression d'un « je » à la recherche d'un nouveau lyrisme.

L'œuvre

***Les Fleurs du mal*, Baudelaire (1857)**
- **Mouvement :** romantisme, symbolisme
- **Structure :** six sections
- **Thèmes :** le spleen, l'idéal, la beauté, la mort, le temps, les villes, les femmes, le vin, le voyage

Le parcours

Alchimie poétique : la boue et l'or
- Toute poésie, par ses contraintes formelles, sa forme brève, opère une transformation du réel.
- Transformer la boue en or, ce n'est pas mettre un vernis doré sur la boue pour la rendre plus acceptable, c'est chercher le choc des contraires, c'est la violence de l'oxymore.

AU PROGRAMME

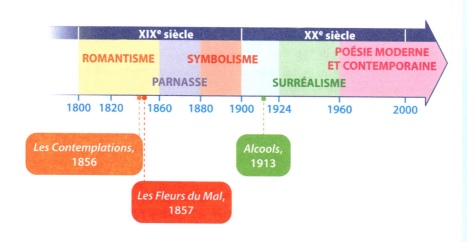

2 • Les recueils poétiques au programme

▶ SUJET 1 | OBJECTIF BAC

DISSERTATION ⏱ 4h Alchimie poétique : la boue et l'or

Le sujet vous permet d'approfondir votre lecture des *Fleurs du mal* et de la mettre directement en relation avec la problématique annoncée par le titre du parcours.

📄 LE SUJET

Baudelaire, dans l'appendice aux *Fleurs du mal*, écrit : « Tu m'as donné ta boue et j'en ai fait de l'or. » En quoi ce vers éclaire-t-il votre lecture du recueil de Baudelaire ?

Vous répondrez à cette question dans un développement structuré. Votre travail s'appuiera essentiellement sur l'oeuvre de Baudelaire, mais aussi sur les textes et documents étudiés dans le cadre du parcours « Alchimie poétique : la boue et l'or », ainsi que sur votre culture personnelle.

⎯ LES **CLÉS** POUR RÉUSSIR

🟣 Analyser le sujet

- **« Tu m'as donné » :** instaure une relation particulière entre le poète et un « tu » non identifié (Dieu ? la Nature ? la Vie ? l'Homme ?)

- **« boue » :** fait référence au vulgaire, au trivial, à l'informe. Le terme est péjoratif et ne semble pas correspondre à ce qui est habituellement considéré comme source ou objet de la poésie.

- **« or » :** fait référence au métal précieux et s'oppose en tout point à la boue, comme le beau s'oppose au laid.

- **« j'en ai fait » :** indique non seulement que le poète est celui qui peut opérer cette transformation extraordinaire, mais qu'il le prouve dans son recueil.

- **« éclaire-t-il » :** il ne s'agit pas de discuter la citation (plan dialectique), mais de s'en servir comme une clé de lecture du recueil (plan thématique).

🟣 Dégager la problématique

Comment cette formule provocante permet-elle de mieux comprendre l'esthétique de Baudelaire et sa conception du rôle du poète ?

TEST > **FICHES DE COURS** > **SUJETS GUIDÉS**

▶ Construire le plan

❶ La présence du mal
▶ Analysez très précisément le titre du recueil.
▶ Cherchez les différentes formes du mal dans le recueil.

❷ La beauté du mal
▶ Demandez-vous ce qui pourrait caractériser une esthétique du mal, selon Baudelaire.
▶ Demandez-vous quels types de relations peuvent s'opérer entre l'or et la boue.

❸ Il n'y a de poésie que celle qui transforme
▶ Montrez pourquoi la poésie est un art qui permet cette transformation de la boue en or.
▶ Demandez-vous quelle est la fonction du poète, selon Baudelaire.

 **LE CORRIGÉ**

Les titres en couleur ou entre crochets ne doivent pas figurer sur la copie.

Introduction

[amorce] La publication des Fleurs du mal de Baudelaire cause un scandale qui aboutira à un procès pour « outrage à la morale publique et aux bonnes mœurs ». **[citation du sujet]** Quand le poète, dans l'appendice aux *Fleurs du mal*, écrit « Tu m'as donné ta boue et j'en ai fait de l'or. », il développe le sens de l'oxymore du titre qu'il a choisi pour son recueil et nous ouvre son laboratoire. **[problématique]** Nous verrons comment cette formule provocante permet de mieux comprendre l'esthétique baudelairienne. **[annonce du plan]** Nous commencerons par étudier la présence du mal dans le recueil, puis nous nous demanderons ce qui fait la beauté du mal et provoque à la fois fascination et répulsion ; enfin, nous verrons que cette transmutation presque alchimique que suppose la formule baudelairienne est le propre de toute poésie.

I. La présence du mal

 LE SECRET DE FABRICATION
Il s'agit de repérer, dans le recueil, les différentes expressions du mal.

1. Un titre explicite ?

Le titre d'une des six sections du recueil, devient le titre de l'ensemble et caractérise donc tous les poèmes, aussi bien ceux du Spleen que ceux de l'Idéal.

▶ Baudelaire « dédie ces fleurs maladives », à Théophile Gautier ; chaque poème serait alors une « **fleur maladive** » où s'exprime la souffrance du poète.

▶ Mais le titre *Les Fleurs du mal* dépasse l'expérience personnelle du poète pour **extraire** les fleurs hors du mal (sens local de la préposition « du ») : le mal devient susceptible de produire la beauté.

▶ La relation entre les fleurs et le mal peut aussi être une **relation de possession** : les fleurs appartiennent au mal dont le poète deviendrait **le porte-parole**.

> **CITATION**
>
> Il m'a paru plaisant, et d'autant plus agréable que la tâche était plus difficile, d'extraire la Beauté du mal. » (Baudelaire, projet de préface, 1857)

2. La thématique du mal

La thématique du mal est présente sous différents aspects dans le recueil.

▶ Elle se glisse dans la section « Spleen et Idéal » sous la forme du **spleen**, ce mal qui ronge le poète et qui empêche toute action et toute élévation (voir les quatre poèmes intitulés « Spleen »).

▶ Le mal trouve sa **personnification** dans les appels à la figure de **Satan** : le Diable est associé à l'Ennui (« Au lecteur »), et de nombreux poèmes décrivent à plaisir des **lieux infernaux** et les supplices qui s'y pratiquent.

▶ Le mal présente la **double figure de la Débauche et de la Mort** offrant « de terribles plaisirs et d'affreuses douceurs » (« Les deux bonnes sœurs »).

[transition] Comment cette omniprésence de la mort, de la débauche, de figures infernales peut-elle être, paradoxalement, source de beauté ?

II. La beauté du mal

👍 LE SECRET DE FABRICATION

Dans cette partie, il est nécessaire d'élucider le paradoxe : comment trouver de la beauté dans le mal ?

1. Une beauté sinistre et froide

Comment dire la beauté du mal ? Quelles seraient les caractéristiques d'une esthétique du mal ?

▶ Baudelaire **refuse le sentimentalisme,** comme il l'écrit dans *L'Art romantique :* « La sensibilité du cœur n'est absolument pas favorable au travail poétique. »

> **CITATION**
>
> « Ce livre, dont le titre *Fleurs du mal* dit tout, est revêtu, vous le verrez, d'une beauté sinistre et froide ; il a été fait avec fureur et patience. » (Lettre de Baudelaire à sa mère, le 9 juillet 1857)

▶ Il recherche au contraire **la violence du tragique** : « Ce qu'il faut à ce cœur profond comme un abîme, / c'est vous, Lady Macbeth, âme puissante au crime / Rêve d'Eschyle éclos au climat des autans » (« L'Idéal »).

▶ Certains de ses poèmes vont même jusqu'à **glorifier le sinistre** : « Et le ciel regardait la carcasse superbe / Comme une fleur s'épanouir. » (« La Charogne »)

▶ Mais l'effet de fascination et de répulsion vient certainement de **l'ambivalence du mal et du bien** : « Viens-tu du ciel profond ou sors-tu de l'abîme, / Ô Beauté ? ton regard infernal et divin, / verse confusément le bienfait et le crime » (« Hymne à la beauté »).

TEST › FICHES DE COURS › **SUJETS GUIDÉS**

2. L'or et la boue

Quelle **dialectique** peut-on établir entre l'or et la boue ?

▶ **L'or de la boue.** Dans « Allégorie », une prostituée « femme belle et de riche encolure / Qui laisse dans son vin traîner sa chevelure », par sa beauté et sa fierté l'emporte sur la Débauche et la Mort : elle est présence (et victoire) de la beauté dans le monde du vice.

▶ **La boue sous l'or.** « Un Voyage à Cythère » dénonce l'illusion d'un beau et heureux lyrique, et révèle l'omniprésence de la douleur et du macabre.

▶ **La boue et l'or.** Dans « L'Amour et le crâne », on voit l'Amour régner sur les hommes et leur faire croire à « un songe d'or » alors qu'il ne s'agit que d'un jeu « féroce et ridicule » mais dont les parties, l'Amour et les hommes, sont indissociables.

[transition] Ces transmutations qu'opère Baudelaire entre les deux matériaux que sont l'or et la boue, ne sont-elles pas le propre de toute poésie dont le rôle serait de transformer une matière informe en une forme porteuse de sens ?

III. Il n'y a de bonne poésie que celle qui transforme

 LE SECRET DE FABRICATION

Après avoir dépassé la contradiction (beauté/mal), il faut interroger la métaphore de l'alchimie et se demander si toute poésie n'est pas, par définition, une opération de transformation, de transmutation.

1. De l'apport des contraintes

Comme le sculpteur **transforme** une forme (le marbre, la pierre) en une autre (la statue) grâce à des outils, la poésie transforme une matière (la langue) en une autre (le poème) grâce à ses outils (le rythme, la cadence, la versification…).

▶ Baudelaire écrit dans *L'Art romantique* : « C'est l'un des prodigieux privilèges de l'Art que l'horrible puisse devenir beauté et que la douleur rythmée et cadencée remplisse l'esprit d'une joie calme. » Or c'est bien la poésie, par son **rythme et sa cadence**, qui opère cette transformation. La poésie, parce qu'elle est une **forme brève**, est cet alambic qui permet d'extraire la quintessence du réel pour la mettre en mots, en images, en vers.

▶ C'est ainsi que le **parnassien Gautier** cherche un vers plus court que l'alexandrin, pour extraire encore plus de beauté : « Oui, l'œuvre sort plus belle / D'une forme au travail / Rebelle, / Vers, marbre, onyx, émail / Point de contraintes fausses ! / Mais que pour marcher droit / Tu chausses, / Muse, un cothurne étroit… » (« Art »)

2. La fonction du poète

Si le poète est à l'écart des hommes et malheureux dans un monde qui ne le comprend pas, c'est à lui qu'il revient de **donner du sens** à ce qui semble ne pas en avoir.

▶ « Le Poète est semblable au prince des nuées / Qui hante la tempête et se rit de l'archer ; / Exilé sur le sol au milieu des huées, / Ses ailes de géant l'empêchent de marcher. » Ce dernier quatrain de « L'albatros » explicite la conception de Baudelaire.

▸ « Et qui sait si les fleurs nouvelles que je rêve / Trouveront dans ce **sol lavé comme une grève** / Le **mystique aliment** qui ferait leur vigueur ? » (L'Ennemi). Tout le travail du poète, et l'ambition de Baudelaire, est bien de donner du sens à ce qui n'en a pas.

▸ Rimbaud, dans sa lettre à Demeny (1871) veut que le poète soit « vraiment un **voleur de feu** » tel Prométhée allant voler aux dieux le feu qui éclairera et nourrira les hommes, au propre et au figuré.

Conclusion

[synthèse] La formule Baudelairienne s'avère fondamentale pour comprendre son esthétique et ce travail de transmutation opéré dans *les Fleurs du mal*. Ce mal qui **envahit** les poèmes sous des formes diverses mais dont la **beauté**, à la fois fascinante et repoussante, violente parfois le lecteur, mais permet à Baudelaire d'explorer les **pouvoirs de la poésie**. **[ouverture]** C'est sans doute le **symbolisme**, dont Baudelaire est l'un des précurseurs, qui poussera encore plus loin cette **alchimie du sens**, au risque, parfois, de le rendre hermétique.

▸ **SUJET 2** **Max Jacob, *Le Cornet à dés* (1917)**

COMMENTAIRE 4 h

C'est un texte bien étrange que vous avez à commenter. Il peut vous dérouter. Lors d'une première lecture, vous le trouverez peut-être trop simple et penserez que vous n'avez rien à en dire. Avec un peu d'attention, vous allez changer d'avis.

📄 **LE SUJET**

Commentez ce texte de Max Jacob, extrait de *Le Cornet à dés*.

Vous composerez un devoir qui présente de manière organisée ce que vous avez retenu de votre lecture en justifiant votre interprétation par des analyses précises.

Le Cornet à dés est un recueil de poèmes en prose écrit par Max Jacob en 1917. Dans son « Petit historique du Cornet à dés », Max Jacob explique qu'il s'est « appliqué à saisir en [lui] de toute manière les données de l'inconscient : mots en liberté, associations hasardeuses des idées, rêves de la nuit et du jour, hallucinations, etc. »

Voyages

Jamais je n'en sortirai : je cours dire au revoir à ma tante, je trouve la famille sous la lampe ; on me retient pour mille recommandations, ma valise est faite, mais mon complet est encore chez le teinturier : j'ai de la peine à
5 reconnaître mon costume : ce n'est pas mon costume, on l'a changé ! non, c'est lui, mais affreusement gonflé, mutilé, tiré, recousu, bordé de noir. Dehors, dans la rue, deux délicieuses Bretonnes rient près d'une charrette de linge : que n'ai-je le temps de les suivre ; bah ! elles prennent dans la nuit le même chemin que moi. Je remarque que les noms de rue ont changé ; il y a
10 maintenant à Lorient une rue de « l'Énergie lyrique ». Quel étonnant conseil municipal peut donner des noms pareils à des rues la nuit. À l'hôtel, l'idée me vient de regarder la note du teinturier : 325 francs, on vous l'expédiera. Vais-je devenir fou ? Le café est plein de curieux. Je rencontre un peintre de Paris ! que j'ai de peine à m'en débarrasser. Il m'adore ici, bien que nous
15 soyons fâchés ailleurs : je suis si en retard que je renonce à l'embrasser et pas de fiacre ! Pendant qu'on me cherche une voiture, des amis d'enfance me supplient de m'arrêter au Mans ! non pas au Mans, à Nogent ! non pas à Nogent, parce que nous sommes très mal avec les... ah ! mon Dieu ! je perds le fil de tout... je finis par enlever une promesse à un camionneur de pianos.
20 Et le teinturier ? me voici dans un costume étrange, en somme assez distingué : cette redingote grise, trop ouverte à cause des excès de lingerie que j'ai sur moi pour alléger ma valise ! Ce chapeau haut de forme, quelle tenue de voyage. Ah ! j'ai oublié de dire au revoir à... Et le teinturier ! J'ai laissé passer l'heure du train, du train unique : tout sera à recommencer demain ! je n'en
25 dormirai pas de la nuit !

Max Jacob, *Le Cornet à dés*, « Voyages », 1917.

LES **CLÉS** POUR RÉUSSIR

▶ Définir le texte

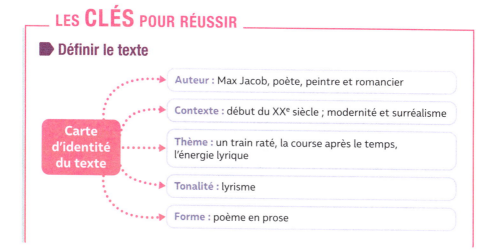

Carte d'identité du texte
- **Auteur :** Max Jacob, poète, peintre et romancier
- **Contexte :** début du XXᵉ siècle ; modernité et surréalisme
- **Thème :** un train raté, la course après le temps, l'énergie lyrique
- **Tonalité :** lyrisme
- **Forme :** poème en prose

🟣 Dégager la problématique

« Voyages » raconte la course du poète pour attraper un train « unique » que finalement il va rater. Et pourtant, le titre est au pluriel, comme s'il racontait non pas un voyage, mais une multiplicité de voyages se déroulant dans un même rêve, ou comme si s'agissait d'un rêve à répétition qui scellait et reproduisait toujours le même échec. **Comment le poète joue-t-il sur la frontière entre rêve et réalité ?**

🟣 Construire le plan

❶ Une course effrénée
- Demandez-vous quelle fonction occupent les personnages dans le projet du poète.
- Montrez comment le texte nous fait ressentir la course folle du poète.
- Observez la structure du poème en prose et demandez-vous en quoi elle permet de prévoir l'échec du projet.

❷ Entre rêve et folie
- Intéressez-vous aux caractéristiques du rêve.
- Analysez les sentiments éprouvés par le poète.
- Soyez attentif à la phrase « je perds le fil de tout » et demandez-vous en quoi elle éclaire le sens du poème.

LE CORRIGÉ

Les titres en couleur ou entre crochets ne doivent pas figurer sur la copie.

Introduction

[présentation du contexte] Max Jacob, poète, peintre et romancier, a participé à l'intense vie intellectuelle du début du XXe siècle et a été proche des surréalistes. **[présentation de l'œuvre et de l'extrait]** *Le Cornet à dés*, publié en 1917, est un recueil de poèmes en prose qui prennent souvent la forme du récit de rêve. « Voyages » raconte, à la première personne, la course effrénée du poète qui doit prendre un train mais qui rencontre tant d'obstacles qu'il finit par le rater. Le poème est construit sur une telle accumulation de séquences et d'images que le poète, et son lecteur, s'y perdent, comme dans un rêve. **[problématique]** Nous nous demanderons comment le poème joue sur la frontière entre rêve et réalité. **[annonce du plan]** Nous verrons que le poème en prose transforme une course après le temps en un rêve dont il est impossible de sortir.

I. Une course effrénée

1. Un départ perturbé

« Voyages » suit la structure d'un récit : le héros (le poète) poursuit un but (prendre le train) et rencontre un obstacle (il a peu de temps) amplifié par des opposants ou atténué par des adjuvants.

▸ Le **manque de temps** : indiqué dès le début (« je cours dire au revoir »), repris par **l'interro-négative** exprimant le regret « que n'ai-je le temps », et par le constat du retard, amplifié par **l'intensif** *si*, « je suis si en retard ».

▸ Les **opposants** : la tante et ses « mille recommandations », le « peintre de Paris », les « amis d'enfance », appartiennent à son cercle familial ou proche. Tous semblent ligués pour retarder le poète qui « peine » à s'en débarrasser.

▸ Les **adjuvants** : les « délicieuses bretonnes », qualifiées méliorativement, ne le détournent pas de son chemin ; le « camionneur de pianos » dont il a obtenu « une promesse » : connotation positive.

2. La course, la vitesse : une dégradation du récit

La structure du poème, mimant la course du poète, semble se dégrader au fur et à mesure de l'avancée du texte.

▸ La parataxe permet l'énumération rapide d'événements et traduit l'agitation du personnage : la première phrase compte ainsi onze propositions.

▸ Les hésitations du poète sont indiquées par la répétition du **connecteur** « mais » (l. 4 et 6) et par les **négations** « ce n'est pas », « non » (l. 5).

▸ Des **points de suspension** interrompent les phrases. De courtes **phrases exclamatives** ponctuent la fin du récit « et pas de fiacre ! » (l. 16), « Et le teinturier ! » (l. 23).

 MOT CLÉ
La **parataxe** est une figure de style qui consiste à juxtaposer des phrases simples sans aucun élément de liaison.

3. L'échec

Le poète court à l'échec, échec annoncé dès le début et que la fin confirme.

▸ « Jamais je n'en sortirai » est une **prolepse**. Le poète, débordé, est pessimiste sur la réussite du projet.

▸ Les personnages qui ont fonction d'adjuvants ne l'aident pas. Si sa démarche auprès du camionneur est couronnée de succès, elle a pris du temps : le verbe *finir* (l. 19) suppose une **action longue et difficile**.

▸ « J'ai laissé passer l'heure du train » (l. 24), confirme l'échec. Le **passé composé** clôt la succession des verbes, jusque-là au présent. L'**apposition**, « du train unique », rend l'échec encore plus terrible.

[transition] Cette avalanche de péripéties dans un si court récit nous fait passer de la réalité au rêve. Car c'est bien un rêve dans lequel le poète se perd et qui lui fait craindre de perdre la tête.

II. Entre rêve et folie

1. Les caractéristiques du rêve

Le poème partage avec le rêve la transformation du réel en fonction du désir du rêveur, l'incohérence des événements, la bizarrerie des images.

▸ La ville de Lorient, **transformée par le désir** du poète, donne aux rues des titres de poèmes : « l'Énergie lyrique ».

▶ Les réflexions du poète relèvent d'une **fausse logique** : ce qui est « étonnant » (l. 10) ce n'est pas que le conseil municipal se tienne la nuit, c'est que le poète le croit possible. L'**antithèse** « il m'adore ici, bien que nous soyons fâchés ailleurs » (l. 14-15) montre que le rêve ne suit pas la logique de la réalité.

▶ L'expression « camionneur de pianos » est une **invention langagière** qui lance les images (surréalistes) du rêve : un personnage mi-homme, mi-camion ?

2. Le sentiment d'angoisse

Le poète-rêveur vit des moments d'angoisse et s'interroge sur lui-même comme s'il se dédoublait.

▶ L'énumération « gonflé, mutilé, tiré, recousu, bordé de noir », commentée par l'adverbe « affreusement », **donne vie** au costume, mais semble décrire un cadavre. Si le costume est à l'image de celui qui le porte, alors le poète se voit lui-même « bordé de noir », **portant son propre deuil.**

▶ Le costume, devenu « assez distingué », passe du noir au gris. Le « chapeau haut de forme » inadapté pour le voyage et surtout ce flot de « lingerie » qui déborde de son costume, font du poète un **clown triste et dérisoire.**

▶ « Vais-je devenir fou ? » se demande le poète entre deux situations incongrues. Les **déictiques** « ce », « cette » (l. 21-22) prennent une **connotation péjorative** : le poète évalue l'étrangeté de son accoutrement et ne se comprend plus lui-même.

3. Le labyrinthe

Le poète est perdu dans son rêve comme dans un labyrinthe dont il ne peut sortir.

▶ « Jamais je n'en sortirai [...] tout sera à recommencer demain ! ». En reliant la première et la dernière phrase, toutes deux au futur, on comprend que le pronom « en » ne réfère pas aux préparatifs du départ, mais au rêve lui-même : le poète est enfermé dans un **rêve itératif** dont il ne sortira jamais.

▶ L'exclamation « Ah ! j'ai oublié de dire au revoir à... », nous fait **revenir** au **début du récit** : les adieux à la tante. De même pour l'exclamation « Et le teinturier ! ».

▶ L'exclamation « ah ! mon Dieu je perds le fil de tout... » peut être comprise comme une référence au **fil d'Ariane**, qui aide Thésée à sortir du **labyrinthe**. Mais le poète perd le fil et ne sait quel est son chemin « au Mans ! non pas au Mans ! à Nogent ! non pas à Nogent ! »

Conclusion

[synthèse] Ce poème en prose, avec une grande **économie de moyens**, nous entraîne dans une course effrénée à la suite du poète pris dans un tourbillon de situations étranges qu'il échoue à maîtriser. Il nous entraîne ainsi dans un monde **onirique** où tout se transforme et dont on comprend que le poète est prisonnier. **[ouverture]** « L'Énergie lyrique », ce nom de rue incongru, caractérise la poésie de Max Jacob qui crée, à partir de faits anodins, une **profusion d'images** qui nous emmène dans un autre monde, celui de la poésie.

La littérature d'idées, du XVIe au XVIIIe siècle

La littérature d'idées

3 La littérature d'idées : histoire littéraire et outils d'analyse

TEST
Pour vous situer et identifier les fiches à réviser — 58

FICHES DE COURS
- 9 Qu'est-ce que la littérature d'idées ? — 60
- 10 La littérature d'idées aux XVIe et XVIIe siècles — 62
- 11 La littérature d'idées au XVIIIe siècle — 64
- 12 Les stratégies argumentatives — 66
- 13 Analyser un texte d'idées — 68
- MÉMO VISUEL — 70

EXERCICES & CORRIGÉS
- *Gargantua*, Rabelais (1534-1542) — 72
- *Les Caractères,* La Bruyère (1688-1696) — 73
- L'*Encyclopédie* (1751-1772) — 74

57

TESTEZ-VOUS

→ CORRIGÉS P. 306-307

Faites le point sur vos connaissances puis établissez votre **parcours de révision** en fonction de votre score.

1 Maîtriser les genres de la littérature d'idées → FICHE 9

1. Que désigne l'appellation « littérature d'idées » ?
- ☐ a. les textes qui ne relèvent ni du récit, ni du théâtre, ni de la poésie
- ☐ b. les textes qui défendent un point de vue sur la littérature
- ☐ c. les textes dans lesquels les procédés littéraires sont au service des idées

2. Qu'est-ce qu'un essai ?
- ☐ a. un genre inventé par Montaigne
- ☐ b. un brouillon d'écrivain
- ☐ c. un texte non fictionnel en prose à visée argumentative

3. Qu'appelle-t-on un apologue ?
- ☐ a. un texte qui fait l'éloge d'une personne
- ☐ b. un récit allégorique qui dispense une leçon au lecteur
- ☐ c. un énoncé bref qui formule une vérité morale

4. Que fait un écrivain engagé ?
- ☐ a. Il est impliqué dans son époque et y renvoie dans ses œuvres.
- ☐ b. Il refuse la fiction au profit de genres en lien direct avec la réalité.
- ☐ c. Il publie des lettres ouvertes.

…/4

2 La littérature d'idées des XVIe et XVIIe siècles → FICHE 10

1. À quoi reconnaît-on un texte humaniste ?
- ☐ a. Il est écrit en latin.
- ☐ b. Il met l'être humain au centre de sa réflexion.
- ☐ c. Il place toute sa confiance en l'homme.

2. Qui sont les « moralistes » du XVIIe siècle ?
- ☐ a. les défenseurs de la morale
- ☐ b. les observateurs des mœurs
- ☐ c. les auteurs de textes contenant une moralité

3. La devise des auteurs du classicisme est…
- ☐ a. d'instruire, de plaire et d'émouvoir.
- ☐ b. de convaincre, de persuader et de délibérer.
- ☐ c. de châtier les mœurs par le rire.

…/3

TEST > FICHES DE COURS > **EXERCICES**

3 La littérature d'idées au temps des Lumières

→ FICHE 11

1. Qu'est-ce que l'*Encyclopédie* ?

❏ **a.** le nom d'un célèbre salon littéraire

❏ **b.** une entreprise éditoriale qui visait à faire le tour de toutes les connaissances disponibles à l'époque

❏ **c.** un ouvrage linguistique de référence pour les écrivains

2. Quel est l'intérêt du conte philosophique ?

❏ **a.** Il transporte le lecteur dans un ailleurs de fantaisie.

❏ **b.** Il met son auteur à l'abri de la censure.

❏ **c.** Il met à portée de tous des concepts abstraits de la pensée.

3. L'écriture est un combat sous la plume des Lumières…

❏ **a.** parce qu'il faut parvenir à échapper à la censure de la Librairie.

❏ **b.** parce qu'il faut lutter contre l'obscurantisme, le fanatisme religieux, les formes abusives du pouvoir.

❏ **c.** parce que l'Église a le monopole de l'édition.

…/3

4 Étudier un texte d'idées

→ FICHES 12 et 13

1. Qu'est-ce qu'une thèse ?

❏ **a.** un argument irréfutable

❏ **b.** une réponse étoffée à une question

❏ **c.** une position ou un point de vue que défend le locuteur

2. Quel est le type d'argument utilisé dans la phrase suivante ?
« Il faut que le poète traite son sujet selon le vraisemblable et le nécessaire : Aristote le dit, et tous ses interprètes répètent les mêmes paroles. » (Corneille)

❏ **a.** un argument d'autorité   ❏ **b.** un argument d'expérience

❏ **c.** un argument *ad hominem*

3. Quelle différence fait-on entre « convaincre » et « persuader » ?

❏ **a.** La conviction vise à rallier quelqu'un à sa thèse. La persuasion s'attache à le faire changer d'avis.

❏ **b.** La conviction fonde l'argumentation sur la raison, la persuasion sur les sentiments.

❏ **c.** La conviction se fonde sur les passions, la persuasion sur la capacité à former un raisonnement logique.

…/3

Score total …/13

3 • La littérature d'idées : histoire littéraire et outils d'analyse   **59**

9 Qu'est-ce que la littérature d'idées ?

En bref *La littérature d'idées se définit comme l'ensemble des textes qui ne relèvent ni de la poésie, ni de la fiction narrative ou dramatique. Plus largement, la littérature d'idées désigne tout écrit dans lequel les ressources de la littérature sont au service de l'argumentation.*

I L'argumentation directe

Dans l'argumentation directe, l'auteur défend en son nom un point de vue.

1 Les textes à visée philosophique

- L'essai : il se présente comme un texte hybride, sans ordre apparent, embrassant avec subjectivité divers sujets. Ex. : *Essais* de Montaigne.
- Le traité : réflexion sur un sujet circonscrit, il vise l'exhaustivité.
- Le discours : mise en forme écrite de la pensée, il traite une question de manière ordonnée, suivant les règles de l'**art oratoire**. Ex. : *Discours sur l'origine et les fondements de l'inégalité parmi les hommes* de Rousseau.

À NOTER

L'**art oratoire**, né dans l'Antiquité, impose de distinguer l'invention (recherche des arguments), la disposition (agencement de ces arguments), l'élocution (mise en forme stylistique).

- Le dialogue : hérité de Platon, il permet la confrontation des points de vue sous la forme d'une conversation. Ex. : *Le Neveu de Rameau* de Diderot.
- La maxime : pensée exprimée de manière brève et incisive. Ex. : *Maximes et réflexions diverses* de La Rochefoucauld.

2 Les textes à dimension polémique

- Le pamphlet : sous-genre qui relève du discours épidictique, il verse couramment dans le blâme ou la satire.
- Le portrait : lié à l'esthétique de la conversation, il fait l'éloge ou le blâme d'une personne à travers une prose travaillée. Il se déploie aussi dans les oraisons funèbres et les mémoires.
- La lettre ouverte : écrit public, elle se prête à l'expression d'un débat et appelle parfois une réponse. Ex. : « J'accuse » de Zola.

3 Les textes à ambition esthétique

- Le manifeste littéraire : il constitue une déclaration par laquelle une personne ou un groupe présente ses conceptions esthétiques.
- La correspondance d'écrivains : destinée ou non à être publiée, elle offre un témoignage vivant sur la conception de la littérature des épistoliers.

TEST **FICHES DE COURS** EXERCICES

II L'argumentation indirecte

1 L'apologue

■ La fable : ce court récit de fiction illustre une morale par l'intermédiaire d'animaux ou d'humains.

 À NOTER
Du grec *apologos*, « récit détaillé », le mot « **apologue** » désigne un court récit allégorique qui renferme un enseignement, une leçon de morale pratique.

■ Le conte : merveilleux ou philosophique, il raconte une histoire qui illustre un précepte de sagesse.

■ L'utopie : elle décrit une société idéale dont l'organisation est une critique indirecte de la société contemporaine de l'auteur.

2 Dans les genres narratif, dramatique et lyrique

■ Le roman : « à thèse » ou non, on peut considérer que derrière la fiction qu'il élabore, il est porteur d'idées sur le monde réel. Les paroles rapportées des personnages, leur portrait ou les commentaires du narrateur peuvent avoir une dimension argumentative.

■ Le théâtre : le dialogue constitue un lieu possible d'affrontements de points de vue ; le monologue, lorsqu'il se fait délibératif, peut offrir l'occasion d'une mise en balance d'arguments.

■ La poésie : engagée ou lyrique, elle voit le sujet de l'énonciation prendre position, répondre aux attaques, dénoncer les torts.

L'École d'Athènes de Raphaël

L'École d'Athènes, Raphaël, 1509-1510.

De Platon à Pythagore, ce tableau rassemble nombre de penseurs de l'Antiquité et des peintres de la Renaissance italienne. La représentation figure le dialogue des idées et des générations.

3 • La littérature d'idées : histoire littéraire et outils d'analyse   **61**

10 La littérature d'idées aux XVIe et XVIIe siècles

En bref À la fin du Moyen Âge, l'humanisme voit s'épanouir une littérature d'idées en prise avec son époque. Au XVIIe siècle, l'instauration de l'absolutisme, sous le règne de Louis XIV, accompagne la fondation de nouvelles normes morales et littéraires incarnées par le classicisme.

I L'humanisme : l'homme au cœur de la littérature d'idées

1 Montaigne : l'invention de l'essai

■ Les *Essais* de Montaigne paraissent entre 1580 et 1595. Cette œuvre hybride, mêlant autobiographie et réflexions diverses, et composée de trois livres grossis au fil des ans par des ajouts successifs, fait entendre une voix singulière : celle d'un moi qui se prend comme matière de ses écrits, celle d'une conscience qui s'étudie elle-même, celle d'un humaniste qui voit en chaque individu un représentant de « l'humaine condition ».

■ L'essayiste met à l'épreuve ses jugements loin de toute certitude. C'est qu'en effet l'optimisme confiant des débuts de l'humanisme, mis à mal par la conquête coloniale et les conflits religieux, a laissé place chez lui au scepticisme.

2 Rabelais : la pensée humaniste en acte

■ Dans *Gargantua* (1535) et *Pantagruel* (1532), Rabelais met en scène la vie de deux géants, père et fils. L'accent est mis sur leur formation, occasion pour le romancier de livrer un exposé aussi comique que polémique sur les principes et valeurs de l'humanisme.

■ Derrière le rire né du grotesque des personnages et des situations, le lecteur est invité à la réflexion et initié à une forme de sagesse.

> **MOT CLÉ**
> L'**humanisme** est un mouvement culturel né en Italie, qui s'épanouit au XVIe siècle en France. Les humanistes étudient les textes antiques et font de l'homme le centre de leurs réflexions.

3 La naissance d'une littérature engagée

■ Les guerres de Religion (1562-1598) qui ravagent la France voient naître des textes dans lesquels les écrivains s'engagent et prennent parti pour leur camp.

■ Ronsard, poète de la Pléiade, se fait le champion du parti catholique dans ses *Discours* (1562-1563). Du côté protestant, Agrippa d'Aubigné livre avec *Les Tragiques* (1616) une peinture pathétique et violente du royaume divisé.

62

II Le classicisme : le triomphe des moralistes

1 Les genres mondains

■ Les mémoires sont écrits par ceux qui ont participé aux affaires du monde. La Rochefoucauld, le cardinal de Retz, Saint-Simon témoignent ainsi de leur expérience du pouvoir.

■ Le genre du portrait se voit doté d'une grandeur particulière par La Bruyère et ses *Caractères* : il décrit des types et non des individus, et fait du portrait une peinture des mœurs.

■ Nouvelle forme esthétique, le **fragment** accède à une véritable dignité littéraire. Les *Pensées* de Pascal ou les *Maximes* de La Rochefoucauld constituent des séries d'énoncés indépendants et lapidaires.

 À NOTER
À côté des formes courtes persistent celles plus développées et continues, héritières de la rhétorique antique, dont le *Discours de la Méthode* de Descartes est l'illustration.

■ Les correspondances accomplissent l'ambition classique d'une élégance sans artifice, d'une beauté non fabriquée. Au premier rang, les *Lettres* de Madame de Sévigné ont rapidement constitué un modèle du genre.

2 Instruire et plaire

■ Le théâtre comique s'emploie lui aussi indirectement à critiquer les mœurs, comme chez Molière qui épingle les vices et défauts humains de son siècle. Le paratexte des pièces devient une tribune pour le dramaturge.

■ La Fontaine préfère la fable et le détour par la fiction allégorique : derrière son monde d'animaux et de végétaux, c'est la société humaine et ses égoïsmes qui se voient mis en cause.

zoOm
Les salons littéraires

Au XVIIe siècle se multiplient les salons, souvent tenus par des femmes : on s'y entretient, entre personnes choisies, de littérature, on s'y nourrit de réflexions sur les mœurs. S'y développe un art de la conversation propre à l'honnête homme.

Gravure représentant le salon littéraire de la Marquise de Rambouillet (dont s'inspira Molière pour écrire les *Précieuses ridicules*), 1858.

11 La littérature d'idées au XVIIIᵉ siècle

En bref *En relançant les persécutions contre les protestants, la révocation de l'édit de Nantes (1685) provoque un mouvement de réaction contre l'absolutisme et le fanatisme religieux. Les écrivains philosophes du XVIIIᵉ siècle œuvrent pour lutter contre l'obscurantisme et faire de la raison la lumière qui guide le peuple.*

I Un contexte culturel propice

■ Supports essentiels de la diffusion du savoir, les livres voient leur nombre multiplié par trois entre 1700 et 1779. La majorité des ouvrages restent cependant des textes de littérature populaire et religieuse.

■ La diffusion des idées des Lumières est assurée autant par des écrits que par des lieux où les écrivains se rencontrent : des salons regroupent auteurs, savants et artistes autour de valeurs communes ; les cafés sont le théâtre de vives discussions politiques ou philosophiques ; les académies se multiplient en province.

II Les idées des Lumières

1 La question religieuse

■ Au plan religieux, les philosophes des Lumières s'interrogent sur le rapport de l'homme à Dieu et à l'Église.

■ Certains font le choix du déisme, comme Montesquieu et Voltaire, et affirment la croyance en un dieu créateur du monde tout en refusant de se soumettre à une institution et à ses prescriptions en matière de culte.

■ D'autres professent un véritable athéisme : Diderot, par exemple, pense que la matière se transforme et s'organise elle-même sans intervention divine.

2 L'organisation politique

■ Les penseurs du XVIIIᵉ siècle sont unanimes dans leur condamnation de l'absolutisme ; c'est pourquoi leurs écrits préfigurent la Révolution française.

■ Certains, Montesquieu en tête, se prononcent en faveur de la monarchie tempérée où le pouvoir du roi se trouve limité par celui de la noblesse et des parlements.

■ D'autres, comme Voltaire et Diderot, soutiennent le principe du despotisme éclairé où la raison seule guide le gouvernement.

■ Plus minoritaire, un courant défend l'idée de démocratie avec Rousseau.

> **ŒUVRE CLÉ**
> Œuvre majeure des Lumières, *l'Encyclopédie* travaille à la destruction des préjugés et des superstitions pour éclairer l'opinion.

III L'apparition de genres argumentatifs nouveaux

Le siècle des Lumières reprend des formes anciennes, comme en témoignent les titres de certaines œuvres : *Discours sur l'origine et les fondements de l'inégalité parmi les hommes* (Rousseau, 1755) ou *Lettres philosophiques* (Voltaire, 1734). Il en réinvente aussi certains.

1 Le conte philosophique

■ Sous l'impulsion de Voltaire, le conte philosophique devient une arme essentielle des Lumières. Merveilleux et imagé, il met à portée du plus grand nombre des théories scientifiques et métaphysiques jusque-là réservées aux lettrés.

■ Sa forme allégorique et ses formules souvent ironiques atténuent les atteintes portées aux institutions et au pouvoir, déjouant ainsi la censure.

2 Les écrits à dimension biographique

■ Rousseau donne avec *Les Confessions* le premier exemple d'autobiographie. À travers le récit de sa vie, il entreprend aussi de se justifier aux yeux de ses détracteurs.

■ En dynamisant les règles du genre, Diderot propose des dialogues qui donnent à voir les multiples facettes du moi (*Le Neveu de Rameau*, 1891).

zoOm

Un projet titanesque : l'*Encyclopédie*

L'*Encyclopédie* (1751-1772) souhaite faire la somme de toutes les connaissances de l'époque. Elle compte dix-sept volumes d'articles et onze volumes de planches d'illustrations. Près de deux-cents collaborateurs contribuent au projet, parmi lesquels Diderot et d'Alembert.

→ Consultez la version numérique en libre accès : bit.ly/enccre.

12 Les stratégies argumentatives

En bref *La littérature d'idées rassemble des textes dans lesquels un auteur expose et défend son point de vue, de manière directe ou par le détour d'une fiction. Dans tous les cas, une stratégie argumentative est mise en place par l'auteur qui vise à emporter l'adhésion du lecteur par la raison ou les sentiments.*

I Les éléments de l'écriture argumentative

Directe ou indirecte, l'argumentation met en jeu les éléments suivants :
- Le thème est le sujet du débat, de l'argumentation.
- La thèse est la proposition ou position que défend le locuteur.
- L'argument est une proposition reconnue ou donnée comme vraie, qui sert à prouver la thèse soutenue ou à réfuter la thèse rejetée (contre-argument).
- L'exemple vient à l'appui de l'argumentation logique et abstraite comme illustration concrète ; il permet ainsi d'adosser les arguments sur des faits. L'exemple est qualifié d'**argumentatif** lorsqu'il présente un cas si représentatif qu'il suffit à établir une proposition générale.

À NOTER
Dans la fable, le récit a valeur d'**exemple argumentatif** car il permet d'aboutir à la moralité.

II Les voies de l'argumentation

1 Le choix de la raison

- Convaincre consiste à amener le destinataire à reconnaître rationnellement que l'opinion défendue est vraie.
- Les textes qui cherchent à emporter la conviction se reconnaissent à la présence d'arguments et d'exemples, organisés de manière logique.
• Le raisonnement inductif se fonde sur des faits particuliers pour s'élever à la loi générale.
• Le raisonnement déductif, à l'inverse, prouve un fait particulier à partir d'un énoncé général.
• Le raisonnement concessif permet de rendre raison en partie à l'adversaire avant de réfuter l'essentiel de son argumentation.
• Le raisonnement par l'absurde feint d'adopter la thèse adverse pour en tirer par déduction des conséquences illogiques.

MOT CLÉ
Cas particulier de la déduction, le **syllogisme** propose une conclusion en apparence irréfutable à partir d'affirmations données comme vraies.

- L'argument d'autorité, par lequel un auteur cite les propos d'une personnalité à la légitimité incontestée, peut achever de convaincre l'interlocuteur.

TEST **FICHES DE COURS** **EXERCICES**

2 | Le biais des sentiments

■ **Persuader** consiste à amener le destinataire à admettre la thèse en faisant appel à ses émotions et non seulement à la raison.

■ L'auteur manifeste sa **subjectivité** grâce à divers procédés : écriture à la première personne, verbes d'opinion, recours à la modalisation et aux connotations. Il cherche à **impliquer l'interlocuteur**, à travers des apostrophes, des questions rhétoriques, des figures de style visant à susciter une émotion.

■ La persuasion passe également par **l'implicite** qui prend la forme du **sous-entendu** (dont l'interprétation dépend entièrement de la situation d'énonciation), du **présupposé** (qui suppose une déduction à la charge du destinataire) et de l'**ironie** (qui suppose que le lecteur inverse la valeur de l'énoncé pour en comprendre le sens réel).

■ Les **arguments de mauvaise foi** trouvent parfois leur place dans une stratégie persuasive : **le prétexte** invente de fausses raisons ; **la tautologie** redouble l'affirmation d'une évidence et **l'argument** *ad hominem* discrédite la personne de l'adversaire plus que ses arguments.

zoOm

Les types de discours argumentatifs

Les théoriciens de l'Antiquité grecque distinguaient **trois grands genres oratoires** selon la visée du discours.

	discours judiciaire	discours épidictique	discours délibératif
visée	accuse/défend	loue/blâme	pèse le pour et le contre, définit l'attitude à adopter
faits examinés	passés	présents	futurs
valeurs	juste/injuste	noble/vil, condamnable	utile/nuisible
genres	plaidoyer, réquisitoire	éloge, blâme, portrait, satire, pamphlet, oraison funèbre	monologue, dialogue, discours, essai, lettre
figures	interrogation oratoire	gradation, hyperbole, métaphore, métonymie	antithèse, chiasme, parallélisme

3 • La littérature d'idées : histoire littéraire et outils d'analyse **67**

13 Analyser un texte d'idées

En bref *L'analyse d'un texte d'idées suppose qu'on ait préalablement identifié le type d'argumentation, directe ou indirecte, dont il relève. Dans tous les cas, il convient de porter une attention particulière aux marqueurs logiques, énonciatifs et stylistiques.*

Étape 1 Identifier le schéma argumentatif

1 Repérer les articulations logiques

■ Relevez les connecteurs qui marquent les articulations de la pensée ; identifiez la valeur éventuelle de la ponctuation (les deux-points révèlent par exemple un rapport de cause à conséquence).

■ Prêtez attention aux adverbes qui marquent la progression du discours (*d'abord, ainsi, finalement...*).

■ Dans le cas de l'argumentation indirecte, cherchez à dégager la part narrative de la part discursive, qui transparaît dans les commentaires et l'énoncé éventuel d'une leçon par l'auteur.

2 Dégager la thèse défendue

■ Si la thèse est explicite, il faut situer précisément dans le texte le passage où elle apparaît et la reformuler de manière à montrer qu'on l'a bien comprise.

■ Si la thèse est implicite, il s'agit de la formuler avec ses propres mots à partir des arguments donnés dans le corps du texte.

3 Identifier la stratégie argumentative

■ Le repérage des types d'arguments mobilisés permet de préciser l'angle d'attaque privilégié par le locuteur :

■ La démarche d'ensemble peut choisir de privilégier l'adhésion du destinataire par la raison ou les sentiments ou l'inviter à mettre en balance plusieurs points de vue.

■ Formes subjectives, l'éloge et le blâme doivent conduire à construire une image du locuteur et des valeurs auxquelles il adhère autant que de la personne visée.

Étape 2 — Étudier la situation d'énonciation

1 | Du côté du locuteur

■ Il faut observer comment se manifeste celui qui soutient sa thèse. Cela revient à étudier les marques de présence de la première personne, à travers les pronoms et les déterminants possessifs.

■ Il convient également de chercher la présence de la modalité exclamative, des marques de jugement, des termes modalisateurs.

2 | Du côté du destinataire

■ On peut déterminer l'identité et le rôle de l'interlocuteur (simple auditeur ou lecteur, adversaire, complice) et porter attention à la manière dont il est présenté, interpelé, cité.

■ Demandez-vous si le lecteur est présent dans le texte, sous quelle forme et dans quel but.

> **CONSEIL**
> Le **lecteur** peut être désigné par le pronom de la deuxième personne mais il peut également se trouver inclus dans un *nous* ou un *on*.

Étape 3 — Étudier le lexique et les procédés stylistiques

1 | Le lexique

■ Observez les champs lexicaux et les liens qui les unissent.

■ Identifiez les connotations (lexique évaluatif, appréciatif).

■ Déterminez la tonalité du texte (comique, satirique, polémique, lyrique...) et les procédés d'expression qui la soutiennent.

> **CONSEIL**
> Soyez également attentif à la **typographie** qui signale l'importance d'un mot avec les lettres capitales ou l'italique, l'ironie avec des guillemets.

2 | Les procédés stylistiques

■ Répertoriez les figures de style (MÉMO VISUEL p. 200) et cherchez à interpréter leur rôle dans l'argumentation :
– figures d'insistance (répétition, parallélisme, énumération, gradation, prétérition) ;
– figures d'exagération (hyperbole) ;
– images (comparaison, métaphore).

■ Détectez la présence possible d'ironie et envisagez-en les effets sur la lecture.

MÉMO VISUEL

Les mots clés

Pour identifier l'extrait
- **genre du texte :** argumentation directe ou indirecte
- **type de texte :** essai, dialogue, apologue…
- **fonction :** convaincre, persuader, délibérer, dénoncer, défendre, émouvoir…

Pour caractériser l'argumentation
- **locuteur :** auteur, narrateur, personnages…
- **forme :** traité, lettre, dialogue polémique, fable, poème…
- **figures de style :** comparaison, métaphore, allégorie, hyperbole, antiphrase, gradation, euphémisme, parallélisme…

LA LITTÉRATURE D'IDÉES

Quelques œuvres à connaître

XVIe siècle
- *Pantagruel* et *Gargantua*, Rabelais (1532-1534)
- *Essais*, Montaigne (1580-1588)

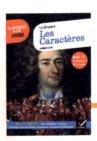

XVIIe siècle
- *Les Tragiques*, Agrippa d'Aubigné (1616)
- *Fables*, Jean de La Fontaine (1668-1694)
- *Pensées*, Pascal (1670)
- *Les Caractères ou les Mœurs de ce siècle*, La Bruyère (1688-1696)

TEST **FICHES DE COURS** EXERCICES

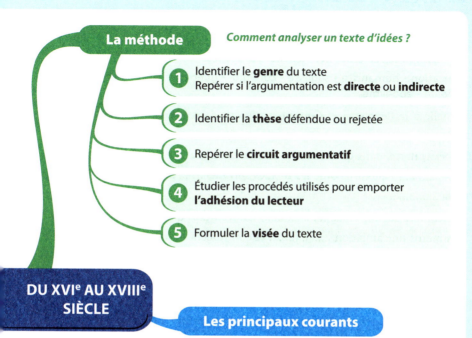

La méthode
Comment analyser un texte d'idées ?

1. Identifier le **genre** du texte
   Repérer si l'argumentation est **directe** ou **indirecte**
2. Identifier la **thèse** défendue ou rejetée
3. Repérer le **circuit argumentatif**
4. Étudier les procédés utilisés pour emporter **l'adhésion du lecteur**
5. Formuler la **visée** du texte

DU XVIᵉ AU XVIIIᵉ SIÈCLE

Les principaux courants

XVIᵉ siècle	XVIIᵉ siècle	XVIIIᵉ siècle
HUMANISME	CLASSICISME	LUMIÈRES
1500 — 1600	1600 — 1715	1715 — 1789 1800

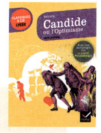

XVIIIᵉ siècle
- *Lettres persanes,* Montesquieu (1721)
- *Lettres,* Mme de Sévigné (1725)
- *Discours sur l'origine et les fondements de l'inégalité parmi les hommes,* Rousseau (1755)
- *Candide,* Voltaire (1759)

3 • La littérature d'idées : histoire littéraire et outils d'analyse

▶ EXERCICES

Gargantua, Rabelais (1534-1542)

→ FICHE **10**

1 Complétez ce texte avec les mots proposés.

éducation • humaniste • sagesse • comique • guerre • fiction • pédagogique • religion • éponyme

▶ Publié à la Renaissance, *Gargantua* s'inscrit dans le courant .... qui affirme la grandeur de l'homme et lui accorde une place centrale dans le monde. Rabelais narre, dans ce roman, les aventures du géant .... À travers la ...., l'auteur aborde les thèmes suivants : l'.................., la .... et la ....

▶ Racontées sur un mode ...., les aventures du héros n'en poursuivent pas moins une ambition .... et contribuent à forger chez le lecteur une forme de ....

2 Lisez l'extrait suivant et répondez aux questions.

Après l'« Avis aux lecteurs », Gargantua s'ouvre sur un prologue de l'auteur : le roman s'y trouve d'emblée placé sous le signe du comique. Pourtant, l'écrivain met en garde le lecteur de ne pas se laisser abuser par les apparences.

[...] À votre avis, pourquoi ce prélude et coup d'envoi ? Pour que vous, mes bons disciples (ainsi que quelques autres fous oisifs), lorsque vous lirez les joyeux titres de certains livres imaginés par nous, comme *Gargantua, Pantagruel, Fessepinte, La Dignité des Braguettes, Sur les haricots*
5 *au lard cum commento*[1], etc., vous ne pensiez trop rapidement que leur contenu n'est que moqueries, folâtreries et menteries joyeuses, l'enseigne extérieure de la boutique (c'est le titre) étant généralement interprétée, sans recherche plus approfondie, comme une forme de dérision et de plaisanterie.
10 Il ne faut pas faire preuve de tant de légèreté lorsque l'on juge les œuvres humaines. Car vous-mêmes dites que l'habit ne fait pas le moine. Celui qui est vêtu d'un habit monacal n'est pas nécessairement moine, et celui qui porte une cape espagnole peut très bien ne pas avoir le cœur d'un Espagnol. C'est pourquoi il faut ouvrir le livre et soigneusement en éva-
15 luer le contenu. Vous saurez alors que la substance qu'il contient est d'une bien autre valeur que ce qu'en promettait la boîte. Je veux dire que les matières traitées ici ne sont pas si frivoles que le titre posé dessus le laissait entendre. [...]

Rabelais, *Gargantua*, « Prologue », 1542,
translation par G. Milhe Poutingon, © éditions Hatier, 2021.

1. *cum commento* : avec son commentaire.

TEST ❭ **FICHES DE COURS** ❭ **EXERCICES**

1. Surlignez en jaune les termes qui relèvent du champ lexical du comique.

2. Surlignez en bleu un exemple utilisé comme argument par Rabelais.

3. Surlignez en rose la principale recommandation faite au lecteur.

Les Caractères, La Bruyère (1688-1696)

→ FICHE **10**

3 **Complétez ce texte avec les mots proposés.**

aphorismes • type • satire • remarques • classique • portraits • anecdotique • imitation • descriptions • moraliste

❱ Publiée à l'époque ...., l'œuvre de La Bruyère intitulée *Les Caractères* relève de la .... Dans cette vaste galerie de ...., les lecteurs de l'époque ont reconnu des contemporains sous les pseudonymes grecs empruntés à l'auteur antique Théophraste.

❱ Pourtant, il ne s'agit pas seulement d'................. : La Bruyère cherche à dépasser l'................. pour atteindre le .... éternel. Le .... fait varier les formes, plus que son prédécesseur, en proposant des ...., des .... et des ....

4 **Lisez le texte puis répondez aux questions.**

Si je compare ensemble les deux conditions des hommes les plus oppo-
sées, je veux dire les Grands avec le peuple, ce dernier me paraît content
du nécessaire, et les autres sont inquiets et pauvres avec le superflu.
Un homme du peuple ne saurait faire aucun mal ; un Grand ne veut
5 faire aucun bien, et est capable de grands maux. L'un ne se forme et
ne s'exerce que dans les choses qui sont utiles ; l'autre y joint les perni-
cieuses[1]. Là se montrent ingénument la grossièreté et la franchise ; ici se
cache une sève maligne[2] et corrompue sous l'écorce de la politesse. Le
peuple n'a guère d'esprit, et les Grands n'ont point d'âme : celui-là a un
10 bon fond et n'a point de dehors ; ceux-ci n'ont que des dehors et qu'une
simple superficie[3]. Faut-il opter, je ne balance[4] pas, je veux être peuple.

Jean de La Bruyère, *Les Caractères*, « Des Grands », 25, 1696.

1. dangereuses. **2.** nuisible. **3.** apparence. **4.** hésite.

1. Étudiez la modalisation dans le texte : comment se marque la subjectivité de l'auteur ?

2. Relevez les antithèses contenues dans l'extrait.

3. Observez les mots surlignés : à quel champ lexical appartiennent-ils ?
Comment se regroupent-ils ? Qu'est-ce qui oppose fondamentalement les Grands et le peuple ?

3 • La littérature d'idées : histoire littéraire et outils d'analyse   **73**

5 **Prolongement culturel.**

1. Quels autres moralistes du Grand Siècle connaissez-vous ? L'enseignement moral s'exprime-t-il chez eux de manière directe ou indirecte ?

2. L'œuvre de La Bruyère a inspiré une comédienne et scénariste de notre époque, Lison Daniel. Sur la scène virtuelle d'Instagram, celle-ci campe une série de personnages emblématiques de notre temps. De quelle manière la comédienne a-t-elle adapté la démarche de La Bruyère au monde contemporain ?

Lison Daniel, *Portraits*, © Instagram @les.caracteres

L'*Encyclopédie* (1751-1772)

→ FICHE 11

6 **Choisissez les réponses qui conviennent parmi les affirmations proposées.**

1. L'ambition des rédacteurs de l'*Encyclopédie* est de :
- ☐ **a.** donner une somme scientifique sur l'état des connaissances au XVIIIe siècle
- ☐ **b.** diffuser le savoir et encourager les lecteurs à se servir de leur raison
- ☐ **c.** livrer un ouvrage polémique sous couvert d'un titre général et didactique

2. Parmi les auteurs suivants, lesquels ont contribué à l'*Encyclopédie* ?
- ☐ **a.** Diderot
- ☐ **b.** Montaigne
- ☐ **c.** Pascal
- ☐ **d.** D'Alembert
- ☐ **e.** Zola
- ☐ **f.** Voltaire

3. Quelles disciplines y sont traitées ?
- ☐ **a.** les techniques et les sciences
- ☐ **b.** la philosophie
- ☐ **c.** tous les savoirs disponibles à l'époque

TEST > **FICHES DE COURS** > **EXERCICES**

7 **Lisez l'extrait puis répondez aux questions.**

« Réfugiés » (*Hist. mod. pol.*) C'est ainsi que l'on nomme les protestants français que la révocation de l'édit de Nantes a forcés de sortir de France et de chercher un asile dans les pays étrangers, afin de se soustraire aux persécutions qu'un zèle[1] aveugle et inconsidéré leur faisait éprouver dans leur patrie. Depuis ce temps, la France s'est vue privée d'un grand nombre de citoyens qui ont porté à ses ennemis des arts, des talents et des ressources dont ils ont souvent usé contre elle. [...] Louis XIV, en persécutant les protestants, a privé son royaume de près d'un million d'hommes industrieux qu'il a sacrifiés aux vues intéressées de quelques mauvais citoyens qui sont les ennemis de toute liberté de penser, parce qu'ils ne peuvent régner qu'à l'ombre de l'ignorance. L'esprit persécuteur devrait être réprimé par tout gouvernement éclairé : si l'on punissait les perturbateurs qui veulent sans cesse troubler les consciences de leurs concitoyens lorsqu'ils diffèrent dans leurs opinions, on verrait toutes les sectes[2] vivre dans une parfaite harmonie et fournir à l'envi des citoyens utiles à la patrie et fidèles à leur prince.

Article « Réfugiés » (anonyme), *Encyclopédie*, 1765.

1. soin excessif. **2.** religions.

1. Dégagez la thèse défendue par l'auteur de cet article et les raisons qu'il invoque pour la justifier.

2. Observez les mots surlignés : l'article est-il objectif ? Justifiez votre réponse.

8 **Prolongement artistique et culturel.**

1. Citez, parmi vos lectures, des énoncés argumentatifs qui se donnent toutes les allures de l'objectivité. Quel en est l'intérêt ?

2. Le tableau de François Dubois ci-contre représente le massacre de la Saint-Barthélemy qui eut lieu le 24 août 1572 et qui visa les protestants. En quoi la composition sert-elle la dénonciation ?

François Dubois, *Le Massacre de la Saint-Barthélémy* (v. 1572-1584). Huile sur bois. 93,5 × 151,1 cm. Musée cantonal des Beaux-Arts de Lausanne.

3 • La littérature d'idées : histoire littéraire et outils d'analyse

 **CORRIGÉS**

Gargantua, Rabelais (1534-1542)

1 ▸ Publié à la Renaissance, *Gargantua* s'inscrit dans le courant **humaniste** qui affirme la grandeur de l'homme et lui accorde une place centrale dans le monde. Rabelais narre, dans ce roman, les aventures du géant **éponyme**. À travers la **fiction**, l'auteur aborde les thèmes suivants : l'**éducation**, la guerre et la **religion**.

▸ Racontées sur un mode **comique**, les aventures du héros n'en poursuivent pas moins une ambition **pédagogique** et contribuent à forger chez le lecteur une forme de **sagesse**.

2 **1.** Nombreux sont les termes relevant du champ lexical du comique dans l'extrait du « Prologue » : « [...] Pour que vous, mes bons disciples (ainsi que quelques autres fous oisifs), lorsque vous lirez les joyeux titres de certains livres imaginés par nous, comme *Gargantua, Pantagruel, Fessepinte, La Dignité des Braguettes, Sur les haricots au lard cum commento*, etc., vous ne pensiez trop rapidement que leur contenu n'est que moqueries, folâtreries et menteries joyeuses, l'enseigne extérieure de la boutique (c'est le titre) étant généralement interprétée, sans recherche plus approfondie, comme une forme de dérision et de plaisanterie. Il ne faut pas faire preuve de tant de légèreté lorsque l'on juge les œuvres humaines. [...] Je veux dire que les matières traitées ici ne sont pas si frivoles que le titre posé dessus le laissait entendre. »

2. Rabelais s'appuie sur un proverbe pour justifier son argumentation : « Car vous-mêmes dites que l'habit ne fait pas le moine. Celui qui est vêtu d'un habit monacal n'est pas nécessairement moine, et celui qui porte une cape espagnole peut très bien ne pas avoir le cœur d'un Espagnol. »

3. Au terme du « Prologue », Rabelais fait une recommandation essentielle au lecteur : « C'est pourquoi il faut ouvrir le livre et soigneusement en évaluer le contenu. »

Les Caractères, La Bruyère (1688-1696)

3 ▸ Publiée à l'époque **classique**, l'œuvre de La Bruyère intitulée *Les Caractères* relève de la **satire**. Dans cette vaste galerie de **portraits**, les lecteurs de l'époque ont reconnu des contemporains sous les pseudonymes grecs empruntés à l'auteur antique Théophraste.

▸ Pourtant, il ne s'agit pas seulement d'**imitation** : La Bruyère cherche à dépasser l'**anecdotique** pour atteindre le **type** éternel. Le **moraliste** fait varier les formes, plus que son prédécesseur, en proposant des **descriptions**, des **remarques** et des **aphorismes**.

| TEST | FICHES DE COURS | EXERCICES |

4 **1.** La modalisation recoupe l'ensemble des marqueurs de la subjectivité du locuteur : il s'agit des indices qui lui permettent de faire valoir son point de vue. Ils sont nombreux dans l'extrait : **pronoms personnels** de la première personne (« je », « me ») ; emploi du **conditionnel** à valeur modale (« saurait ») ; **négation exceptive** (« ne... que ») ; **lexique appréciatif** ; **adverbes** (« ingénument ») ; **question rhétorique** (« Faut-il opter ») à laquelle La Bruyère répond de lui-même sans « balance[r] ». La neutralité apparente de l'énoncé et l'absence d'hésitation laissent penser qu'il s'agit d'un choix objectif et évident. Pourtant, les modalisateurs soulignent bien le **parti pris paradoxal** de l'écrivain.

2. L'antithèse est une figure de style par laquelle on oppose deux termes de sens contraire. Elle est abondamment mobilisée dans le texte pour faire valoir l'écart des conditions, non tant sur le plan socio-économique que moral : « **Grands/peuple** » ; « **content/inquiets** », « **nécessaire/superflu** » ; « **mal/bien** » ; « **utiles/pernicieuses** » ; « **grossièreté/politesse** » ; « **sève/écorce** » ; « **esprit/âme** » ; « **fond/superficie** ».

3. Les mots surlignés relèvent du champ lexical de la **morale**. Ils rendent compte des conditions respectives du peuple (mots surlignés en jaune) et des Grands (mots surlignés en bleu) : au peuple la sagesse, la bonté, la droiture, l'honnêteté ; aux Grands, la frivolité, la méchanceté voire la malignité, la superficialité. La Bruyère reconnaît au premier une sincérité qui n'exclut pas la « grossièreté » ; aux seconds une « politesse » au service des seules apparences. Ces deux conditions sociales reprennent donc l'**opposition métaphysique de l'être et du paraître**.

5 **1.** Parmi les moralistes du Grand Siècle les plus connus, on peut citer **Bossuet**, **La Rochefoucauld** et **Pascal**. Ces auteurs traitent des mœurs de l'homme sans passer par le détour de la fiction, au travers respectivement de leurs **sermons**, **maximes** et **pensées**. Chez **La Fontaine**, en revanche, l'enseignement moral est indirect : il recourt au récit allégorique qu'est la **fable**.

2. En s'inspirant de la démarche de La Bruyère, **Lison Daniel** propose des portraits, sous forme de courtes vidéos, dans lesquels les traits physiques des personnages se trouvent grossis par les **effets amplifiants** des filtres. Chaque caractère est individualisé par un prénom, mais les **références socio-culturelles** et les **tics de langage** permettent aux personnages de gagner en universalité et d'incarner des types contemporains.

L'*Encyclopédie* (1751-1772)

6 **1.** a, b, c ; **2.** a, d, f ; **3.** c.

7 **1.** ▶ En feignant de donner une définition du terme de « Réfugiés », l'auteur anonyme de l'article défend la **thèse** suivante : la révocation de l'édit de Nantes, qui a eu pour conséquences la transformation des protestants en réfugiés ou exilés, a été une erreur économique, sociale et politique.

3 • La littérature d'idées : histoire littéraire et outils d'analyse **77**

❯ Les **arguments** qui soutiennent ce point de vue apparaissent ainsi : la France s'est privée du travail et des idées de nombreux citoyens ; ce travail et ces idées ont profité aux ennemis de la France ; en prenant cette décision, Louis XIV s'est soumis aux pressions de son entourage et, par conséquent, s'est déconsidéré ; le roi a favorisé l'intolérance et l'obscurantisme, ennemis de la liberté de penser et de croire, entraînant des troubles civils et des conflits à l'extérieur.

2. L'article prend formellement une apparence objective. Pourtant, le mot défini apparaît au pluriel, ce qui précise d'emblée son sens. La formulation initiale « c'est ainsi que l'on nomme » indique qu'il s'agit bien d'une définition mais non dans le sens dénoté, courant dans ce type d'ouvrage. L'emploi du verbe *nommer* et les références à la révocation de l'édit de Nantes confirment le **caractère historique et déterminé de la définition**. Celle-ci contient plusieurs **termes à connotation péjorative** — « forcés », « persécutions », « zèle aveugle et inconsidéré » — mettant l'accent sur la situation de contrainte et de violence dont sont victimes les protestants. Il s'agit ainsi d'un article subjectif qui refuse la neutralité du dictionnaire au profit d'une position dénonciatrice.

8 **1.** ❯ On peut citer nombre d'écrits des moralistes du XVIIᵉ siècle : *Maximes et réflexions diverses* de La Rochefoucauld (1655), *Pensées* de Pascal (1670), *Les Caractères* de La Bruyère (1688-1696), mais aussi les moralités explicites des *Fables* de La Fontaine (1668-1694).

❯ L'intérêt d'énoncés d'apparence objective dans l'argumentation est de donner à des opinions le statut de vérités, voire de lois morales, de les **présenter comme irréfutables** ; le caractère synthétique et lapidaire des formules fait impression sur le lecteur qui se sent moins à même de les mettre en doute.

2. Le premier plan du tableau dévoile une **scène de chaos** : les soldats entrent dans la toile en rang désordonné, les traits obliquent fusent en tous sens. À l'arrière-plan, **la verticalité et la statique des monuments** frappent par contraste. L'architecture ne semble donc pas atteinte par le désordre. Les lignes de fuite conduisent vers l'entrée du Louvre, symbole du pouvoir royal. Aux yeux du peintre, une forme de pérennité est assurée, qui réside dans la monarchie et les ouvrages humains.

La littérature d'idées

4 Les œuvres de littérature d'idées au programme

TEST — Pour vous situer et établir votre parcours de révision 80

FICHES DE COURS

14 Rabelais, *Gargantua*
Parcours : Rire et savoir 82

15 La Bruyère, *Les Caractères* (livres V à X)
Parcours : La comédie sociale 84

16 Olympe de Gouges, *Déclaration des droits de la femme et de la citoyenne*
Parcours : Écrire et combattre pour l'égalité 86

MÉMO VISUEL 88

OBJECTIF BAC

SUJETS GUIDÉS & CORRIGÉS

3 EXPLICATION DE TEXTE | Olympe de Gouges, *Déclaration des droits de la femme et de la citoyenne* 90

OBJECTIF MENTION

4 DISSERTATION | Rire et philosophie 95

TESTEZ-VOUS

→ CORRIGÉS P. 306-307

Faites le point sur vos connaissances puis établissez votre **parcours de révision** en fonction de votre score.

1 Rabelais, *Gargantua* (1534-1542)

→ FICHE 14

1. François Rabelais est…
- a. un moine du Moyen Âge.
- b. l'inventeur du genre romanesque.
- c. un humaniste de la Renaissance.

2. Le roman *Gargantua*…
- a. est la transposition moderne d'une légende populaire.
- b. s'apparente à une parodie d'épopée.
- c. raconte les aventures du fils de Pantagruel.

3. Quelles sont les principales fonctions du rire dans l'œuvre ?
- a. Il offre un simple divertissement.
- b. Il stimule la réflexion.
- c. Il constitue un remède aux aléas de l'existence.

4. Le savoir se définit chez Rabelais comme…
- a. une source de sagesse.
- b. science avec conscience.
- c. le monopole des théologiens.

…/4

2 La Bruyère, *Les Caractères* (1688-1696)

→ FICHE 15

1. La Bruyère est connu pour…
- a. avoir inventé le genre du « caractère ».
- b. faire partie des moralistes classiques.
- c. avoir été le précepteur du Dauphin.

2. *Les Caractères* sont…
- a. une collection de portraits, maximes et réflexions sur la nature humaine.
- b. un classement des différents profils de la psychologie humaine.
- c. un recueil de caricatures des contemporains de l'auteur.

TEST | FICHES DE COURS | SUJETS GUIDÉS

3. L'apparence fragmentée de l'œuvre …

☐ **a.** n'a pas été voulue par l'auteur.

☐ **b.** est à l'image de la dispersion qui caractérise l'esprit humain.

☐ **c.** est apparue à la huitième édition.

4. Quelle est l'ambition principale de l'œuvre ?

☐ **a.** Dénoncer l'oppression du peuple par les « Grands ».

☐ **b.** Prendre parti pour les « Modernes » contre les « Anciens ».

☐ **c.** Rendre compte de la comédie sociale.

…/4

3 Olympe de Gouges, *Déclaration des droits de la femme et de la citoyenne* (1791)

→ FICHE **16**

1. Olympes de Gouges est connue pour…

☐ **a.** avoir fondé le mouvement féministe.

☐ **b.** avoir payé de sa vie son engagement et ses idées.

☐ **c.** avoir été la première femme politique française.

2. La *Déclaration des droits de la femme et de la citoyenne* relève…

☐ **a.** d'un texte à valeur légale.

☐ **b.** d'une utopie.

☐ **c.** d'un plaidoyer.

3. Ce texte se présente comme…

☐ **a.** un réquisitoire contre le régime de la Terreur.

☐ **b.** une parodie de la *Déclaration des droits de l'homme et du citoyen* de 1789.

☐ **c.** une réécriture critique de la *Déclaration* de 1789.

4. L'œuvre d'Olympe de Gouges a fait date dans l'histoire littéraire car…

☐ **a.** c'est un texte fondateur de la revendication des femmes à l'égalité avec les hommes.

☐ **b.** c'est le premier texte littéraire à valeur légale.

☐ **c.** c'est la première fois qu'une femme se revendiquait auteure à l'égal d'un homme.

…/4

Score sur l'œuvre étudiée …/12

Parcours PAS À PAS ou *EXPRESS* ? → MODE D'EMPLOI P. 3

4 • Les œuvres de littérature d'idées au programme **81**

14 Rabelais, *Gargantua*
Parcours : Rire et savoir

En bref *Dans un premier roman, Rabelais a raconté l'existence de Pantagruel, le fils de Gargantua. Publié en 1534, le deuxième volume, Gargantua, narre les aventures du géant éponyme, roi d'Utopie, et approfondit le questionnement philosophique, sous une apparence toujours comique. Le rire profite ainsi à l'instruction du lecteur !*

I Connaître l'œuvre

1 L'auteur et le contexte

■ **Érudit de la Renaissance**, François Rabelais a probablement vécu de 1483 à 1553. Il prend l'habit de moine puis devient médecin. Sa vocation littéraire s'affirme tardivement : son premier roman, *Pantagruel*, paraît en 1532, suivi en 1534 par *Gargantua*, qui fait l'objet d'une deuxième édition en 1542.

■ Rabelais a acquis une très vaste culture en étudiant notamment les langues et les textes de l'Antiquité ainsi que le corps humain. L'écrivain illustre donc l'idéal humaniste qu'il préconise dans son œuvre.

À NOTER
C'est sous le **pseudonyme** d'Alcofribas Nasier (anagramme de ses prénom et nom) que François Rabelais signe *Gargantua*.

2 Structure de l'œuvre

■ À l'instar de *Pantagruel*, *Gargantua* est construit comme une parodie d'épopée. Cependant, ce deuxième roman apparaît davantage marqué par l'esprit satirique : le comique raille la culture médiévale et promeut les idéaux de l'humanisme.

■ *Gargantua* est découpé en quatre ensembles distincts (l'enfance, l'éducation, la guerre et l'abbaye de Thélème) : cette partition correspond à la composition des romans de chevalerie où étaient abordées successivement la formation, les prouesses et l'entrée en religion des héros.

II Comprendre le parcours

1 « Rire est le propre de l'homme »

■ Dès l'« Avis aux lecteurs », Rabelais justifie son parti pris comique en se fondant sur une maxime empruntée au traité *Les Parties des animaux* d'Aristote. Mécanisme caractéristique de l'humain, le rire apparaît à l'auteur de *Gargantua* comme une panacée, c'est-à-dire un remède universel à la douleur et au chagrin auxquels l'homme est en proie au cours de sa vie.

TEST › FICHES DE COURS › SUJETS GUIDÉS

■ Le rire rabelaisien s'abreuve à de multiples sources : il emprunte à la farce avec des effets de décalage ; puise dans le lexique populaire, voire grossier ; joue du gigantisme des personnages ; se fait parodie quand il imite le discours des doctes ; recourt aussi à l'ironie pour rendre le texte ambivalent.

CONSEIL
L'**ironie** appelle les lecteurs rabelaisiens à réfléchir : il faut parfois mettre en doute la parole même qui se déploie dans le roman et évaluer la valeur de vérité des énoncés.

■ Le comique n'est pas une fin en soi sous la plume de Rabelais. Il se comprend dans le cadre d'une pensée chrétienne et cherche à contrebalancer la faiblesse humaine en incitant au discernement.

2 | Le « gai savoir »

■ Le « Prologue » de *Gargantua* se place sous l'autorité de Socrate, figure du sage antique dissimulé sous les traits d'un bon vivant : derrière l'apparence comique se cache un « divin savoir ». Rabelais, comme Socrate, amène son lecteur à devenir plus instruit et à se connaître soi-même.

■ Chez Rabelais, le rire s'attaque aux vices des institutions comme des individus : il met en cause et libère ; il corrige et invite à la délibération. La satire se met au service de la pédagogie : elle véhicule les idées humanistes.

■ Pour le lecteur, il s'agit moins d'être bon public qu'« entommeur » (briseur) de la « substantifique moelle » à l'image d'un chien de chasse qui ronge l'os jusqu'à en atteindre le meilleur morceau. Les aventures romanesques de Gargantua se lisent comme une chasse de vérité, un récit allégorique à décrypter.

zoOm

Gustave Doré illustre *Gargantua*

Dans sa gravure, Gustave Doré insiste sur le gigantisme des protagonistes à qui il donne une allure bonhomme. De leur côté, les doctes, en charge d'apprendre le monde à Gargantua, apparaissent diminués et peu avenants.

Gustave Doré, *L'Éducation de Gargantua*, 1851.

15 La Bruyère, *Les Caractères* (livres V à X)
Parcours : La comédie sociale

En bref *Publiés pour la première fois en 1688,* Les Caractères ou les Mœurs de ce siècle *présentent une collection de réflexions, maximes et portraits, qui s'est enrichie au fil des éditions successives. Au dessein initial de peindre l'être humain s'est substituée progressivement une représentation de la comédie sociale.*

I Connaître l'œuvre

1 L'auteur et le contexte

■ Issu de la bourgeoisie, Jean de La Bruyère (1645-1696) acquiert une charge de trésorier après des études de droit. En 1684, sa carrière connaît une ascension notable : il devient précepteur du duc Louis de Bourbon, petit-fils du Grand Condé.

■ La Bruyère entre à l'Académie française en 1693 et prend le parti des « Anciens », admirateurs et imitateurs de l'Antiquité, dans la « querelle » qui les oppose aux « Modernes », soucieux de renouveler les formes artistiques.

2 Structure de l'œuvre

■ Inspirée des *Caractères* du Grec Théophraste (372-287 av J.-C.), l'œuvre de La Bruyère se présente comme une traduction de l'auteur antique, sorte de caution morale et littéraire. Au fil des éditions (1688-1696), La Bruyère y ajoute un mélange original de descriptions, remarques et aphorismes dans le goût de l'époque classique, qui rejoint l'esthétique de la conversation mondaine.

■ Au-delà du désordre apparent de l'œuvre, de la fragmentation de ses énoncés, certains regroupements apparaissent : les livres I à IV dépeignent la psychologie de l'homme (son esprit, son mérite, son cœur) ; les livres V à X proposent une peinture de la société et du pouvoir ; les livres XI à XVI étudient l'homme dans une perspective morale et religieuse.

II Comprendre le parcours

1 Un miroir de la société : « Je rends au public ce qu'il m'a prêté »

■ La Bruyère fait autant œuvre d'historien, à la manière de Saint-Simon, que de **moraliste** à l'instar de La Rochefoucauld.

■ La société dépeinte dans *Les Caractères* n'est plus régie par l'ordre ancien : les « Grands » n'ont plus que les « dehors » de l'aristocratie et la bourgeoisie se hisse au rang de cette dernière par l'argent et les intrigues.

MOT CLÉ
Un **moraliste** observe et décrit le comportement de ses semblables. S'il cherche à instruire le lecteur, il ne se fait pas pour autant moralisateur.

■ Toutes les conditions – de l'artisan au souverain – et tous les profils psychologiques – de la coquette au distrait – sont décrits. Cet examen détaillé oppose ceux qui sont utiles au fonctionnement de la société à ceux dont le comportement n'est fondé que sur le paraître et l'artifice, et qui la dénaturent.

2 | Divertir en corrigeant les mœurs

■ La Bruyère excelle dans l'art du portrait. Les caricatures qu'il dresse de ses contemporains visent à créer des « types » humains. La façon dont il met en scène les travers et les manies des hommes suscite le rire et fait écho, de manière efficace, au thème du **theatrum mundi** (théâtre du monde). Au-delà du traité rhétorique, l'œuvre s'apparente souvent à une comédie aux accents baroques.

> **MOT CLÉ**
> La notion de **theatrum mundi** est un héritage baroque. Au sein de la société, chacun joue un rôle, consciemment ou malgré lui, sur la grande scène du monde.

■ Le style de l'auteur s'attache à mettre au jour les défauts des êtres et les tares de la société : la précision des formules fouille les replis de l'âme humaine ; l'exagération et le goût de l'anecdote emportent le rire.

■ Le comique devient un instrument puissant au service de la critique des institutions et des préjugés dont se souviendront les philosophes des Lumières.

---

zoOm

L'art du portrait au Grand Siècle

Charles Le Brun, *Portrait équestre de Pierre Séguier (1588-1672), chancelier de France*, vers 1660.

Représentant du classicisme en peinture, Charles Le Brun réalise le portrait de son protecteur vers 1660. La mise en scène théâtrale et savamment chorégraphiée rappelle les procédés stylistiques utilisés par La Bruyère dans ses portraits.

16 O. de Gouges, *Déclaration des droits de la femme et de la citoyenne*

En bref Parcours : Écrire et combattre pour l'égalité

Dans sa Déclaration des droits de la femme et de la citoyenne, *publiée en 1791, Olympe de Gouges revendique pour les femmes des droits égaux à ceux des hommes, au nom de la nature et de la raison. Femme engagée dans le débat politique, elle met sa plume au service du combat pour l'égalité des sexes et des citoyens.*

I Connaître l'œuvre

1 | L'auteure et le contexte

■ Marie Gouze naît en 1748 dans une famille de la bourgeoisie provinciale. Jeune veuve, elle gagne Paris au début des années 1770, où elle prend le nom d'Olympe de Gouges. Grâce à son instruction, elle se fait une place dans les salons du temps.

■ Pendant la Révolution, Olympe de Gouges multiplie les écrits pour promouvoir les droits des opprimés. Sa position en faveur de la monarchie constitutionnelle et son hostilité au régime de la **Terreur** lui valent d'être guillotinée en 1793.

> ✎ **À NOTER**
> La **Terreur** désigne une période de la Révolution française située entre 1793 et 1794. Elle se caractérise notamment par une justice expéditive à l'égard des personnes suspectées de mettre en danger la République.

2 | Structure de l'œuvre

■ Adressée à la reine Marie-Antoinette, la *Déclaration des droits de la femme et de la citoyenne* constitue un pastiche critique de la *Déclaration des droits de l'homme et du citoyen*, présentée au roi Louis XVI et votée le 26 août 1789.

■ L'œuvre d'Olympe de Gouges imite la forme juridique de la *Déclaration* de 1789 : comme le texte original, elle comporte un préambule (exposé d'intentions) et dix-sept articles de loi. L'auteure ajoute un postambule dans lequel elle appelle directement les femmes à s'emparer de leurs droits.

II Comprendre le parcours

1 | L'écriture au service de l'égalité des sexes

■ La *Déclaration* rédigée par Olympe de Gouges apparaît d'abord comme le pendant absent de celle de 1789, qui semble ne concerner que les individus masculins. En effet, les femmes de l'époque ne pouvaient ni voter ni exercer de fonctions politiques.

■ Pourtant, le texte ne saurait se réduire à un simple contre-projet : c'est un plaidoyer en faveur de l'égalité des droits qui vise à faire reconnaître un statut juridique, politique et social aux femmes et à établir la concordance entre les sexes au sein de la nation.

■ Le projet est demeuré sans valeur légale, mais a marqué une étape dans l'histoire de la pensée féministe, qui le relie, un siècle plus tôt, au traité de Poullain de La Barre *De l'égalité des deux sexes* (1673) et, à l'époque contemporaine, à l'essai de Simone de Beauvoir, *Le Deuxième Sexe* (1949).

> **CITATION**
>
> « [...] La femme a le droit de monter sur l'échafaud ; elle doit avoir également celui de monter à la tribune [...] » (article X de la *Déclaration des droits de la femme et de la citoyenne*).

2 | Une femme engagée

■ À l'instar des écrivains des Lumières, Olympe de Gouges tente de détruire les préjugés. Son discours emprunte aux ressources de l'art oratoire : judiciaire, il prend en charge les faits passés en dénonçant les injustices faites aux femmes ; épidictique, il blâme les hommes pour leurs comportements quotidiens ; délibératif, il propose pour l'avenir un nouveau modèle de société égalitaire.

■ De nombreux écrits (pièces de théâtre, brochures…) témoignent des positions avant-gardistes de l'auteure sur des sujets variés. Elle réclame ainsi l'égalité des droits pour tous, sans distinction de sexe, de couleur et de revenu, et s'insurge particulièrement contre la traite des esclaves dans les colonies. Elle a également défendu avec énergie les enfants nés hors mariage et privés de droits.

zoOm

La lutte pour le droit de vote des femmes en Angleterre

Plus d'un siècle après Olympe de Gouges, les « suffragettes » militent en Angleterre pour le droit de vote des femmes et réclament d'être reconnues comme des citoyennes à part entière.

Sorti en 2015, le film de Sarah Gavron retrace leur combat, parfois violent, au cours des années 1912-1913.

Affiche du film *Les Suffragettes*, 2015.

MÉMO VISUEL

L'œuvre

Gargantua, Rabelais (1534-1542)

- **Contexte :** l'humanisme se tourne vers l'Antiquité pour repenser la place de l'homme dans la société moderne.
- **Visées :** susciter une pensée critique par le rire, promouvoir les idées humanistes.

Le parcours

Rire et savoir

- Dans son roman *Gargantua*, Rabelais utilise toutes les formes du comique, de la plus raffinée à la plus grossière, afin de démystifier l'autorité des prétendus savants.
- Chez Rabelais, le rire libère l'esprit des préjugés pour mieux inciter à penser par soi-même et à se mettre en quête de la « substantifique moelle ».

L'œuvre

LES ŒUVRES

Déclaration des droits de la femme et de la citoyenne, Olympe de Gouges (1791)

- **Contexte :** le mouvement des Lumières promeut l'usage de la raison et il inspire les principes de la Révolution française.
- **Visées :** dénoncer les injustices, défendre les droits des femmes.

Le parcours

Écrire et combattre pour l'égalité

- Pastiche critique de la *Déclaration des droits de l'homme et du citoyen* (1789), l'œuvre d'Olympe de Gouges revendique pour les femmes des droits identiques à ceux des hommes en se fondant sur la nature et la raison.
- Ce premier écrit féministe participe au combat en faveur de l'égalité des droits pour tous, sans distinction de sexe, de couleur ni de revenu.

TEST > **FICHES DE COURS** > SUJETS GUIDÉS

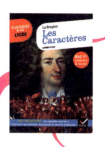

L'œuvre

***Les Caractères* (livres V à X), La Bruyère (1688-1696)**

- **Contexte :** sous le règne de Louis XIV, le classicisme conjugue la recherche de l'harmonie esthétique avec une ambition morale.
- **Visées :** dévoiler l'envers du « Grand Siècle », mettre au jour les ressorts de la nature humaine.

Le parcours

La comédie sociale

- Miroir de la société de son temps, l'œuvre de La Bruyère décrit les caractères et les mœurs de ses contemporains à travers un mélange de portraits, maximes et aphorismes.
- Avec un sens de la formule et de l'anecdote qui fait mouche, l'auteur des *Caractères* démontre à quel point la société de son temps est soumise au règne du paraître.

AU PROGRAMME

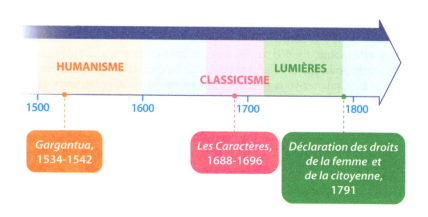

4 • Les œuvres de littérature d'idées au programme **89**

▶ SUJET 3 | OBJECTIF BAC

EXPLICATION DE TEXTE ⏱ 30 min **Olympe de Gouges,**
Déclaration des droits de la femme et de la citoyenne

Dans son « Postambule », Olympe de Gouges use de toutes les ressources de l'art oratoire pour inciter les femmes à agir pour la défense de leurs droits.

📄 LE SUJET

■ **Vous préparerez l'explication orale de ce texte.**

Aux dix-sept articles que contient la Déclaration des droits de la femme et de la citoyenne *succède un postambule qui en assure la clôture.*

Femme, réveille-toi ; le tocsin de la raison se fait entendre dans tout l'univers ; reconnais tes droits. Le puissant empire de la nature n'est plus environné de préjugés, de fanatisme, de superstition et de mensonges. Le flambeau de la vérité a dissipé tous les nuages de la sottise et de l'usurpa-
5 tion. L'homme esclave a multiplié ses forces, a eu besoin de recourir aux tiennes pour briser ses fers. Devenu libre, il est devenu injuste envers sa compagne. Ô femmes ! femmes, quand cesserez-vous d'être aveugles ? Quels sont les avantages que vous avez recueillis dans la Révolution ? Un mépris plus marqué, un dédain plus signalé. Dans les siècles de corruption vous n'avez
10 régné que sur la faiblesse des hommes. Votre empire est détruit ; que vous reste-t-il donc ? la conviction des injustices de l'homme. La réclamation de votre patrimoine, fondée sur les sages décrets de la nature ; qu'auriez-vous à redouter pour une si belle entreprise ? le bon mot du législateur des noces de Cana ? Craignez-vous que nos législateurs français, correcteurs de cette
15 morale, longtemps accrochée aux branches de la politique, mais qui n'est plus de saison, ne vous répètent : femmes, qu'y a-t-il de commun entre vous et nous ? Tout, auriez-vous à répondre. S'ils s'obstinaient, dans leur faiblesse, à mettre cette inconséquence en contradiction avec leurs principes ; opposez courageusement la force de la raison aux vaines prétentions de supériorité ;
20 réunissez-vous sous les étendards de la philosophie ; déployez toute l'énergie de votre caractère, et vous verrez bientôt ces orgueilleux, nos serviles adorateurs rampants à nos pieds, mais fiers de partager avec vous les trésors de

l'Être-Suprême. Quelles que soient les barrières que l'on vous oppose, il est en votre pouvoir de les affranchir ; vous n'avez qu'à le vouloir.

Olympe de Gouges, *Déclaration des droits de la femme et de la citoyenne*,
« Postambule » (extrait), 1791.

■ **Question de grammaire** : Identifiez les propositions présentes dans la dernière phrase du texte (l. 23-24).

LES CLÉS POUR RÉUSSIR

▶ Présenter le texte

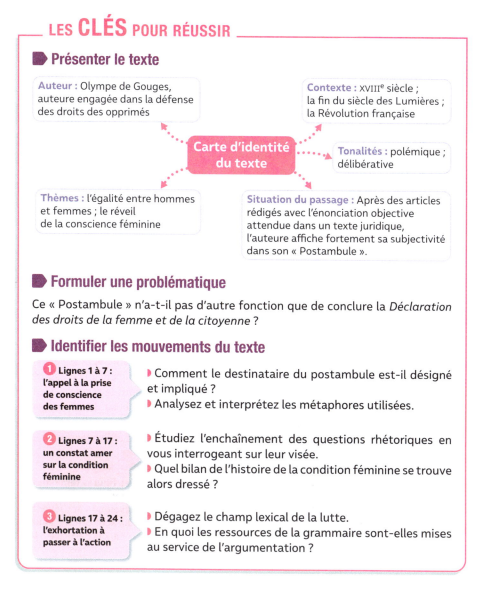

Carte d'identité du texte

- **Auteur** : Olympe de Gouges, auteure engagée dans la défense des droits des opprimés
- **Contexte** : XVIIIᵉ siècle ; la fin du siècle des Lumières ; la Révolution française
- **Tonalités** : polémique ; délibérative
- **Thèmes** : l'égalité entre hommes et femmes ; le réveil de la conscience féminine
- **Situation du passage** : Après des articles rédigés avec l'énonciation objective attendue dans un texte juridique, l'auteure affiche fortement sa subjectivité dans son « Postambule ».

▶ Formuler une problématique

Ce « Postambule » n'a-t-il pas d'autre fonction que de conclure la *Déclaration des droits de la femme et de la citoyenne* ?

▶ Identifier les mouvements du texte

❶ Lignes 1 à 7 : l'appel à la prise de conscience des femmes
- Comment le destinataire du postambule est-il désigné et impliqué ?
- Analysez et interprétez les métaphores utilisées.

❷ Lignes 7 à 17 : un constat amer sur la condition féminine
- Étudiez l'enchaînement des questions rhétoriques en vous interrogeant sur leur visée.
- Quel bilan de l'histoire de la condition féminine se trouve alors dressé ?

❸ Lignes 17 à 24 : l'exhortation à passer à l'action
- Dégagez le champ lexical de la lutte.
- En quoi les ressources de la grammaire sont-elles mises au service de l'argumentation ?

 LE CORRIGÉ

Les titres en couleur ou entre crochets ne doivent pas figurer sur la copie.

Introduction

[présentation du contexte] La Révolution française a donné l'occasion aux femmes de s'illustrer dans le combat pour l'égalité. Votée en 1789, la *Déclaration des droits de l'homme et du citoyen* inclut bien la femme dans l'affirmation des nouveaux principes républicains. Mais, dans les faits, ces droits ne s'appliquent pas au sexe féminin, tenu pour inférieur. **[présentation de l'œuvre et de l'extrait]** Prenant acte de cette usurpation, Olympe de Gouges rédige, en 1791, une *Déclaration des droits de la femme et de la citoyenne* afin de revendiquer pour les femmes les mêmes droits civils et politiques que ceux accordés aux hommes. Aux dix-sept articles de la *Déclaration*, est ajouté un « Postambule » dont ce texte est extrait. **[problématique]** Marquée par la subjectivité de l'auteure, cette postface n'a-t-elle pour fonction que celle de conclure l'argumentation ? **[annonce du plan]** Suivant le mouvement du texte, nous nous intéresserons d'abord à l'appel à la prise de conscience des femmes, puis nous étudierons le constat amer dressé de leur condition. Enfin, nous analyserons l'exhortation faite aux femmes à passer à l'action.

I. L'appel à la prise de conscience des femmes (l. 1 à 7)

▶ Si le « Préambule » de la *Déclaration des droits de la femme et de la citoyenne* s'ouvrait sur une adresse à l'« Homme », le « Postambule », par un effet de symétrie inversée, en appelle à la « femme » à travers une **apostrophe**. L'impératif associé au pronom personnel de la deuxième personne crée un effet de familiarité entre l'auteure et sa destinataire.

▶ Le terme de « tocsin » désigne une sonnerie de cloche répétée et prolongée, chargée de donner l'alarme, et connote l'imminence d'un combat à mener. L'**injonction** faite à la femme de prendre conscience de ses droits redouble le motif de l'urgence.

▶ L'énumération de termes péjoratifs (« préjugés », « fanatisme », « superstition », « mensonges ») rappelle les fléaux dont la Révolution a libéré « le puissant empire de la nature », lesquels se trouvent également repris sous la formule « les nuages de la sottise et de l'usurpation ». L'allégorie du « flambeau de la vérité » rend manifeste le **pouvoir libérateur de la Révolution** et convoque l'image des « Lumières » et, avec elle, une philosophie fondée sur la raison et le progrès.

▶ Pourtant, Olympe de Gouges établit un **bilan critique** de la période révolutionnaire en ce qui concerne la condition des femmes et souligne l'inconséquence masculine à travers la métaphore filée de l'esclavage (l. 5-6). Selon l'auteure, il y a contradiction entre l'action historique des femmes en faveur de l'égalité des droits et le fruit qu'elles en ont reçu, entre les principes proclamés par la Révolution et l'application qui en a été faite par les hommes.

 MOT CLÉ

Des **figures féminines** notables émergent sous la Révolution et y jouent un rôle actif comme **Pauline Léon**, qui participe à la prise de la Bastille, ou **Manon Roland** qui tient un salon célèbre à Paris.

II. Un constat amer sur la condition féminine (l. 7 à 17)

▶ L'interjection « Ô » et le passage au pluriel « femmes » manifestent une volonté de persuasion ; l'accumulation des questions rhétoriques oblige la gent féminine à faire son **autocritique**.

▶ Les réponses aux **questions oratoires** sont négatives et sans appel, comme en témoignent la forme nominale et l'usage de l'hyperbole : « Un mépris plus marqué, un dédain plus signalé ».

▶ Le champ lexical du **pouvoir** se déploie paradoxalement avec « régné », « faiblesse », « empire » : l'état de soumission des femmes sous l'Ancien Régime ne les empêchait pas d'avoir une emprise sur les hommes. L'auteure démythifie pourtant ce pouvoir en l'attribuant à la « faiblesse des hommes ».

▶ La modalité interrogative associée à l'emploi de la deuxième personne confère au discours une **énergie** significative. La prosopopée par laquelle Olympe de Gouges imagine le dialogue entre les « législateurs français » et les femmes contribue encore à la vivacité du texte et en renforce la dimension persuasive.

▶ La parole masculine apparaît sûre de son fait et prétend se fonder sur la religion, évoquée dans la périphrase ironique « le bon mot du **législateur des noces de Cana** ». Le droit des femmes s'appuie, quant à lui, sur « les sages décrets de la nature ».

 À NOTER
Le « législateur des noces de Cana » désigne **Jésus** dans le récit des Noces de Cana décrit dans le Nouveau Testament (Évangile de Jean, chap. 2, 1-11).

▶ Par un tour de force rhétorique, l'auteure prend le **contre-pied** de la réponse attendue des hommes à la dernière phrase interrogative : « femmes, qu'y a-t-il de commun entre vous et nous ? ». À l'adverbe de négation « Rien » se substitue le pronom indéfini « Tout », mis en valeur par son antéposition.

III. L'exhortation à passer à l'action (l. 17 à 24)

▶ Le dernier mouvement du texte s'ouvre sur une proposition subordonnée d'hypothèse introduite par la conjonction « si » qui envisage la **résistance masculine**. Il donne aux femmes les « armes » dont elles auront besoin dans leur combat pour l'égalité.

▶ Le lexique associé aux hommes est nettement péjoratif : « faiblesse », « inconséquence », « vaines prétentions », « orgueilleux », « serviles », « rampants ». À l'opposé, les femmes, auxquelles l'auteure s'associe à travers le déterminant de la deuxième personne du pluriel, sont appelées à se battre pour leur émancipation. De là vient la **métaphore de la lutte**, filée par les termes « opposez », « force », « réunissez », « étendards », « déployez », « barrières », « affranchir ».

▶ Conformément à la « philosophie » des Lumières, l'arme du combat à venir est « **la force de la raison** » qui, seule, peut triompher de l'obscurantisme et faire accéder femmes et hommes à une égalité de conditions, dont « l'Être suprême », assimilé à la Nature par les philosophes, sera le garant. Les injonctions prennent alors une valeur prophétique.

Conclusion

[synthèse] Ce postambule peut se lire comme un appel aux femmes à se saisir des principes déjà proclamés par la Révolution française. La liberté de ton, l'égalité réclamée avec énergie, la fraternité affirmée avec ses lectrices font d'Olympe de Gouges une auteure engagée et rattachent son texte à la littérature d'idées.

[ouverture] Si la *Déclaration des droits de la femme et de la citoyenne* est restée sans valeur légale et n'a rencontré que peu d'écho à son époque, elle a inspiré la féministe Benoîte Groult (1920-2016), qui s'est réclamée d'Olympe de Gouges et de son œuvre dans le combat qu'elle a mené deux siècles plus tard.

Réponse à la question de grammaire

« Quelles que soient les barrières que l'on vous oppose, il est en votre pouvoir de les affranchir ; vous n'avez qu'à le vouloir. »

▶ « Quelles que soient les barrières que l'on vous oppose... » est une proposition subordonnée de concession qui justifie l'emploi du mode subjonctif.

▶ « il est en votre pouvoir de les affranchir » est la proposition principale ; elle intègre une proposition infinitive (= que vous les affranchissiez).

▶ « vous n'avez qu'à le vouloir » est une proposition juxtaposée, séparée des deux précédentes par le point-virgule.

DES QUESTIONS POUR L'ENTRETIEN

Lors de l'entretien, vous devrez présenter une autre œuvre lue au cours de l'année. L'examinateur introduira l'échange et vous posera quelques questions. Celles ci-dessous sont des exemples.

1 Sur votre dossier est mentionnée la lecture cursive d'une autre œuvre argumentative : *Le Dernier Jour d'un condamné* de Victor Hugo (1829). En quoi ce texte relève-t-il de la littérature d'idées ?

2 Pouvez-vous expliquer la différence entre argumentation directe et indirecte ?

3 Pour quelle cause seriez-vous prêt(e) à prendre la plume ?

TEST › FICHES DE COURS › **SUJETS GUIDÉS**

▶ SUJET 4 | OBJECTIF MENTION

DISSERTATION ⏱ 4 h **Rire et philosophie**

Le sujet propose une réflexion sur l'idéal humaniste de la Renaissance et sur les liens entre rire et philosophie.

LE SUJET

Dans *La Renaissance et le rire* (1995), Daniel Ménager écrit : « Le rire dans ce qu'il a d'excessif est nécessaire à l'idéal philosophique ». Dans quelle mesure ce propos s'applique-t-il à *Gargantua* ?

Vous répondrez à cette question dans un développement organisé en vous appuyant sur le roman de Rabelais, sur les textes que vous avez étudiés dans le cadre du parcours associé et sur votre culture personnelle.

LES **CLÉS** POUR RÉUSSIR

Analyser les termes du sujet

• « Le rire » : les éléments comiques (humour grossier, effets grotesques, ironie…) qui suscitent le rire chez le lecteur

• « excessif » : qui dépasse la mesure, outrancier

• « nécessaire » : dont on ne peut se passer, indispensable

• « idéal philosophique » : modèle de pensée considéré comme parfait et vers lequel on tend. À mettre en relation avec la philosophie humaniste de Rabelais.

Dégager la problématique et les enjeux du sujet

Le comique outrancier dans *Gargantua* est-il, comme le suggère Daniel Ménager, un moyen indispensable pour accéder à l'idéal philosophique, tel que le conçoit Rabelais ? De quel idéal s'agit-il et de quelle manière le rire, avec ses excès, se met-il à son service ?

4 • Les œuvres de littérature d'idées au programme

Construire le plan de la dissertation

❶ Un rire libérateur
- Montrez que le comique rabelaisien a partie liée avec l'excès.
- Quelle est la visée des effets de grossissement ?

❷ Un rire réflexif
- Intéressez-vous aux formes de la sagesse issues du comique.
- En quoi l'humour de Rabelais offre-il un accès à l'idéal philosophique ?

❸ Un rire humaniste
- Montrez en quoi le rire est le propre de l'homme, d'après Rabelais.
- De quelle manière le rire conduit-il à penser par soi-même conformément à l'idéal humaniste ?

✓ LE CORRIGÉ

Les titres en couleur ou entre crochets ne doivent pas figurer sur la copie.

Introduction

[amorce] De Rabelais, l'imaginaire collectif a volontiers gardé l'image d'un gourmand, buveur et farceur, à l'instar de ses personnages romanesques. **[citation du sujet]** Pourtant, dans *La Renaissance et le rire* (1995), Daniel Ménager écrit : « Le rire dans ce qu'il a d'excessif est nécessaire à l'idéal philosophique », nous invitant à voir le sage caché derrière le bon vivant. **[problématique]** Comment, dans *Gargantua*, le rire se met-il au service des valeurs intellectuelles et éthiques de l'auteur ? **[annonce du plan]** Pour le déterminer, nous étudierons d'abord en quoi le rire rabelaisien est effectivement excessif, avec des effets libérateurs, puis comment il conduit le lecteur à penser par lui-même. Enfin, nous montrerons qu'il est une initiation à la pensée humaniste.

I. Un rire démesuré aux effets libérateurs

1. Un comique gigantesque

▶ Dans *Gargantua*, Rabelais prend pour héros des géants, à qui il fait assimiler des sommes considérables de connaissances, des langues au maniement des armes en passant par l'arithmétique. Le **gigantisme** reflète l'immense soif de savoir qui caractérise l'humanisme naissant. Il est aussi la source de puissants effets grotesques : au chapitre IV, Gargamelle engloutit « seize muids, deux bussards et six tupins » de tripes, et le narrateur souligne que « trois cent soixante-sept mille quatorze » bœufs ont été abattus pour l'occasion. La précision incluse dans ses dimensions hors norme prête à rire.

> La figure de l'**hyperbole** met en évidence l'écriture parodique chez Rabelais : elle montre du doigt l'imitation et permet au lecteur de mesurer l'écart avec le modèle. Ainsi, lorsque Frère Jean des Entommeures prend la défense de l'abbaye de Seuilly (chapitre XXV), la scène de guerre reçoit un traitement démesuré : le moine triomphe seul de tous les assaillants picrocholins, traités de « porcs ». La vigueur du combattant évoque celle du héros épique et provoque un **décalage burlesque**.

2. Des cibles plurielles

> Le rire né de l'excès vise moins les individus que les institutions. L'emphase et la rhétorique accumulative ont ainsi à charge de dénoncer la **fausse science des doctes** : le discours de Janotus de Bragmardo, venu réclamer les cloches à Gargantua dans le chapitre XIX, se déploie dans une langue latine approximative. La satire vise la prétendue éloquence judiciaire et savante.

> La **religion** fait aussi les frais de la raillerie rabelaisienne. La sérieuse Sorbonne et ses maîtres de théologie se trouvent ainsi pris à parti, au gré des aventures du géant : au chapitre I par la voix d'Alcofribas Nasier, au chapitre VII à propos de la mère de Gargantua réputée « hérétique », et dans les chapitres XVII à XX avec l'épisode des cloches volées. Les **croyances superstitieuses populaires** font aussi l'objet d'attaques récurrentes : le culte immodéré des saints, la manie des pèlerinages, les dévotions irraisonnées constituent autant d'occasions de rire.

[transition] Sous la plume de Rabelais, le rire naît de l'excès et brocarde les tenants prétendus du savoir. Comment peut-il alors simultanément permettre d'exprimer un idéal philosophique ?

II. Un rire qui invite à la réflexion

1. Le rire : expression de la sagesse

> Loin des prétentions élitistes, l'idéal philosophique rabelaisien renoue avec le bon sens populaire. Rabelais emprunte aux **contes** l'épisode de la jument monstrueuse (chapitre XXXVIII) ou la mésaventure des pèlerins (chapitre XXXVIII), rapportés dans les *Grandes Chroniques*, compilation contemporaine de *Gargantua*.

> Pourtant, plus que dans la sagesse collective du peuple dont il dénonce les préjugés, Rabelais s'en remet à la figure de **Socrate** pour incarner son idéal philosophique. En effet, le penseur grec dissimule, sous un « détachement incroyable », « son divin savoir ». S'il est « toujours riant, trinquant avec chacun, toujours se moquant », il détient également savoir et sagesse.

> 👍 **CONSEIL**
> Vous aurez sans doute lu *Gargantua* dans une **version modernisée** du texte de l'édition de 1542. Pour les citations empruntées à l'œuvre, vous pouvez donc utiliser cette version.

2. Le rire : une méthode

> Placé sous le signe de la sagesse socratique, le « Prologue » enjoint le lecteur du roman à ne pas se fier à son « enseigne extérieure » mais à dépasser « moqueries et folâtreries » pour découvrir « que les matières ici traitées ne sont pas si folâtres que le titre le prétendait ». Il s'agit d'extraire de la forme comique la « **substantifique moelle** ».

▶ Le rire dans ce qu'il a d'excessif n'est donc pas une fin en soi mais un moyen d'atteindre un idéal philosophique. Il est un adjuvant dans la quête d'un plus haut sens, un aiguillon dans la *venatio sapientae* ou **chasse de la sagesse**. Les effets de surenchère invitent à un décryptage des paroles des personnages et des événements, pour en dégager le sens allégorique.

[transition] Le rire outrancier de *Gargantua* permet à Rabelais d'inviter plaisamment ses lecteurs à penser par eux-mêmes. Quel est cet idéal philosophique auquel le comique exacerbé donne accès ?

III. Un rire à la mesure de l'idéal humaniste

1. « Le propre de l'homme »

▶ Dès l'« Avis aux lecteurs », Rabelais justifie son parti pris en se fondant sur une maxime d'**Aristote** : mécanisme caractéristique de l'humain, le rire lui apparaît comme une **panacée**, c'est-à-dire un remède universel aux misères et aléas de l'existence. De ce point de vue, les formes comiques les plus outrancières auraient la vertu de soulager les peines du lecteur et de le mettre en état de penser.

▶ Antidote à la misère de l'homme, le rire apparaît comme la condition de possibilité de l'**idéal philosophique**. Au reste, la Renaissance offre de nombreux exemples de ce mélange des genres : le lecteur du XVIᵉ siècle ne voyait pas d'antinomie entre les bonnes paroles de Grandgousier, défenseur de la sagesse humaniste, et les plaisanteries grossières des pèlerins (chapitre XLV).

2. Le rire est un humanisme

▶ L'excès qui se manifeste dans le comique signe un **refus de toute pesanteur didactique**. Il ne s'agit pas d'assigner au lecteur un idéal philosophique mais de l'acheminer vers lui. Fruit d'une alliance entre l'antiphrase et l'hyperbole, l'ironie manifeste la confiance placée par Rabelais dans son lecteur : il le sait capable d'inverser la valeur d'un énoncé, alerté par la surenchère. Ainsi en va-t-il de la conclusion du chapitre XV : l'éducation reçue chez les sophistes se trouve finalement discréditée par une comparaison burlesque avec la cuisson du pain. Cela a pour effet de faire réfléchir le lecteur aux modèles d'instruction.

▶ La fin du roman elle-même laisse ouverte l'interprétation : l'énigme de la prophétie n'est pas résolue entre Frère Jean et Gargantua. Le « **haut sens** » n'est pas donné d'emblée, il est à construire avec humilité et prudence : le lecteur doit se méfier des formules de sagesse émanant du narrateur Alcofribas Nasier.

Conclusion

Gargantua de Rabelais apparaît comme un roman de la démesure : les aventures d'un géant y font naître des effets comiques aussi puissants qu'illimités ; le rire s'en prend de manière privilégiée aux tenants prétendus de la sagesse. La quête de l'idéal philosophique, humaniste en particulier, se trouve alors encouragée et rendue possible par le rire, avec tous ses excès, en ce qu'il libère la pensée, la soustrait à la force du préjugé et conforte l'humanité en l'homme. Chez Rabelais, s'affirme une nouvelle foi en l'homme dont le rire constitue l'épiphanie.

Le roman et le récit, du Moyen Âge au XXIe siècle

99

Le roman et le récit

5 Le récit : histoire littéraire et outils d'analyse

TEST	Pour vous situer et identifier les fiches à réviser	102
FICHES DE COURS	17 Les écritures narratives	104
	18 Le récit, du Moyen Âge au XVIIIe siècle	106
	19 Le récit au XIXe siècle	108
	20 Le récit depuis le XXe siècle	110
	21 Analyser un extrait de récit	112
	MÉMO VISUEL	114
EXERCICES & CORRIGÉS	• *La Princesse de Clèves*, Mme de Lafayette (1678)	116
	• *Les Liaisons dangereuses*, Laclos (1782)	118
	• *Le Rouge et le Noir*, Stendhal (1830)	119

TESTEZ-VOUS → CORRIGÉS P. 306-307

Faites le point sur vos connaissances puis établissez votre **parcours de révision** en fonction de votre score.

1 Connaître les caractéristiques du récit → FICHE 17

1. Quelles sont les caractéristiques d'un récit ?
- a. Il a un début et une fin.
- b. Il respecte l'ordre chronologique.
- c. Il raconte des faits inventés.
- d. Il comporte des personnages et des péripéties.

2. Pour étudier le système des personnages dans un récit, qu'étudie-t-on ?
- a. le schéma actanciel
- b. le schéma narratif
- c. le schéma logique

.../2

2 Le récit, du Moyen Âge au XVIIIe siècle → FICHE 18

1. Associez chaque auteur à son siècle.

- Rabelais • • Moyen Âge
- Mme de La Fayette • • XVIe siècle
- Montesquieu • • XVIIe siècle
- Chrétien de Troyes • • XVIIIe siècle

2. Qu'est-ce qu'un roman épistolaire ?
- a. un roman publié après la mort de son auteur
- b. un roman composé de correspondances
- c. un roman philosophique

.../2

3 Le récit au XIXe siècle → FICHE 19

1. Quelles sont les caractéristiques du roman réaliste ?
- a. Il est souvent écrit à la 3e personne.
- b. Il met en scène des personnages ordinaires.
- c. Il est souvent autobiographique.
- d. Il est très documenté.
- e. Il comporte peu de descriptions.

TEST ⟩ FICHES DE COURS ⟩ **EXERCICES**

2. **Associez chaque auteur au courant littéraire auquel il appartient.**

Zola •   • romantisme •   • Hugo

Balzac •   • réalisme •   • Stendhal

Flaubert •   • naturalisme •   • Maupassant

.../2

4 Le récit depuis le XXᵉ siècle

→ FICHE 20

1. **Reliez chaque œuvre à son auteur.**

La Peste •   • Vian

La Condition humaine •   • Malraux

L'Écume des jours •   • Camus

Nadja •   • Breton

2. **Quelles sont les caractéristiques du Nouveau roman ?**

☐ **a.** Il s'inspire du roman réaliste.

☐ **b.** Il perturbe la chronologie linéaire.

☐ **c.** Il déconstruit le personnage traditionnel.

.../2

5 Analyser un extrait de récit

→ FICHE 21

1. **Lisez l'extrait et cochez les propositions qui conviennent.**

En même temps qu'il passait, elle leva la tête ; il fléchit involontairement les épaules ; et, quand il se fut mis plus loin, du même côté, il la regarda.

Flaubert, *L'Éducation sentimentale*, 1869.

a. Il s'agit d'un texte : ☐ descriptif ☐ narratif.

b. Il est écrit : ☐ au présent ☐ au passé, ☐ à la 1ʳᵉ personne ☐ à la 3ᵉ personne.

c. Le point de vue est : ☐ interne ☐ externe ☐ omniscient.

2. **Quels sont les trois outils les plus pertinents pour analyser l'extrait suivant ?**

Qu'est-ce que je deviendrai, et qu'est-ce que vous voulez que je fasse ? Je me trouve bien éloignée de tout ce que j'avais prévu : j'espérais que vous m'écririez de tous les endroits où vous passeriez, et que vos lettres seraient fort longues.

Guilleragues, *Lettres portugaises*, 1669.

☐ **a.** l'énonciation   ☐ **c.** les temps et les modes des verbes

☐ **b.** la focalisation   ☐ **d.** le discours rapporté

.../2

Score total .../10

5 • Le récit : histoire littéraire et outils d'analyse   **103**

17 Les écritures narratives

En bref *Le terme récit englobe plusieurs genres qui correspondent à des formes d'écriture narrative différentes et qui dépendent étroitement du contexte historique et littéraire.*

I Les genres du récit

Il existe un grand nombre de genres et sous-genres du récit. On peut les répartir en quatre grandes catégories :

■ **Le récit de fiction** dans lequel le narrateur (à ne pas confondre avec l'auteur) raconte une histoire fictive à la première ou à la troisième personne. Ce type de récit peut se présenter sous forme longue (roman) ou courte (nouvelle).

■ **Les écritures narratives à la première personne**, dans lesquelles le « je » qui raconte est en même temps le narrateur, l'auteur et le personnage principal (autobiographie, journal intime) ou témoin prenant une part importante à l'histoire (mémoires).

■ **La littérature de voyage**, qui relate un voyage réellement effectué par l'auteur.

■ **Les chroniques**, qui rapportent chronologiquement des événements du réel.

II Les caractéristiques de l'écriture narrative

1 La structure

■ Tout récit développe une intrigue qui a un début et une fin et se construit sur une **succession de péripéties**.

■ Le récit de fiction respecte généralement les **cinq étapes du schéma narratif** : la situation initiale ; l'élément perturbateur ; les péripéties ; le dénouement ; la situation finale.

> ✍ **À NOTER**
> L'**enchâssement** de récits secondaires peut venir complexifier la structure du récit principal.

■ Dans un roman, l'**incipit** introduit l'action, dresse le décor, donne le ton. Dans un récit non fictif, l'auteur crée un pacte de lecture, en énonçant plus ou moins clairement ses intentions (dire la vérité, relater des événements vécus, témoigner). Dans les deux cas, il s'agit d'instaurer une relation privilégiée avec le lecteur.

2 Les personnages

Le récit ne peut se passer de personnages, qu'ils soient fictifs ou réels.

■ Dans un récit, les personnages tissent un réseau de relations. Le **schéma actantiel** en rend compte : le héros, ou **sujet**, cherche à atteindre un but, l'**objet**. Dans cette **quête,** il rencontre des aides, les **adjuvants**, et des obstacles, les **opposants.**

104

La quête est commanditée par un émetteur, le destinateur, au bénéfice d'un destinataire qui juge de sa réussite ou de son échec.

■ On peut aussi étudier les personnages selon un système de valeurs.

> **À NOTER**
> Certains personnages sont tellement associés à la **valeur** qu'ils représentent que leur nom devient un nom commun. Ex. : *C'est un vrai rastignac.* (= un arriviste, du nom du héros de Balzac).

III L'importance du contexte

Les récits diffèrent en fonction de la réalité historique qui les voit naître. Mais ils ne donnent pas seulement à voir la réalité d'une époque, ils en proposent une interprétation. Ainsi, le voyageur dans la Lune de Cyrano de Bergerac, auteur français du XVIIe siècle, et les voyageurs interstellaires de Bradbury, auteur américain du XXe siècle, entreprennent un voyage bien différent : ils s'inscrivent dans des esthétiques distinctes et révèlent des interrogations humaines propres à leur époque respective.

zoOm — Le roman graphique

Le Rapport de Brodeck, Manu Larcenet, 2015.

Le roman graphique mêle littérature et bande dessinée. Le dessinateur Manu Larcenet met en images le roman de Philippe Claudel, *Le Rapport de Brodeck*.

18 Le récit, du Moyen Âge au XVIIIe siècle

En bref *Durant cette période, le récit connaît une grande évolution, de la chanson de geste au roman libertin, de la naissance du roman à l'anti-roman.*

I Du Moyen Âge au XVIe siècle : l'émergence du genre romanesque

1 Le Moyen Âge et la naissance du roman

■ Le terme « roman » naît au XIIe siècle pour désigner un récit écrit en langue romane, et non plus en latin : il s'agit de chansons de geste, récits des aventures d'un chevalier.

■ L'auteur le plus connu est alors Chrétien de Troyes : il s'inspire de la légende du Graal et du cycle arthurien pour écrire cinq romans en vers, dont *Perceval ou le Conte du Graal* qui raconte la quête spirituelle du chevalier Perceval.

2 Le XVIe siècle : le récit au service de l'humanisme

L'esprit de la Renaissance et de l'humanisme s'exprime dans les trois grands romans de Rabelais, *Pantagruel*, *Gargantua* et *Le Tiers Livre*. Derrière le burlesque et les aventures extraordinaires de deux géants, le lecteur est amené à réfléchir sur la guerre, la religion, l'accès au savoir…

II Au XVIIe siècle : préciosité, baroque et classicisme

■ Le roman pastoral (*L'Astrée* d'Honoré d'Urfé, 1607-1628) met en scène des bergers et des bergères dont les conversations reprennent celles des salons précieux.

■ Le roman héroïque et précieux montre des héros idéalisés impliqués dans des épopées et intrigues complexes. *Artamène ou le Grand Cyrus* (1649-1653) de Georges et Madeleine de Scudéry en est l'illustration.

MOT CLÉ
La **préciosité** se caractérise par un raffinement extrême du comportement, des idées et du langage.

■ Le roman baroque foisonne d'exubérance et de rebondissements. On peut citer *L'Autre Monde ou les États et Empires de la Lune et du Soleil* (1657) de Cyrano de Bergerac, qui narre un voyage fantaisiste et philosophique dans la Lune et le Soleil.

■ Le roman réaliste et satirique dresse le tableau des mœurs de l'époque. Il en va ainsi du *Roman comique* (1651-1657) de Paul Scarron.

■ Le roman d'analyse s'attache à décrire les variations de la passion. Il relève d'une esthétique classique, à l'image de *La Princesse de Clèves* de Madame de Lafayette (1678), récit bref qui oppose passion et raison à la cour du roi Henri II vers 1550. L'analyse psychologique du personnage en fait un roman moderne.

TEST · FICHES DE COURS · EXERCICES

III Au XVIIIe siècle : les écritures du « je » et l'esprit de provocation

1 | Le récit à la première personne

■ **Le roman picaresque**, hérité d'un genre né en Espagne au XVIe siècle, raconte les aventures d'un *picaro* (personne en marge de la société). Lesage écrit *Les Aventures de Gil Blas de Santillane* (1715) dont le héros voyageur part à la recherche d'aventures plus ou moins honnêtes.

■ **Le roman-mémoires** donne la parole à des personnages de fiction qui racontent, à la première personne, les étapes de leur vie, et notamment leur ascension sociale (Marivaux, *Le Paysan parvenu*, 1735, et *La Vie de Marianne*, 1731-1741) ou leur déchéance (l'abbé Prévost, *L'Histoire de Des Grieux et de Manon Lescaut*, 1731).

■ **Le roman épistolaire** croise la correspondance de plusieurs épistoliers fictifs : deux voyageurs persans dans les *Lettres persanes* de Montesquieu (1721), un couple de libertins et leurs « victimes » dans *Les Liaisons dangereuses* de Laclos (1782). L'absence de narrateur donne au récit une apparence d'objectivité.

2 | L'anti-roman

Certains auteurs, tel Diderot dans *Jacques le fataliste* (1796), interrogent le genre romanesque pour le contester : on parle d'anti-roman. Le dialogue de Jacques et de son maître, sans cesse entrecoupé par des apostrophes au lecteur, rappelle l'illusion de la convention romanesque et empêche toute adhésion au récit.

zoOm

Le roman médiéval

Les « romans » du cycle arthurien, copiés à la main, sont richement illustrés : les illustrations viennent rehausser le texte pour rendre encore plus marquants actions et personnages. Dans ce manuscrit du XVe siècle, on voit Lancelot combattre les dragons gardant l'entrée du Val sans retour.

Lancelot combattant les dragons du Val sans retour, v. 1404-1460.

19 Le récit au XIXᵉ siècle

En bref *Romantique, réaliste ou naturaliste, le XIXᵉ siècle est le siècle du roman.*

I Les grands courants littéraires

1 Le temps du romantisme

■ Le récit romantique met souvent en scène un héros en conflit avec la société, qui s'en exclut par l'exil, (*René*, Chateaubriand, 1801) ou par un caractère hors du commun (*Corinne*, Madame de Staël, 1807).

■ Le héros romantique est le plus souvent un être passionné chez qui domine une souffrance intime qui s'exprime dans l'affirmation d'un « je » omniprésent.

■ Le romantisme peut s'inspirer de l'Histoire : les troubles de 1789, les campagnes de Napoléon, le retour de la monarchie et ses épisodes révolutionnaires, fournissent une riche matière. *Les Misérables* (1862) de Victor Hugo lui donnent une dimension sociale.

2 Une réaction : le réalisme

■ À la subjectivité du « je » romantique, le réalisme oppose la volonté d'observer et représenter le réel avec objectivité, scrutant la société et ses travers.

■ Dans *La Comédie humaine* (1830-1856), Balzac dresse un panorama de la société de son temps en créant des personnages représentatifs de tous les milieux. Ceux de Stendhal sont pris dans l'histoire contemporaine (*Le Rouge et le Noir* est sous-titré *Chronique de 1830*). Ceux de Flaubert appartiennent à la bourgeoisie provinciale (*Madame Bovary*, 1857) ou parisienne (*L'Éducation sentimentale*, 1869).

■ Les romans réalistes sont souvent romans d'apprentissage. Ils retracent des destins individuels de héros dans une société cruelle qui les refuse (Julien Sorel chez Stendhal), dont ils profitent (Bel-Ami chez Maupassant), ou dont ils ne comprennent pas le fonctionnement (Frédéric Moreau chez Flaubert).

> **CITATION**
> « Un roman est un miroir qui se promène sur une grande route. Tantôt il reflète à vos yeux l'azur des cieux, tantôt la fange des bourbiers… » (Stendhal)

3 Une prolongation : le naturalisme

■ Dans le prolongement du réalisme, le récit naturaliste, qui a pour chef de file Émile Zola, se veut le compte-rendu méthodique et documenté de la réalité sociale de la fin du siècle.

■ Le romancier pose un œil scientifique sur son personnage qui devient le cobaye d'une expérimentation visant à montrer que l'homme est déterminé par son contexte et son hérédité (*Le Roman expérimental*, Zola, 1893).

II Des influences transversales

1 Le rôle du progrès

■ Dès 1836, les journaux, en plein essor, conquièrent un lectorat plus grand grâce à la publication de romans-feuilletons. De nombreux auteurs se prêtent à ce nouveau genre, parmi lesquels Alexandre Dumas, Eugène Sue, Balzac, Zola.

■ L'industrialisation et les découvertes scientifiques fournissent de la matière aussi bien aux récits d'anticipation de Jules Verne qu'aux romans naturalistes de Zola.

2 L'attrait pour le voyage

■ Que ce soit pour découvrir un monde premier (Chateaubriand, *Atala*, 1801), un pays proche (Stendhal, *Chroniques italiennes*, 1855), ou un ailleurs exotique (Flaubert, *Salammbô*, 1862), les romans du XIXe siècle font voyager les lecteurs.

■ Tout au long du siècle, les écrivains publient leurs carnets et récits de voyage : *L'Itinéraire de Paris à Jérusalem* (Chateaubriand, 1811), *Voyage en Orient* (Nerval, 1851), *Le Désert* (Pierre Loti, 1895)…

3 Le goût du fantastique

Le goût du fantastique traverse le siècle : on le trouve aussi bien dans la période romantique (romantisme noir), que dans le réalisme (Balzac, Maupassant, Gautier, Mérimée). Le suspense et l'inquiétude suscités par le fantastique se coulent souvent dans le format bref de la nouvelle.

zoOm

Le réalisme en peinture

Gustave Courbet, *Un enterrement à Ornans*, 1849-1850.

Le peintre Gustave Courbet est le chef de file du réalisme en peinture. Il fait de son tableau *Un Enterrement à Ornans* (1849-1850) le manifeste de ce mouvement, à la fois pictural et littéraire.

20 Le récit depuis le XXᵉ siècle

En bref *Le XXᵉ siècle remet en question les fondements et les codes du roman : le traitement de l'intrigue et du personnage romanesque est renouvelé.*

I Un renouveau

1 Repenser le roman

■ La vision subjective et le monologue intérieur renouvellent la forme du récit. Dans *À la Recherche du temps perdu* (1913-1927) de Marcel Proust, le personnage et son destin cèdent la place à un « je » intériorisé.

■ Certains auteurs interrogent la forme même du roman. Ainsi, dans *Les Faux-monnayeurs* (1925), André Gide met en abyme le travail de l'écrivain par une construction complexe faite d'emboîtements d'intrigues et d'une multiplicité de points de vue.

2 Interroger le sens de l'existence

■ Les romans prenant pour thème les deux Guerres mondiales révèlent un homme englué dans des événements qu'il ne maîtrise pas : c'est le cas de Bardamu chez Céline (*Voyage au bout de la nuit*, 1932).

■ L'homme dans toute sa détresse et le héros démythifié se rejoignent dans les personnages clochardisés de Beckett (*Molloy*, 1951), incapables d'action dans un monde dénué de sens.

■ Si les romans de Camus, *L'Étranger* (1942), et de Sartre, *La Nausée* (1938), sont porteurs du sentiment de l'absurde, d'autres s'interrogent sur la portée de l'engagement de l'homme dans le monde, comme *La Condition humaine* (Malraux 1933) ou *La Peste* (Camus 1947).

II Des expérimentations

1 Le Nouveau Roman

Dans les années 1950-1970, le Nouveau Roman veut se détacher de la représentation du réel et remet en cause les codes du roman.

■ Sarraute (*L'Ère du soupçon*, 1956) refuse l'effet « trompe-l'œil », qui, sous prétexte de vouloir rendre le réel, détourne le lecteur de la « vérité profonde » de l'être.

■ Robbe-Grillet (*Pour un nouveau roman*, 1963) refuse le personnage traditionnel et toute utilisation du réel comme support d'une intrigue.

■ Michel Butor (*L'Emploi du temps*, 1956) se joue de la chronologie par de constants allers et retours entre le passé et le présent.

110

2 | L'influence du surréalisme et de l'Oulipo

La vision surréaliste et le jeu avec les contraintes de l'Oulipo vivifient la création romanesque. André Breton (*Nadja*, 1928), Queneau (*Zazie dans le métro*, 1959), Boris Vian (*L'Écume des jours*, 1947), poétisent le réel et se jouent des mots et de la langue. Perec se donne comme contrainte d'écrire un récit de 300 pages (*La Disparition*, 1969) sans utiliser la lettre *e*.

III Le mélange de genres

■ **L'écriture autobiographique** reparaît mais dans des formes renouvelées : Nathalie Sarraute (*Enfance*, 1983) l'écrit sous forme de dialogue avec elle-même ; Georges Perec, (*W ou le souvenir d'enfance*, 1975) alterne une fiction écrite lors de son adolescence et le récit de son enfance écrit au présent.

■ **L'autofiction,** hybride de roman et d'autobiographie, utilise la fiction pour accéder à la connaissance de soi. De nombreux auteurs s'y essaient, parmi lesquels Modiano avec *Dora Bruder* (1997).

■ **La « non-fiction narrative »** tient à la fois du reportage, du documentaire et du récit romancé. *L'Adversaire* (1993), d'Emmanuel Carrère, récit d'un sinistre fait divers et du parcours de l'écrivain pour essayer de comprendre le criminel, en est un bon exemple.

> **CITATION**
> « Depuis dix ans, on ne cesse de m'interroger sur la part de fiction qui entre dans mes livres. Or cette part de fiction, elle est nulle. » (Emmanuel Carrère)

Marguerite Duras, de la littérature au cinéma

Marguerite Duras (1914-1996) se fait connaître par le roman autobiographique *Un Barrage contre le pacifique* (1950) et par l'*Amant*, prix Goncourt 1984. Passant d'un genre à l'autre, elle reprend son roman *Vice-consul* (1966) sous forme théâtrale, *India song* (1973), puis sous forme cinématographique en 1975.

Marguerite Duras, *India Song*, 1975.

5 • Le récit : histoire littéraire et outils d'analyse

21 Analyser un extrait de récit

En bref *Après une première lecture, quelles sont les questions à se poser pour mieux comprendre un extrait de récit et dégager des axes d'analyse ?*

Étape 1 — Situer et caractériser l'extrait

1 Quelle est la tonalité de l'extrait ?

Reconnaissez-vous **une tonalité dominante** (lyrique, comique, argumentative…) et **des procédés d'écriture** (choix du vocabulaire, syntaxe…) qui pourraient inscrire l'extrait dans un courant littéraire ou dans une époque ? Aidez-vous aussi des informations données par le paratexte.

2 Quelle est la fonction de l'extrait ?

■ Déterminez le **rôle de l'extrait dans l'intrigue** : s'agit-il de faire avancer l'action (scène d'action, de rencontre, dialogue…) ou de donner des informations sur le cadre ou les personnages (flashback, description…) ?

CONSEIL
Essayez de **résumer l'extrait** en une phrase pour faire ressortir l'enjeu principal : que se passe-t-il ?

■ S'il s'agit du début du récit (**incipit**), vous devrez en tenir compte dans votre étude. Celui-ci joue en effet un **rôle spécifique** : il installe un cadre spatio-temporel, suggère une action à venir, ou présente un personnage.

Étape 2 — Étudier la narration

1 Qui raconte ?

Le narrateur est **celui qui raconte** : il peut être **intérieur ou extérieur au récit**.

| | TEST | **FICHES DE COURS** | EXERCICES |

2 | Quel est le point de vue du narrateur ?

Pour raconter l'histoire, le narrateur adopte un point de vue ou focalisation.

Focalisation externe	Le narrateur semble découvrir le personnage en même temps que le lecteur.
Focalisation zéro	Le narrateur est omniscient ; il connaît tout du personnage : son passé, son futur, ses pensées...
Focalisation interne	Le lecteur voit à travers le regard du personnage. Le narrateur s'efface pour laisser son personnage décrire, raconter...

Étape 3 — Analyser le traitement du temps

■ Déterminez le moment de la narration par rapport au moment des faits. Le récit est souvent rétrospectif : les événements sont racontés au passé. Ils peuvent aussi être racontés au présent, au fur et à mesure de leur déroulement. Ils sont rarement racontés par anticipation avant leur déroulement effectif.

■ Demandez-vous également si l'ordre chronologique est respecté ou s'il est perturbé par des analepses (retours en arrière) ou des prolepses (anticipation).

■ Étudiez enfin le rythme du récit en comparant la durée des faits (F) et la durée de la narration (N). On distingue plusieurs cas de figures :
• N = F (scène) ;
• N > F (pause) ;
• N < F (sommaire) ;
• N = 0 (ellipse).

> **EXEMPLE**
> Un dialogue constitue une **scène**, tandis qu'une description constitue une **pause**. Une indication comme « Trois années s'écoulèrent » est une **ellipse** et « Elle voyagea pendant plusieurs mois » un **sommaire**.

Étape 4 — Analyser les personnages et le cadre

■ Analysez les personnages et la manière dont ils sont présentés. Leur nom donne-t-il des informations (caractère, origine sociale, époque) ? Quels types de relations entretiennent-ils ? S'il s'agit d'un portrait, est-il physique et/ou moral, élogieux ou dépréciatif ?

■ Les éléments du décor apportent-ils une information sur le personnage, sur celui qui décrit ? La description des lieux a-t-elle une valeur symbolique ou réaliste ?

> **CONSEIL**
> Dans une description, soyez attentifs à **l'ordre** dans lequel les éléments sont décrits et aux **effets de zoom**.

5 • Le récit : histoire littéraire et outils d'analyse   **113**

MÉMO VISUEL

Les mots clés

Pour identifier l'extrait
- **genre du récit :** roman d'analyse, roman d'apprentissage, récit, roman social, autobiographie, mémoires, récit de voyage…
- **type de texte :** narratif, descriptif, dialogue
- **fonction :** exposition (incipit), scène d'action, scène de rencontre, dénouement (excipit)

Pour caractériser la narration
- **narrateur :** personnage, témoin, extérieur à l'histoire
- **point de vue (focalisation) :** interne, externe, omniscient
- **ordre de la narration :** ordre chronologique, analepse, prolepse
- **rythme :** sommaire, ellipse, scène, pause

LE RÉCIT DU MOYEN ÂG

Quelques œuvres clés à connaîtr

Moyen Âge et XVIᵉ siècle
- *Perceval ou le Conte du Graal*, Chr. de Troyes (1182-1190)
- *Gargantua*, Rabelais (1534)

XVIIᵉ siècle
- *Le Roman comique*, Scarron (1651-1657)
- *La Princesse de Clèves*, Mme de Lafayette (1678)

XVIIIᵉ siècle
- *Lettres persanes*, Montesquieu (1721)
- *L'Histoire de Des Grieux et de Manon Lescaut*, abbé Prévost (1731)
- *Les Liaisons dangereuses*, Ch. de Laclos (1782)

TEST FICHES DE COURS EXERCICES

La méthode

Comment analyser un extrait de récit ?

1. Situer l'extrait dans le récit, indiquer **sa fonction**
2. Analyser la **narration** (statut du narrateur, point de vue)
3. Étudier le traitement du **temps** (ordre des événements, rythme)
4. Caractériser les **personnages** (statut, relations, émotions, buts…)
5. Identifier la ou les **visées** du texte

AU XXIe SIÈCLE

Les principaux courants

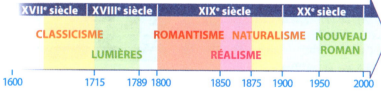

XVIIe siècle	XVIIIe siècle	XIXe siècle	XXe siècle
CLASSICISME	LUMIÈRES	ROMANTISME / NATURALISME / RÉALISME	NOUVEAU ROMAN

1600 — 1715 — 1789 — 1800 — 1850 — 1875 — 1900 — 1950 — 2000

XIXe siècle
- *Le Rouge et le Noir*, Stendhal (1830)
- *Le Père Goriot*, Balzac (1835)
- *Les Misérables*, Hugo (1843-1862)
- *Madame Bovary*, Flaubert (1857)
- *Germinal*, Zola (1885)

XXe siècle
- *À la recherche du temps perdu*, Proust (1906-1922)
- *Voyage au bout de la nuit*, Céline (1932)
- *L'Étranger*, Camus (1942)
- *L'Amant*, Duras (1984)

5 • Le récit : histoire littéraire et outils d'analyse

▶ EXERCICES

La Princesse de Clèves, Mme de Lafayette (1678)

→ FICHE 18

1 Complétez ce texte avec les mots proposés.

préciosité • roman d'apprentissage • tragédie classique • roman historique • roman d'analyse • roman-fleuve

▶ Se démarquant du .... en vogue au XVIIe siècle, Mme de Lafayette choisit un format plus court, celui de la nouvelle, pour raconter la passion malheureuse entre la Princesse de Clèves et le duc de Nemours. Elle emprunte à la .... sa structure et ses thèmes (la passion, la jalousie…) et à la .... son traitement fin des sentiments et son style élégant et délicat.

▶ À la fois .... (l'intrigue se déroule au milieu du XVIe siècle, à la cour d'Henri II) et .... (on suit Mme de Clèves de son arrivée à la cour à son retrait du monde), *La Princesse de Clèves* est surtout considéré comme le premier ...., peignant avec minutie la psychologie et les sentiments des personnages.

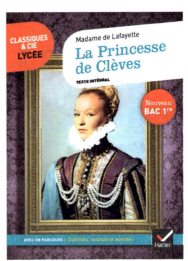

2 Lisez l'extrait et répondez aux questions.

Après son mariage avec M. de Clèves, Mme de Clèves se rend à un bal à la cour du roi Henri II. Elle y fait la rencontre de M. de Nemours…

Le bal commença ; et, comme elle dansait avec M. de Guise, il se fit un assez grand bruit vers la porte de la salle, comme de quelqu'un qui entrait et à qui on faisait place. Madame de Clèves acheva de danser ; et, pendant qu'elle cherchait des yeux quelqu'un qu'elle avait dessein de
5 prendre, le roi lui cria de prendre celui qui arrivait. Elle se tourna, et vit un homme qu'elle crut d'abord ne pouvoir être que M. de Nemours, qui passait par-dessus quelque siège pour arriver où l'on dansait. Ce prince était fait d'une sorte qu'il était difficile de n'être pas surprise de le voir, quand on ne l'avait jamais vu ; surtout ce soir-là, où le soin qu'il avait
10 pris de se parer augmentait encore l'air brillant qui était dans sa personne : mais il était difficile aussi de voir madame de Clèves pour la première fois sans avoir un grand étonnement.

116

TEST > **FICHES DE COURS** > **EXERCICES**

> M. de Nemours fut tellement surpris de sa beauté, que, lorsqu'il fut proche d'elle, et qu'elle lui fit la révérence, il ne put s'empêcher de don-
> ner des marques de son admiration. Quand ils commencèrent à danser, il s'éleva dans la salle un murmure de louanges. Le roi et les reines se souvinrent qu'ils ne s'étaient jamais vus, et trouvèrent quelque chose de singulier de les voir danser ensemble sans se connaître. Ils les appelèrent quand ils eurent fini, sans leur donner le loisir de parler à personne, et leur demandèrent s'ils n'avaient pas bien envie de savoir qui ils étaient, et s'ils ne s'en doutaient point.
>
> Mme de Lafayette, *La Princesse de Clèves*, 1678.

- Mme de Clèves
- M. de Nemours
- Les deux personnages

1. Expliquez l'importance du regard dans cette première rencontre.

2. Observez les mots surlignés : comment Mme de Lafayette suggère-t-elle la réciprocité du coup de foudre entre les deux personnages ?

INFO
La rencontre amoureuse, ou scène de première vue, est un *topos* de la littérature romanesque.

3 **Prolongement artistique et culturel.**

1. Avez-vous lu des scènes de première rencontre dans d'autres romans ? Si oui, lesquelles ?

2. Jean Delannoy a réalisé une adaptation cinématographique de *La Princesse de Clèves*. Comparez le photogramme ci-dessous à l'extrait précédent : le jugez-vous fidèle à l'atmosphère de l'extrait ? Justifiez.

Jean Delannoy, *La Princesse de Clèves* (1961), scène du bal

5 • Le récit : histoire littéraire et outils d'analyse

Les Liaisons dangereuses, Laclos (1782)

→ FICHE 18

4 Lisez ce résumé de l'œuvre puis cochez les affirmations correctes.

La marquise de Merteuil et le vicomte de Valmont se donnent mutuellement comme but de pervertir les prudes, les innocentes, et les chevaliers naïfs. Dans les lettres qu'ils échangent, ils racontent leurs exploits amoureux et l'avancée de leurs stratagèmes. Mais le vicomte de Valmont, pris à son propre piège, tombe amoureux de celle que la marquise de Merteuil lui avait demandé de déshonorer.

☐ **a.** Il s'agit d'un roman épistolaire.
☐ **b.** Madame de Merteuil est la narratrice du roman.
☐ **c.** Les deux personnages principaux veulent pervertir les libertins.
☐ **d.** Le lecteur suit l'histoire à travers les récits des différents personnages.
☐ **e.** Les deux personnages principaux sont cyniques et manipulateurs.

5 Lisez l'extrait et répondez aux questions.

Le vicomte de Valmont est parvenu à ses fins : la prude Madame de Tourval a cédé à ses avances. Il raconte sa victoire à la marquise de Merteuil.

Ce n'est donc pas, comme dans mes autres aventures, une simple ==capitulation== plus ou moins avantageuse, et dont il est plus facile de profiter que de s'enorgueillir ; c'est une ==victoire== complète, achetée par une ==campagne== pénible, et ==décidée== par de savantes ==manœuvres==. Il n'est donc pas surprenant que ce ==succès==, ==dû à moi seul==, m'en devienne plus précieux ; et le surcroît de plaisir que j'ai éprouvé dans mon ==triomphe==, et que je ressens encore, n'est que la douce impression du sentiment de la ==gloire==. Je chéris cette façon de voir, qui me sauve l'humiliation de penser que je puisse dépendre en quelque manière de l'esclave même que je me serais asservie ; que je n'aie pas ==en moi seul== la plénitude de mon bonheur ; et que la faculté de m'en faire jouir dans toute son énergie soit réservée à telle ou telle femme, exclusivement à toute autre.
Ces réflexions sensées régleront ma conduite dans cette importante occasion ; et vous pouvez être sûre que je ne me laisserai pas tellement enchaîner, que je ne puisse toujours briser ces nouveaux liens, ==en me jouant et à ma volonté==.

☐ champ lexical de la guerre
☐ surévaluation du « je »

Choderlos de Laclos, *Les Liaisons dangereuses*, lettre 125, 1782.

1. En vous aidant des repérages effectués, expliquez comment la métaphore guerrière est filée dans cet extrait.

118

2. Montrez que, malgré toutes ses dénégations, Valmont est conscient de la difficulté qu'il y a à rester en position de force dans la relation de séduction, relation qu'il compare au rapport maître/esclave.

À NOTER
Conquête amoureuse et conquête guerrière : la scène de séduction est souvent racontée en termes de victoire *versus* capitulation.

6 Faire des liens avec d'autres œuvres.

1. Cette conception conflictuelle de la relation amoureuse vous semble-t-elle propre à Valmont, ou en avez-vous rencontré d'autres exemples au cours de vos lectures ?

2. Le tableau de Fragonard intitulé *Le Verrou* est très souvent utilisé pour illustrer *Les Liaisons dangereuses* : pourriez-vous dire pourquoi ?

Fragonard, *Le Verrou*, 1777.

Le Rouge et le Noir, Stendhal (1830)

→ FICHE 19

7 Choisissez la proposition qui convient.

1. *Le Rouge et le Noir* raconte l'histoire de Julien Sorel, jeune homme pauvre et ambitieux que le narrateur suit dans ses conquêtes sociales et amoureuses.
On parle de ❏ roman picaresque ❏ roman d'analyse ❏ roman d'apprentissage.

2. *Le Rouge et le Noir* (sous-titré *Une chronique de 1830*) a pour cadre la France sous la Restauration. On y croise différents milieux : la bourgeoisie de province, l'aristocratie parisienne, le clergé. C'est une caractéristique du ❏ baroque ❏ romantisme ❏ réalisme.

5 • Le récit : histoire littéraire et outils d'analyse

3. *Le Rouge et le Noir* est aussi un grand roman sur l'amour contrarié qui finit de manière tragique. Cela fait de Julien Sorel ☐ un héros romantique ☐ un anti-héros ☐ un héros burlesque.

4. Julien Sorel voue une grande admiration à ☐ Napoléon Ier ☐ Louis XIV ☐ Rousseau ☐ Camus.

8 Lisez l'incipit du roman et répondez aux questions.

La petite ville de Verrières peut passer pour l'une des plus jolies de la Franche-Comté. Ses maisons blanches avec leurs toits pointus de tuiles rouges, s'étendent sur la pente d'une colline, dont des touffes de vigoureux châtaigniers marquent les moindres sinuosités. Le Doubs coule à
5 quelques centaines de pieds au-dessous de ses fortifications, bâties jadis par les Espagnols, et maintenant ruinées. […]
À peine entre-t-on dans la ville que l'on est étourdi par le fracas d'une machine bruyante et terrible en apparence. Vingt marteaux pesants, et retombant avec un bruit qui fait trembler le pavé, sont élevés par une
10 roue que l'eau du torrent fait mouvoir. Chacun de ces marteaux fabrique, chaque jour, je ne sais combien de milliers de clous. Ce sont de jeunes filles fraîches et jolies qui présentent aux coups de ces marteaux énormes les petits morceaux de fer qui sont rapidement transformés en clous. Ce travail, si rude en apparence, est un de ceux qui étonnent le plus le voya-
15 geur qui pénètre pour la première fois dans les montagnes qui séparent la France de l'Helvétie. Si, en entrant à Verrières, le voyageur demande à qui appartient cette belle fabrique de clous qui assourdit les gens qui montent la grande rue, on lui répond avec un accent traînard : *Eh ! elle est à M. le maire.*
20 Pour peu que le voyageur s'arrête quelques instants dans cette grande rue de Verrières, qui va en montant depuis la rive du Doubs jusque vers le sommet de la colline, il y a cent à parier contre un qu'il verra paraître un grand homme à l'air affairé et important.

■ adjectifs évaluatifs
___ expression répétée

Stendhal, *Le Rouge et le Noir* (incipit), 1830.

1. Montrez que cet incipit suit le cheminement du voyageur.

2. En vous aidant notamment des repérages effectués, analysez la description de la fabrique de clous : en quoi vous semble-t-elle caractéristique d'un récit réaliste ?

> 📝 **À NOTER**
> L'incipit, qui ouvre le récit, est un moment clé : il pose le décor, les personnages, donne le ton, situe l'action. Il doit toujours être analysé avec soin.

TEST › FICHES DE COURS › **EXERCICES**

 **CORRIGÉS**

La Princesse de Clèves, Mme de Lafayette (1678)

1 ▸ Se démarquant du **roman-fleuve** en vogue au XVIIe siècle, Mme de Lafayette choisit un format plus court, celui de la nouvelle, pour raconter la passion malheureuse entre la Princesse de Clèves et le duc de Nemours. Elle emprunte à la **tragédie classique** sa structure et ses thèmes (la passion, la jalousie...) et à la **préciosité** son traitement fin des sentiments et son style élégant et délicat.

▸ À la fois **roman historique** (l'intrigue se déroule au milieu du XVIe siècle, à la cour d'Henri II) et **roman d'apprentissage** (on suit Mme de Clèves de son arrivée à la cour à son retrait du monde), *La Princesse de Clèves* est surtout considéré comme le premier **roman d'analyse**, peignant avec minutie la psychologie et les sentiments des personnages.

2 **1.** Le bal est un spectacle dans lequel chacun cherche à **voir** et à **se faire voir**. Le récit s'organise autour de deux personnages qui se voient et sont vus. Tout est **apparence**. Mais le verbe *voir* est repris en écho dans le verbe *savoir* (dernière ligne), qui implique une réelle connaissance l'un de l'autre, prochaine étape du récit.

2. **Réciprocité**, car les mêmes expressions se répètent d'un personnage à l'autre (ils ont les mêmes caractéristiques et les mêmes réactions) ; le pronom sujet devient complément d'objet, et réciproquement ; le *il* et le *elle* se confondent dans le *ils*.

3 **1.** Pensez, par exemple, à la scène de rencontre entre Julien Sorel et Mme de Rênal (Stendhal, *Le Rouge et le Noir*, 1830), tout en focalisation interne : on découvre Julien Sorel par le regard de Mme de Rênal, et réciproquement. Vous pouvez aussi évoquer la rencontre entre Frédéric Moreau et Madame Arnoux dans *L'Éducation sentimentale* de Flaubert (1869).

À NOTER
La découverte amoureuse de l'autre par le regard est le passage obligé du « coup de foudre ».

2. On retrouve les trois personnages du texte. Le roi est au centre ; il fait l'intercesseur entre M. de Nemours à droite et la princesse à gauche. Les deux jeunes gens, somptueusement (et symboliquement) vêtus de blanc, se regardent et se découvrent. Ils se détachent de la foule qui observe la scène et regarde les personnages qui se regardent.

5 • Le récit : histoire littéraire et outils d'analyse **121**

Les Liaisons dangereuses, Laclos (1782)

4 Réponses **a, d, e**.

▶ La réponse **b** est fausse car il s'agit d'un roman épistolaire, il y a donc autant de narrateurs que d'épistoliers.

▶ La réponse **c** est fausse car les deux personnages principaux sont les libertins.

5 **1.** Deux antonymes réciproques (« capitulation » et « victoire ») précèdent deux termes techniques propres à la **stratégie militaire** accompagnés par les adjectifs attendus (les *manœuvres* sont toujours *savantes* et une victoire n'est belle que si la *campagne* a été *pénible*). La métaphore se termine par une belle gradation évoquant une **victoire militaire** : « succès », « triomphe », « gloire ».

2. La phrase complexe qui clôt le premier paragraphe énonce **trois pièges** dans lesquels pourrait tomber tout séducteur. Mais en même temps que Valmont explique la stratégie qu'il a mise au point pour s'en garder, il montre combien son garde-fou, « cette façon de voir », est factice car la raison (« ces réflexions sensées ») est pure construction intellectuelle ; elle se brisera contre la passion.

6 **1.** Passant du récit au théâtre, on ne peut que penser à la fameuse tirade de Dom Juan (Molière, *Dom Juan*, I, 2) dans laquelle il fait l'éloge de l'inconstance et se compare à Alexandre le Grand.

2. Le tableau de Fragonard donne lieu à deux interprétations différentes : scène amoureuse peignant le désir des deux amants, ou scène de viol, l'homme fermant le verrou et la femme essayant de l'en empêcher ? C'est cette **ambiguïté** même qui est au cœur de l'intrigue des *Liaisons dangereuses* : le libertin est celui qui révèle à la prude le désir qu'elle ressent mais qu'elle ne veut pas s'avouer.

Le Rouge et le Noir, Stendhal (1830)

7 **1.** roman d'apprentissage. **2.** réalisme. **3.** un héros romantique. **4.** Napoléon Ier et Rousseau.

8 **1.** Il suffit de suivre l'organisation du texte en trois paragraphes pour remarquer que le narrateur suit le chemin du « voyageur » qui découvre d'abord la ville de très loin (l. 1-6), puis se rapproche jusqu'à entendre les bruits de la fabrique de clous (l. 7-19). Il arrive enfin dans la grande rue, où il s'adresse à un des habitants (discours direct) et en aperçoit un autre (sans doute le maire). Le narrateur est-il ce voyageur (présence discrète du « je », l. 11) ?

2. La précision de la description et la répétition de l'expression « en apparence » traduisent le **souci d'exactitude** de l'auteur, caractéristique du roman réaliste. L'évocation du travail difficile des ouvrières ajoute une **dimension sociale**. Les adjectifs utilisés se répondent de manière antithétique (« bruyante et terrible » / « fraîches et jolies » ; « énormes » / « petits » ; « rude » / « belle »), apportant ainsi un **regard critique** propre au réalisme.

Le roman et le récit

6 Les romans et récits au programme

TEST	Pour vous situer et établir votre parcours de révision	124
FICHES DE COURS	**22** Mme de Lafayette, *La Princesse de Clèves* Parcours : Individu, morale et société	126
	23 Stendhal, *Le Rouge et le Noir* Parcours : Le personnage de roman, esthétiques et valeurs	128
	24 Yourcenar, *Mémoires d'Hadrien* Parcours : Soi-même comme un autre	130
	MÉMO VISUEL	132
SUJETS GUIDÉS & CORRIGÉS	**OBJECTIF BAC**	
	5 COMMENTAIRE	Mme de Lafayette, *La Princesse de Montpensier* (1662)	134
	OBJECTIF MENTION	
	6 DISSERTATION	Le personnage de roman, esthétiques et valeurs	139

123

TESTEZ-VOUS

→ CORRIGÉS P. 306-307

Faites le point sur vos connaissances puis établissez votre **parcours de révision** en fonction de votre score.

1 Mme de Lafayette, *La Princesse de Clèves* (1678) → FICHE 22

1. Mme de Lafayette a publié ce récit de manière anonyme.
- ☐ a. vrai
- ☐ b. faux

2. Parmi ces personnages, lesquels sont amoureux de la princesse de Clèves ?
- ☐ a. Le vidame de Chartres
- ☐ b. M. de Clèves
- ☐ c. Le duc de Nemours
- ☐ d. Le chevalier de Guise
- ☐ e. Le roi Henri II

3. Quels éléments trahissent la passion du duc de Nemours pour la princesse ?
- ☐ a. une lettre
- ☐ b. un portrait volé
- ☐ c. une bague
- ☐ d. les couleurs choisies lors du tournoi

4. Pourquoi la princesse refuse-t-elle, à la fin du livre, d'épouser Nemours ?
- ☐ a. parce qu'elle ne l'aime plus
- ☐ b. par devoir envers son défunt mari
- ☐ c. parce qu'il l'a trompée avec une autre femme
- ☐ d. pour préserver son repos

5. Un roman d'analyse psychologique tel que *La Princesse de Clèves*…
- ☐ a. est totalement centré sur la vie privée et intime du protagoniste.
- ☐ b. représente le comportement des protagonistes dans leur contexte social.
- ☐ c. est toujours écrit à la première personne du singulier.

…/5

2 Stendhal, *Le Rouge et le Noir* (1830) → FICHE 23

1. De quel(s) genre(s) romanesque(s) *Le Rouge et le Noir* relève-t-il ?
- ☐ a. roman historique
- ☐ b. roman d'apprentissage
- ☐ c. roman fantastique
- ☐ d. roman policier

2. Quelle femme meurt d'amour pour Julien Sorel ?
- ☐ a. La marquise de Fervaques
- ☐ b. Mme de Rênal
- ☐ c. Mathilde de la Mole

TEST > FICHES DE COURS > SUJETS GUIDÉS

3. Quels personnages apportent leur aide à Julien ?

☐ **a.** L'abbé Pirard

☐ **d.** Mathilde de la Mole

☐ **b.** Fouqué

☐ **e.** L'abbé Frilair

☐ **c.** Valenod

4. Quels sont les modèles auxquels se réfère Julien ?

☐ **a.** Harpagon

☐ **c.** Tartuffe

☐ **b.** Dom Juan

☐ **d.** Napoléon Bonaparte

5. Dans les romans d'apprentissage, …

☐ **a.** il y a toujours un personnage central dont le narrateur raconte l'évolution.

☐ **b.** les personnages sont décrits de manière neutre et objective par le narrateur.

☐ **c.** l'histoire finit toujours favorablement pour le héros.

…/5

3 **Yourcenar, *Mémoires d'Hadrien* (1951)**

→ FICHE 24

1. Yourcenar est en 1980 la première femme à devenir…

☐ **a.** membre de l'Académie française.

☐ **b.** ministre de la Culture.

☐ **c.** ambassadrice de France aux États-Unis.

2. Cochez les affirmations vraies.

☐ **a.** Acilius Attianus est le tuteur d'Hadrien.

☐ **b.** Hadrien mène la guerre contre Vercingétorix.

☐ **c.** Antinoüs meurt assassiné.

☐ **d.** La lettre qu'écrit Hadrien est adressée à son épouse.

3. Qui est Plotine ?

☐ **a.** la sœur d'Hadrien

☐ **b.** l'épouse d'Hadrien

☐ **c.** l'épouse de Trajan

4. Quel ouvrage n'est pas un récit de vie à la première personne ?

☐ **a.** *La Vie de Marianne*

☐ **b.** *Candide*

☐ **c.** *Manon Lescaut*

5. Dans *Mémoires d'Hadrien*, Yourcenar…

☐ **a.** a raconté sa propre vie sous l'apparence d'un roman historique.

☐ **b.** s'est documentée pour mieux se mettre à la place de cet empereur.

☐ **c.** a utilisé ce personnage pour réfléchir sur le sens de la vie et l'histoire.

…/5

Score sur l'œuvre étudiée …/5

Parcours PAS À PAS ou *EXPRESS* ? → MODE D'EMPLOI P. 3

6 • Les romans et récits au programme **125**

22 Mme de Lafayette, *La Princesse de Clèves*
Parcours : Individu, morale et société

En bref *Le récit peut s'emparer de destins individuels en prise avec la société, pour soulever des questionnements éthiques.* La Princesse de Clèves, *nouvelle historique centrée sur une crise amoureuse dans un univers mondain, s'est ainsi imposée comme un chef-d'œuvre du récit d'analyse.*

I Connaître l'œuvre

1 L'auteur et le contexte

■ Au XVIIᵉ siècle, Mme de Lafayette renouvelle le genre du récit à travers l'esthétique de la nouvelle historique, toute classique de retenue et de sobriété.

■ Mme de Lafayette publie dans l'anonymat. Très appréciées, ses œuvres soulèvent des débats éthiques sur la vertu et la passion, comme *La Princesse de Montpensier* (1662) et *La Princesse de Clèves* (1678).

■ Familière des salons **précieux** et de la cour, Mme de Lafayette fait des milieux aristocratiques le cadre de ses récits, qui étudient avec finesse la passion amoureuse.

> **MOT CLÉ**
> La **préciosité** est un courant culturel et artistique du XVIIᵉ siècle, qui régule la séduction et exprime les transports amoureux à travers une langue raffinée et métaphorique.

2 Résumé de l'œuvre

■ À la cour des Valois, au XVIᵉ siècle, l'aristocratie mène une vie fastueuse et divertissante. Mme de Chartres marie sa fille, belle et vertueuse, à M. de Clèves, qui en est éperdument amoureux et se désole de sa retenue. Lors d'un bal, la princesse de Clèves s'éprend cependant du beau et galant duc de Nemours. Consciente du danger de l'interdit, elle cherche à l'éloigner. Le duc de Nemours, très épris, ne laisse guère de doute à la princesse sur ses sentiments.

■ Tiraillée entre la passion et la vertu, la princesse fuit la cour et avoue à son mari, atterré mais touché par cette franchise, sa passion pour Nemours. M. de Clèves cède cependant à la jalousie, épie sa femme, conçoit de faux soupçons qui précipitent sa mort. Désormais libre, la princesse refuse cependant d'épouser Nemours puis se retire, trouvant son repos loin des vicissitudes de la cour.

II Comprendre le parcours

1 La cour : un univers mondain et dangereux

■ Derrière le raffinement et les divertissements, la cour est un univers dangereux qui impose ses exigences d'élégance, de galanterie et de modération. La façade mondaine cache bien des intrigues et des luttes d'influence. Il s'agit, comme pour le duc de Nemours, de dissimuler ce qui trahit les pensées, et de faire bonne figure.

■ **La vertu y est mise à l'épreuve** ; les écarts de conduite des femmes sont plus sévèrement punis que ceux des hommes.

■ Dans la même veine, l'hypocrisie de la bourgeoisie provinciale étouffe Thérèse Desqueyroux (Mauriac, 1927), qui pour y échapper empoisonne son mari.

2 | Passion et vertu

■ La princesse de Clèves se démarque par l'éducation qu'elle a reçue et par ses dispositions singulières à la modestie et à la sincérité, à la modestie. Madame de Lafayette donne à voir une intériorité soumise à la pression du regard public. La société mondaine l'oblige à s'inscrire dans le cadre des convenances : ainsi, la princesse doit dissimuler sa passion pour le duc de Nemours.

■ Au fil du récit, la princesse gagne en lucidité et dépasse la contradiction, qui la déchire, entre amour incontrôlé et devoir entre passion et vertu : elle choisit la quiétude de la retraite. Au contraire, dans *La Princesse de Montpensier* (1662), l'héroïne cède à sa passion pour le duc de Guise, qui finit pourtant par l'abandonner : elle meurt de chagrin, punie d'avoir transgressé la vertu.

■ Le récit montre la difficulté des choix moraux dans un milieu qui menace l'individu, exposé aux dangers des passions.

> Les passions peuvent me conduire ; elles ne sauraient m'aveugler.
>
> *La Princesse de Clèves*, Quatrième partie

zoOm

La princesse de Clèves, ou la tentation de l'amour

Cupidon, dieu de l'Amour, rencontre la belle Psyché seulement dans le noir, pour ne pas se dévoiler. Waterhouse représente ici une Psyché curieuse et transgressive, entrant dans le jardin de Cupidon afin de découvrir l'identité de son amant secret.

J. W. Waterhouse, *Psyché entrant dans le jardin de Cupidon*, 1903.

23 Stendhal, *Le Rouge et le Noir*

Parcours : Le personnage de roman, esthétiques et valeurs

En bref *Au XIXᵉ siècle, le roman, en plein essor, s'impose comme le genre le mieux à même de dépeindre la complexité du monde et de l'individu. Incompris en son temps,* Le Rouge et le Noir *tend un miroir cinglant de la Restauration et nous place sur les pas d'un héros ambigu.*

I Connaître l'œuvre

1 L'auteur et le contexte

■ Stendhal naît dans une famille bourgeoise et royaliste. Il amorce une carrière militaire avant de se tourner vers l'écriture.

■ Essayiste et romancier, Stendhal connaît des débuts difficiles, entre réalisme et romantisme. *Le Rouge et le Noir* est son premier grand roman, au confluent du roman d'apprentissage, du roman d'analyse et du roman historique.

2 Résumé de l'œuvre

■ L'intrigue se déroule sous la **Restauration**. Julien Sorel, fils de charpentier, se destine à une carrière ecclésiastique. Devenu précepteur des enfants de M. de Rênal, il séduit bientôt sa femme. Leur liaison éventée, Julien doit quitter la ville.

MOT CLÉ
La **Restauration** (1814-1830) correspond au retour de la monarchie française, après la chute de l'Empire napoléonien.

■ Il rentre au séminaire de Besançon, où il découvre la médiocrité des religieux. La protection de l'abbé Pirard lui permet d'être engagé à Paris comme secrétaire du marquis de la Mole : il découvre la haute société. Il amorce une relation secrète et tumultueuse avec Mathilde, la romanesque fille du marquis.

■ Alors qu'il touche aux plus hautes fonctions, Mme de Rênal dénonce Julien : elle le décrit comme un ambitieux, dangereux et hypocrite. Julien blesse Mme de Rênal au pistolet ; emprisonné, il s'aperçoit qu'il aime toujours cette femme. Il meurt guillotiné ; Mme de Rênal succombe quelques jours plus tard.

II Comprendre le parcours

1 Représenter la société telle qu'elle est : « la vérité, l'âpre vérité »

■ Sous-titré « Chronique de 1830 » et inspiré de faits divers, *Le Rouge et le Noir* s'inscrit dans les débuts du mouvement réaliste.

> Un roman est un miroir qui se promène sur une grande route. Tantôt il reflète à vos yeux l'azur des cieux, tantôt la fange des bourbiers de la route.
> Stendhal, *Le Rouge et le Noir*, II, 19

Le roman reflète la société, y compris dans ses détails les plus triviaux.

■ *Le Rouge et le Noir* condamne la société mesquine de la Restauration. Partout règnent la corruption, l'ennui, la cupidité, l'hypocrisie et l'égoïsme.

■ Le narrateur raille l'« asphyxie morale » de cette société à travers des portraits moqueurs et des pointes ironiques. Le recours au point de vue interne donne à voir le monde à travers la conscience des personnages.

> **À NOTER**
> Le réalisme de Stendhal est subjectif : le lecteur ne voit souvent que ce que perçoit le personnage et épouse alors sa perception du réel.

2 | Un roman d'apprentissage : de la charpente à l'échafaud

■ Apprécié au XIXe siècle, le roman d'apprentissage présente le parcours d'un personnage jeune et naïf qui découvre le monde, souvent au prix de désillusions qui le font mûrir. Julien Sorel est confronté aux ressorts secrets de la politique. Dans *Le Père Goriot* de Balzac, Rastignac apprend comment réussir à Paris.

■ Julien souffre d'un écart entre sa place dans la société et sa force d'âme. En trois ans, il prend sa revanche grâce à ses amours tourmentées avec des femmes socialement supérieures à lui. Observant la toute-puissance de la religion, c'est par elle, plutôt que par les armes, qu'il envisage de faire carrière.

■ Calculateur et orgueilleux, Julien cache aussi une âme passionnée et sensible qui touche le lecteur. Emprisonné au seuil de son triomphe, il devient un autre homme en comprenant que sa « noire ambition » l'a égaré : c'est dans l'amour pour Mme de Rênal qu'il aurait pu s'accomplir.

■ Julien est décrit comme « l'homme malheureux en guerre contre toute la société ». Dans *Bel-Ami* (1885) de Maupassant, Georges Duroy, parti de rien et de plus en plus cynique, triomphe. Étienne Lantier, héros du *Germinal* (1885) de Zola, tâche d'organiser la lutte des mineurs pour obtenir un avenir meilleur.

zoOm
L'image d'un héros conquérant

Julien Sorel est fasciné par Napoléon Ier, symbole d'une ascension glorieuse par la carrière militaire. Ce tableau idéalise un Bonaparte conquérant.

David, *Bonaparte franchissant le Grand-Saint-Bernard*, 1800.

24 Yourcenar, *Mémoires d'Hadrien*
Parcours : Soi-même comme un autre

En bref *Dans ces mémoires fictifs, Marguerite Yourcenar convoque la figure historique d'Hadrien afin de peindre le portrait romanesque et détaillé d'un empereur romain antique, ainsi que les méditations métaphysiques d'un vieil homme au seuil de la mort.*

I Connaître l'œuvre

1 L'auteur et le contexte

■ **Marguerite Yourcenar** (1903-1987), femme de lettres et de voyages, publie romans et nouvelles dès les années 1930. En 1939, elle s'installe aux États-Unis.

■ **Érudite** et passionnée par les **civilisations antiques**, elle publie en 1951 un **roman historique** très documenté, *Mémoires* d'*Hadrien*, qui obtient un succès international.

■ En 1980, elle est la première femme élue membre de l'**Académie française**.

> **MOT CLÉ**
> Les **Mémoires** sont le récit qu'un personnage fait de sa propre vie, en mettant l'accent sur ses liens avec le contexte historique.

2 Résumé de l'œuvre

■ Le roman se présente sous la forme d'une **longue lettre** écrite par l'empereur **Hadrien** après vingt ans de règne, au début du IIe siècle de notre ère. Il s'adresse à son petit-fils adoptif, **Marc Aurèle**, âgé de 17 ans, lui-même futur empereur romain.

■ Hadrien, conscient de **l'imminence de sa mort**, souhaite **mieux se connaître** à travers le récit de sa propre vie.

■ Il raconte ses années **d'études et de formation** entre l'Espagne, Rome et Athènes, puis son **engagement militaire** dans l'armée du Danube. Après avoir succédé à Trajan, il s'efforce de **ramener la paix** au sein de l'Empire romain.

■ La répression de la révolte en Judée affaiblit **l'empereur vieillissant**. Après avoir choisi pour successeur Lucius, qui meurt soudainement, il se replie sur le vertueux **Antonin**. Malade, Hadrien envisage le **suicide**, avant d'y renoncer : il attend désormais patiemment la mort.

II Comprendre le parcours

1 Se raconter soi-même

■ La fiction peut utiliser la **narration à la première personne** pour permettre à un narrateur de **raconter sa propre vie**. Il peut s'agir d'un personnage historique, comme Hadrien, ou d'un personnage imaginaire, comme Marianne dans *La Vie de Marianne* de Marivaux (1731-1741).

■ Dans ces mémoires fictifs, le personnage retrace le parcours de sa vie *a posteriori*, en posant un regard lucide sur ses réussites et ses échecs. Hadrien vante les villes qu'il a fondées et la sagesse de ses lois, tout en reconnaissant certaines erreurs de jugement. Sous la plume de Prévost, le chevalier des Grieux raconte les tourments de sa passion pour Manon (*Manon Lescaut*, 1731).

■ En tant qu'empereur romain, Hadrien est un témoin privilégié de son époque. Dans *La mort est mon métier* (1952), Robert Merle imagine les mémoires du commandant du camp d'Auschwitz afin de montrer l'horreur du génocide à travers le regard d'un criminel nazi.

2 | La difficile vérité de soi-même

■ Hadrien éprouve la difficulté de se connaître soi-même, qui nécessite les mouvements contradictoires d'une « descente en soi » et d'une « sortie hors de soi-même ».

■ Trouver la vérité de son être n'est pas chose aisée. Hadrien renonce à trouver une unique vérité : l'homme, « étrange amas de bien et de mal », est un être insaisissable, toujours pétri de contradictions. Il est « *Varius multiplex multiformis* » : « varié, complexe, changeant ».

> **CITATION**
> « J'emploie ce que j'ai d'intelligence à voir de loin et de plus haut ma vie, qui devient alors la vie d'un autre. »
> (*Mémoires d'Hadrien*)

zoOm
Se connaître soi-même à travers la peinture

Dans cet autoportrait peint peu avant sa mort, Rembrandt se représente dans une attitude grave, à la fois confiante et pensive. Il semble inviter le spectateur à plonger dans les profondeurs de son âme.

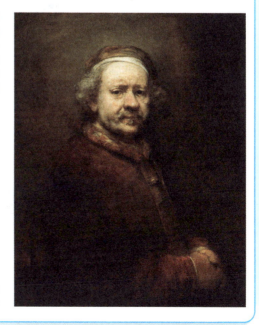

Rembrandt, *Autoportrait à l'âge de soixante-trois ans*, 1669.

MÉMO VISUEL

LES ŒUVRES

L'œuvre

La Princesse de Clèves, Mme de Lafayette (1678)
- **Genre :** nouvelle historique
- **Mouvement :** classicisme
- **Thème :** les tourments amoureux
- **Visées :** décrire le fonctionnement de l'amour, étudier la lutte entre vertu et passion

Le parcours

Individu, morale et société
- L'intrigue s'inscrit dans l'univers mondain de la cour royale : lieu de tous les raffinements, c'est aussi le lieu de l'hypocrisie et de la dissimulation.
- Le récit analyse avec précision les sentiments amoureux : il donne à voir l'intériorité des personnages et la difficulté de leurs choix moraux face à une société étouffante.

L'œuvre

Mémoires d'Hadrien, Yourcenar (1951)
- **Genre :** roman historique, mémoires fictifs
- **Mouvement :** tradition romanesque classique, humanisme moderne
- **Thème :** le récit de la vie de l'empereur Hadrien
- **Visées :** montrer la complexité d'une âme, méditer sur la vie et la mort

Marguerite Yourcenar
Mémoires d'Hadrien

Le parcours

Soi-même comme un autre
- Un personnage peut se raconter soi-même : Hadrien fait part de ses sentiments et de ses réflexions à travers un témoignage historique.
- Il est difficile de trouver une vérité sur soi-même : l'homme est un être complexe et difficilement saisissable.

TEST — **FICHES DE COURS** — SUJETS GUIDÉS

L'œuvre

***Le Rouge et le Noir*, Stendhal (1830)**

- **Genre :** roman d'initiation
- **Mouvement :** entre romantisme et réalisme
- **Thème :** l'ascension et la chute de Julien Sorel sous la Restauration
- **Visées :** décrire avec férocité la société de l'époque et les moyens d'y trouver sa place

Le parcours

Le personnage, esthétiques et valeurs

- Avec Stendhal, le roman saisit la société dans sa vérité : il ne recule pas devant l'évocation de ses bassesses.
- Le roman raconte une initiation : le parcours d'un personnage qui cherche à tirer profit de la société pour s'accomplir.

AU PROGRAMME

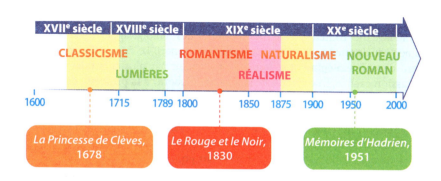

6 • Les romans et récits au programme   133

▶ SUJET 5 | OBJECTIF BAC

COMMENTAIRE ⏱ 4 h **Mme de Lafayette, *La Princesse de Montpensier* (1662)**

La princesse de Montpensier, « femme fatale » du XVIᵉ siècle, est entourée de prétendants subjugués par sa beauté. Voici donc les tourments d'une femme tiraillée entre sa vertu et la passion amoureuse…

 LE SUJET

Commentez ce texte de Madame de Lafayette, extrait de *La Princesse de Montpensier*.

Vous composerez un devoir qui présente de manière organisée ce que vous avez retenu de votre lecture en justifiant votre interprétation par des analyses précises.

Deuxième moitié du XVIᵉ siècle. Mlle de Mézières, amoureuse dans sa jeunesse du duc de Guise, a dû se résoudre à épouser le prince de Montpensier. Quelques années plus tard, le duc de Guise la rencontre par hasard : ses sentiments renaissent. Le duc d'Anjou tombe aussi sous le charme de la princesse. Tous se retrouvent alors à la cour royale, à Paris.

La beauté de la princesse de Montpensier effaça toutes celles qu'on avait admirées jusques alors ; elle attira les yeux de tout le monde par les charmes de son esprit et de sa personne. Le duc d'Anjou ne changea pas en la revoyant les sentiments qu'il avait conçus pour elle à Champigny[1], et prit un soin
5 extrême de les lui faire connaître par toutes sortes de soins et de galanteries, se ménageant[2] toutefois à ne lui en donner des témoignages trop éclatants, de peur de donner de la jalousie au prince son mari. Le duc de Guise acheva d'en[3] devenir violemment amoureux et, voulant par plusieurs raisons tenir sa passion cachée, il se résolut de la déclarer d'abord[4] à la princesse de Mont-
10 pensier, pour s'épargner tous ces commencements qui font toujours naître le bruit et l'éclat[5]. Étant un jour chez la reine à une heure où il y avait très peu de monde, et la reine étant retirée dans son cabinet pour parler au cardinal de Lorraine, la princesse arriva.

Le duc se résolut de prendre ce moment pour lui parler, et, s'approchant
15 d'elle : « Je vais vous surprendre, madame, lui dit-il, et vous déplaire en vous apprenant que j'ai toujours conservé cette passion qui vous a été connue autrefois, et qu'elle est si fort augmentée, en vous revoyant, que votre sévérité, la haine de M. le prince de Montpensier et la concurrence du premier

prince du royaume[6] ne sauraient lui ôter un moment de sa violence[7]. Il aurait été plus respectueux de vous la faire connaître par mes actions que par mes paroles, mais, madame, mes actions l'auraient apprise à d'autres aussi bien qu'à vous, et je veux que vous sachiez seule que je suis assez hardi pour vous adorer. » La princesse fut d'abord si surprise et si troublée de ce discours qu'elle ne songea pas à l'interrompre, mais ensuite, étant revenue à elle, et commençant à lui répondre, le prince de Montpensier entra. Le trouble et l'agitation étaient peints sur le visage de la princesse sa femme. La vue de son mari acheva de l'embarrasser, de sorte qu'elle lui en laissa plus entendre que le duc de Guise n'en venait de dire.

La reine sortit de son cabinet, et le duc se retira pour guérir la jalousie de ce prince. La princesse de Montpensier trouva le soir dans l'esprit de son mari tout le chagrin à quoi elle s'était attendue. Il s'emporta avec des violences épouvantables, et lui défendit de parler jamais au duc de Guise. Elle se retira bien triste dans son appartement, et bien occupée[8] des aventures qui lui étaient arrivées ce jour-là.

Madame de Lafayette, *La Princesse de Montpensier*, 1662.

1. Endroit où le duc d'Anjou est tombé sous le charme de la princesse. **2.** Faisant attention. **3.** Finit par. **4.** Immédiatement. **5.** Le duc de Guise semble vouloir éviter tout ce qui, au début d'une relation amoureuse, est trop visible et fait naître des rumeurs. **6.** Il s'agit du duc d'Anjou, frère du roi Charles IX. **7.** Guise affirme que malgré tous les obstacles (l'indifférence affichée de la princesse, le mari, le rival), son amour pour la princesse est extrêmement fort. **8.** Préoccupée par.

LES CLÉS POUR RÉUSSIR

▶ Définir le texte

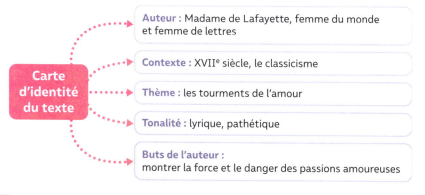

Carte d'identité du texte
- **Auteur :** Madame de Lafayette, femme du monde et femme de lettres
- **Contexte :** XVIIe siècle, le classicisme
- **Thème :** les tourments de l'amour
- **Tonalité :** lyrique, pathétique
- **Buts de l'auteur :** montrer la force et le danger des passions amoureuses

▶ Dégager la problématique

Comment cette scène de déclaration d'amour montre-t-elle la force des passions, mais aussi leurs dangers ?

▶ Construire le plan

❶ Des individus face à leurs passions
- ▶ Montrez ce qui fait de l'héroïne un personnage idéalisé.
- ▶ Intéressez-vous à la manière dont naît ou renaît l'amour chez les prétendants de la princesse.
- ▶ Comment cette passion s'exprime-t-elle ?

❷ Des passions dangereuses
- ▶ Montrez comment les personnages cherchent à dissimuler leur amour.
- ▶ Comment perçoit-on le poids des apparences dans la société de l'époque ?
- ▶ Intéressez-vous au danger de la jalousie engendrée par la passion.

 LE CORRIGÉ

Les titres en couleur ou entre crochets ne doivent pas figurer sur la copie.

Introduction

[présentation du contexte] Au XVIIe siècle, le goût littéraire désire davantage de brièveté et de mesure. **[présentation de l'œuvre et de l'extrait]** Madame de Lafayette s'empare du genre de la nouvelle en écrivant *La Princesse de Montpensier* (1662), qui met en scène plusieurs personnages historiques du siècle précédent. La princesse est au centre d'une rivalité amoureuse : femme mariée à un prince jaloux, elle est courtisée par le duc d'Anjou, frère du roi, mais aussi par le duc de Guise, son amour de jeunesse. **[problématique]** Comment cette scène de déclaration d'amour montre-t-elle la force des passions, mais aussi leurs dangers ? **[annonce du plan]** Nous étudierons dans un premier temps des personnages face à leurs passions intenses avant de montrer, dans un second temps, que ces passions sont associées à de multiples périls.

I. Des individus face à leurs passions

 LE SECRET DE FABRICATION
Il s'agit, dans cette partie, d'étudier en quoi cette scène montre l'omniprésence de passions fortes et incontrôlables, qui amènent les personnages – notamment le duc de Guise – à déclarer leur amour à la princesse de Montpensier, personnage d'une beauté hyperbolique.

1. Un personnage féminin idéalisé

▶ La beauté de l'héroïne est décrite de manière **superlative** : elle « effaça toutes celles qu'on avait admirées jusques alors ». Madame de Lafayette **idéalise** la jeune femme et en fait un **être d'exception**.

136

TEST > **FICHES DE COURS** > **SUJETS GUIDÉS**

▶ L'héroïne allie **beauté physique** et **vertu morale** : « les charmes de son esprit et de sa personne ». Les **tourments** qui la touchent en seront d'autant plus forts.

▶ La **beauté hyperbolique** de la princesse a des **effets merveilleux**, à la manière des contes de fées : « elle attira les yeux de tout le monde ». L'expression globalisante souligne l'aspect magnétique et **enchanteur** du personnage, qui semble être au centre des préoccupations de la cour royale dès qu'elle parvient à Paris.

2. Des sentiments intenses et durables

▶ Ce **personnage d'exception** provoque logiquement des **sentiments d'exception**. C'est ce que l'on retrouve dans l'adverbe qui qualifie l'**amour très intense** du duc de Guise : « [Il] acheva d'en devenir violemment amoureux ». Le terme est utilisé de nouveau dans le discours du duc : « sa violence ».

▶ La résurgence du passé dans le **discours lyrique** du duc montre la **force des passions**, qui ne peuvent jamais s'estomper véritablement : « j'ai toujours conservé cette passion qui vous a été connue autrefois ». Ces passions rejaillissent avec **puissance**, comme le montre l'intensif : « elle est si fort augmentée, en vous revoyant ».

▶ Le duc de Guise n'est pas seul à tomber sous le charme de la princesse. Le duc d'Anjou « ne changea pas en la revoyant les sentiments qu'il avait conçus pour elle à Champigny » : **la négation et le plus-que-parfait** montrent la **constance des sentiments** chez les prétendants de la princesse.

> 👍 **CONSEIL**
> Pensez à observer les procédés syntaxiques et non uniquement les figures de style !

3. Des démonstrations d'amour

▶ Au XVIᵉ siècle, l'amant doit faire preuve d'**actions galantes** vis-à-vis de la femme aimée. Ainsi, le duc d'Anjou « prit un soin extrême de les lui faire connaître par toutes sortes de soins et de galanteries ». Le duc de Guise souligne l'**importance de ce geste**, même si c'est pour s'en dédire : « Il aurait été plus respectueux de vous la faire connaître par mes actions que par mes paroles ».

▶ Le duc de Guise choisit de **déclarer son amour par la parole**. La passion rend capable de **braver tous les obstacles**, comme le montre son énumération des périls qu'il ose enjamber : « votre sévérité, la haine de M. le prince de Montpensier et la concurrence du premier prince du royaume ».

▶ L'**aveu amoureux** est une manière d'exprimer une certaine forme de **bravoure** : « je suis assez hardi pour vous adorer ». Madame de Lafayette réactive ici la **courtoisie médiévale**.

[transition] Ces passions amoureuses omniprésentes, qui semblent correspondre à un idéal, ont pourtant un aspect plus sombre.

II. Des passions dangereuses

👍 **LE SECRET DE FABRICATION**

Dans cette partie, il faut montrer le côté sombre des passions amoureuses, qui sont irrémédiablement liées à la dissimulation, aux dangers de la jalousie et du mensonge, corollaires des normes morales de l'époque.

6 • Les romans et récits au programme **137**

1. Le sceau du secret

▶ L'amour est marqué par la **nécessité de la discrétion**, ainsi que le sait le duc d'Anjou : « se ménageant toutefois à ne lui en donner des témoignages trop éclatants ». L'adverbe « trop » montre l'exigence d'une démonstration d'amour aussi mesurée que possible, afin **de ne pas attirer les regards d'autrui**.

▶ De même, le duc de Guise passe maître en **dissimulation**, comme le montre la subordonnée finale : « voulant par plusieurs raisons tenir sa passion cachée [...] pour s'épargner tous ces commencements qui font toujours naître le bruit et l'éclat ». L'entreprise de séduction est **semée d'embûches,** à commencer par la **peur de la rumeur** qui pourrait la mettre à mal.

▶ Les circonstances des rencontres du duc de Guise avec la princesse sont donc savamment étudiées : « à une heure où il y avait très peu de monde, et la reine étant retirée dans son cabinet ». Les propositions circonstancielles montrent la volonté du duc de **se soustraire aux regards** : « Le duc se résolut de prendre ce moment pour lui parler ».

2. Le poids des apparences

▶ La société aristocratique de l'époque est en effet marquée par **l'importance des apparences**. C'est ce qu'indique le système hypothétique du discours du duc de Guise : « mes actions l'auraient apprise à d'autres aussi bien qu'à vous ». Il faut dissimuler de peur que d'autres ne soient au courant de cette passion, ainsi que le montre l'adjectif : « je veux que vous sachiez seule ».

▶ Or le champ lexical du **bouleversement sentimental** montre la difficulté pour la princesse de maîtriser les émotions qu'elle présente aux autres : « La princesse fut d'abord si surprise et si troublée de ce discours qu'elle ne songea pas à l'interrompre [...] Le trouble et l'agitation étaient peints sur le visage de la princesse sa femme ».

▶ C'est **sa physionomie** qui trahit les sentiments de la princesse. La parole a moins de force que **les apparences** : « La vue de son mari acheva de l'embarrasser, de sorte qu'elle lui en laissa plus entendre que le duc de Guise n'en venait de dire. »

3. La violence de la jalousie

▶ Le duc de Guise utilise la suspension afin de préparer la princesse à sa déclaration d'amour : « Je vais vous surprendre, madame, lui dit-il, et vous déplaire ». Madame de Lafayette souligne ici le déplaisir de la **transgression de la vertu** que constitue cet aveu.

▶ Les personnages masculins sont par ailleurs conscients du **danger de la jalousie** que peut susciter leur amour : le duc d'Anjou reste discret « de peur de donner de la jalousie au prince son mari » ; après l'entretien « le duc [de Guise] se retira pour guérir la jalousie de ce prince ». La princesse s'attend aussi au « chagrin » (terme dont le sens est plus fort dans la langue classique) de son mari jaloux.

À NOTER

C'est cette même jalousie qui, dans *La Princesse de Clèves,* finit par terrasser de chagrin le mari de l'héroïne. C'est un sentiment propice aux passions les plus sombres.

TEST > FICHES DE COURS > **SUJETS GUIDÉS**

▶ L'extrait se clôt sur une démonstration de **violence** de la part du mari jaloux contre son épouse. Le simple fait d'avoir reçu le discours du duc de Guise constitue pour lui **une transgression inadmissible des normes morales de la société** (l. 31-34) La princesse est présentée comme un personnage **pathétique**, victime d'une société oppressante.

Conclusion

[**synthèse**] Cette scène présente ainsi des personnages traversés par des **passions intenses et secrètes**, qui mènent irrémédiablement au **malheur** à cause de leur inadéquation avec les normes sociales de l'époque. [**ouverture**] Cette tension entre passion et vertu rappelle le dilemme que vit la princesse de Clèves face à son amour pour le duc de Nemours dans une autre nouvelle de Madame de Lafayette.

▶ SUJET 6 |

DISSERTATION ⏱4h **Le personnage de roman, esthétiques et valeurs**

Ce sujet permet de s'interroger sur le rôle majeur joué par le personnage, dans un récit, pour questionner le lecteur sur le monde qui l'entoure.

LE SUJET

Comment le roman, à travers ses personnages, donne-t-il à réfléchir sur le monde ?

Vous répondrez à cette question dans un développement argumenté, en vous appuyant sur votre lecture du roman *Le Rouge et le Noir* de Stendhal et sur les autres textes étudiés dans le cadre du parcours « Le personnage de roman, esthétiques et valeurs », ainsi que sur vos connaissances personnelles.

LES **CLÉS** POUR RÉUSSIR

▶ Analyser le sujet

• « **roman** » : genre protéiforme, qui se décline en multiples sous-genres ; il crée un univers fictif, même s'il peut s'inspirer de la réalité ; il fait intervenir un narrateur, plus ou moins neutre, et donne à voir un ensemble de personnages.

6 • Les romans et récits au programme **139**

- « **personnages** » : plus ou moins nombreux ou étoffés ; il faut examiner leur construction, leurs valeurs, leur manière d'être, leurs liens.
- « **réflexion sur le monde** » : le monde est un terme au sens très large ; par là, il faut entendre l'existence en général, autrui, la société.

Dégager la problématique

En quoi le personnage de roman permet-il d'engager une réflexion sur le monde ?

Construire le plan

① Des personnages aux profils variés
- Les personnages sont plus ou moins faciles à cerner : certains apparaissent comme des personnages types.
- D'autres, plus complexes, troublent le lecteur et le conduisent à se questionner.
- En quoi les interactions entre les personnages nourrissent-elles une réflexion sur le monde ?

② Des personnages aux prises avec la société et le monde
- Certains types de roman initient personnage et lecteur, qui se forgent progressivement un regard sur le monde.
- En quoi le personnage peut-il être le reflet d'une époque ?
- En quoi peut-il aussi incarner la vision du monde et de l'existence de l'auteur ?

LE CORRIGÉ

Les titres en couleur ou entre crochets ne doivent pas figurer sur la copie.

Introduction

[amorce] Genre protéiforme, le roman plonge le lecteur dans un monde fictif à la fois captivant et capable, au-delà du plaisir de l'intrigue, de donner à penser. Cet imaginaire, souvent inspiré du réel, ne cesse de se référer à notre monde et de l'éclairer. **[citation du sujet]** Comment le roman, à travers ses personnages, donne-t-il à réfléchir sur le monde ? **[problématique]** Il s'agit ici d'examiner en quoi le personnage, pivot du dispositif romanesque, permet d'engager une réflexion riche sur le monde, l'existence, autrui, soi-même ; c'est notamment le cas dans *Le Rouge et le Noir*, qui sera au centre de notre réflexion. **[annonce du plan]** Nous nous pencherons d'abord sur la pluralité des profils de personnages créés par les auteurs. Nous nous intéresserons ensuite à la manière dont le personnage interagit avec son environnement.

I. Des personnages aux profils variés

1. Des personnages types, intemporels

Les personnages peuvent fonctionner comme des types intemporels, incarner un défaut ou une manière d'être emblématique.

| TEST | FICHES DE COURS | SUJETS GUIDÉS |

▸ Stendhal, *Le Rouge et le Noir* (1830) : **Julien Sorel**, jeune paysan, incarne le type même de l'ambitieux calculateur, toujours en quête de ce qui lui manque. Valenod incarne le triomphe inquiétant des hommes politiques véreux.

▸ Flaubert, *Madame Bovary* (1857) : **Emma Bovary,** qui a lu des romans toute sa jeunesse, rêve de passions et d'aventures romantiques. Cette quête entraînera sa perte ; le « **bovarysme** » désigne désormais cet état d'insatisfaction rêveuse.

▸ Mme de Lafayette, *La Princesse de Clèves* (1678) : **Mme de Chartres et sa fille, la princesse de Clèves**, incarnent la vertu, le triomphe de la volonté et du devoir sur l'aveuglement dangereux des passions.

2. Des personnages parfois plus complexes et troublants

La présence de personnages ambigus, plus délicats à appréhender, permet de prendre la mesure de la complexité de l'humain et du monde.

▸ Stendhal, *Le Rouge et le Noir* (1830) : le narrateur ne ménage pas Julien Sorel, critiqué pour son hypocrisie ; il nous montre cependant aussi une certaine **naïveté**, ses combats intérieurs, sa soif **d'un monde plus juste**.

▸ Laclos, *Les Liaisons dangereuses* (1782) : ce roman épistolaire dévoile la duplicité de deux libertins sans scrupules, **la marquise de Merteuil et le vicomte de Valmont**, et le trouble qu'ils sèment chez leurs proies naïves et bientôt brisées.

▸ Zola, *La Bête humaine* (1890) : **Jacques Lantier** subit des pulsions meurtrières : il est poussé, malgré lui, à tuer les femmes qui l'attirent. Le roman montre l'étendue de sa souffrance en humanisant ce personnage.

3. Des réseaux de personnages significatifs

Les personnages fonctionnent en interaction : leurs relations permettent d'approfondir notre réflexion sur le monde.

▸ Stendhal, *Le Rouge et le Noir* (1830) : Julien, dans sa « noire ambition », s'oppose à son ami Fouqué, qui lui promet une carrière et une fortune sûres mais médiocres.

> **DES POINTS EN +**
> Ne vous concentrez pas seulement sur le personnage principal : montrez votre connaissance de l'œuvre en vous appuyant aussi sur les personnages secondaires.

▸ Victor Hugo, *Notre-Dame de Paris* (1831) : Quasimodo, Frollo et Phébus sont épris de la belle Esméralda. Le roman montre plusieurs **visions de l'amour**, de la plus pure à la plus tourmentée.

[transition] Au-delà de ce qui les définit, les personnages nourrissent des réflexions sur le monde parce qu'ils sont particulièrement révélateurs de leur environnement.

II. Le personnage en prise avec la société et son environnement

1. Des récits d'apprentissage

Le roman peut plonger le personnage dans un monde dont il ignore tout : le lecteur se forge sa vision du monde en même temps que le personnage.

▸ Stendhal, *Le Rouge et le Noir* (1830) : **Julien Sorel**, parti de rien, obtient des postes de plus en plus prestigieux ; son sens aigu de l'observation lui permet de tirer profit de la société de 1830.

6 • Les romans et récits au programme   **141**

▶ Madame de Lafayette, *La Princesse de Clèves* (1678) : **la jeune princesse** ne connaît rien à l'amour ; elle découvre ses dangers et doit lutter pour se préserver d'une **cour corrompue**.

▶ Maupassant, *Bel-Ami* (1885) : **Georges Duroy** profite de son succès auprès des femmes pour se faire une place dans le monde de la presse, alors en pleine expansion : il abandonne peu à peu ses scrupules, afin d'y triompher.

2. Des personnages reflets d'une époque

Les personnages peuvent souligner les dysfonctionnements d'une époque : le lecteur est ainsi invité à y poser un regard critique.

▶ Stendhal, *Le Rouge et le Noir* (1830) : cette **« Chronique de 1830 »** met en évidence une corruption généralisée, le règne de l'argent et des alliances.

▶ Zola, *Germinal* (1885) : Étienne Lantier découvre les **conditions de vie** infâmes **des mineurs** ; il tente d'organiser la lutte pour améliorer leur existence.

▶ Diderot, *La Religieuse* (1796) : le témoignage de Suzanne, cloîtrée malgré elle, est le cri poignant d'une **femme opprimée** par une **institution religieuse retorse**.

3. Des personnages qui incarnent une vision du monde

Les personnages peuvent être révélateurs d'une vision singulière de l'humain, voire interroger notre rapport au monde de manière générale.

▶ Stendhal, *Le Rouge et le Noir* (1830) : **Julien**, emprisonné après une tentative de meurtre, change radicalement et découvre les **vraies valeurs** : seul l'amour de Mme de Rênal compte, son ambition était un leurre.

▶ Camus, *L'Étranger* (1942) : **Meursault** semble traverser un **monde absurde**, qui l'indiffère, et qui, en retour, ne peut pas non plus le comprendre : il reste, jusqu'à sa mort sous la guillotine, un « étranger ».

▶ Zola, les *Rougon-Macquart* (1871-1893) : les personnages sont soumis à un **double déterminisme**, celui de leur milieu et celui de leurs « tares héréditaires ». Se pose la question de **la liberté de l'humain**, à travers des personnages comme Gervaise Lantier, qui sombre inexorablement dans l'alcoolisme.

> **À NOTER**
>
> Certains personnages servent de porte-parole au romancier, de relais pour porter sa vision du monde et ses valeurs : Rieux dans *La Peste* de Camus (1947), ou Roquentin dans *La Nausée* de Sartre (1938).

Conclusion

[synthèse] Ainsi, le personnage de roman constitue à bien des égards un levier stimulant pour enrichir la réflexion du lecteur sur le monde et l'existence. En effet, la variété prodigieuse de profils, plus ou moins stéréotypés ou complexes, reflète la diversité du vivant, des valeurs, des attitudes face à l'existence. L'immersion du personnage dans une société et dans un monde avec lequel il peut être en décalage ou en conflit aide également à prendre du recul sur notre environnement et sur notre manière d'être. **[ouverture]** On peut retrouver cette réflexion sur la diversité des hommes et du monde dans d'autres genres, comme par exemple chez le dramaturge anglais Shakespeare, qui fait souvent usage de la métaphore du *theatrum mundi* : le monde entier est un « théâtre ».

Le théâtre, du XVIIe au XXIe siècle

Le théâtre

7 Le théâtre : histoire littéraire et outils d'analyse

TEST	Pour vous situer et identifier les fiches à réviser	146
FICHES DE COURS	25 Le genre théâtral	148
	26 Le théâtre au XVIIe siècle	150
	27 Le théâtre aux XVIIIe et XIXe siècles	152
	28 Le théâtre aux XXe et XXIe siècles	154
	29 Analyser un extrait de théâtre	156
	MÉMO VISUEL	158
EXERCICES & CORRIGÉS	• *Le Malade imaginaire,* Molière (1673)	160
	• *Le Mariage de Figaro*, Beaumarchais (1784)	161
	• *Rhinocéros*, Ionesco (1959)	162

145

TESTEZ-VOUS

→ CORRIGÉS P. 306-307

Faites le point sur vos connaissances puis établissez votre **parcours de révision** en fonction de votre score.

1 Maîtriser les caractéristiques du théâtre
→ FICHES 25 et 29

1. Quelles sont les visées d'un texte dramatique ?
- a. raconter une histoire dans laquelle on voit les personnages agir, on les entend parler
- b. devenir un spectacle
- c. offrir un moment de divertissement et de réflexion

2. Qu'est-ce qui distingue une répartie d'une tirade ?
- a. La première est plus courte que la seconde.
- b. La première est en prose, la seconde est en vers.
- c. La première est adressée à un interlocuteur, la seconde met en scène un personnage qui délibère seul.

3. Quels sont les enjeux d'un monologue ?
- a. permettre au personnage de se livrer sans détour
- b. délivrer des informations sur ce qui s'est déroulé hors scène
- c. rappeler que le théâtre n'est qu'illusion

4. Quelles sont les fonctions de la scène d'exposition ?
- a. plaire et instruire
- b. introduire les personnages et l'intrigue
- c. présenter le cadre spatio-temporel du drame

5. Qu'appelle-t-on dénouement ?
- a. la dernière scène d'une pièce de théâtre
- b. la résolution de l'intrigue
- c. le moment où le héros va trouver la mort

…/5

2 Le théâtre classique
→ FICHE 26

1. Que recouvre la règle des trois unités ?
- a. les unités de temps, de lieu et d'action
- b. la division en trois actes
- c. l'enchaînement de l'exposition, du nœud et du dénouement

146

TEST FICHES DE COURS EXERCICES

2. Qu'est-ce que la bienséance ?

□ **a.** la vraisemblance de l'action

□ **b.** le fait d'être bien assis au théâtre

□ **c.** le respect de la sensibilité et de la morale du spectateur

3. Une tragédie classique est…

□ **a.** une pièce qui se finit mal.

□ **b.** une pièce qui met en scène des personnages de haut rang.

□ **c.** une pièce qui respecte les préceptes théorisés par Aristote.

4. Une comédie classique est…

□ **a.** une pièce qui met en scène des personnages de basse condition.

□ **b.** un spectacle de pur divertissement.

□ **c.** une pièce qui châtie les mœurs par le rire.

…/4

3 Le théâtre depuis le XVIIᵉ siècle

→ FICHES **27** et **28**

1. Au nom de quel principe le drame romantique voit-il le jour ?

□ **a.** Le réalisme : il s'agit de rapprocher le théâtre des préoccupations des spectateurs.

□ **b.** La dualité de l'homme : la pièce doit dévoiler sa dimension à la fois grotesque et sublime.

□ **c.** Le refus de l'héritage classique : le cortège des règles briderait la liberté du dramaturge.

2. À quelle époque fait-on remonter la naissance de la mise en scène ?

□ **a.** au Grand Siècle, notamment avec Molière qui écrit, joue et encadre sa propre troupe

□ **b.** à la représentation de la pièce *Hernani* de Victor Hugo, supervisée par l'écrivain lui-même à grand renfort de notes et de schémas

□ **c.** au XXᵉ siècle, quand l'inflation des didascalies sur la partition théâtrale réclame cette nouvelle fonction

3. Sous l'appellation « Nouveau théâtre », on regroupe :

□ **a.** des dramaturges qui se sont collectivement élevés contre les traditions dramatiques

□ **b.** des auteurs favorables à un théâtre engagé

□ **c.** des pièces mettant en scène le drame de l'incommunicabilité

…/3

Score total …/12

7 • Le théâtre : histoire littéraire et outils d'analyse

25 Le genre théâtral

En bref *Étymologiquement, le mot théâtre renvoie à l'action de regarder. Dès l'Antiquité, il est conçu comme un spectacle qui requiert des acteurs pour endosser les rôles écrits par le dramaturge.*

I Le texte de théâtre

Le texte de théâtre est principalement composé des paroles des personnages effectivement prononcées sur scène (les répliques). Il comprend également les indications silencieuses (les didascalies, souvent signalées par une typographie particulière).

1 Une situation d'énonciation particulière

■ On parle de double énonciation car :
– l'auteur et le personnage qui parle sont simultanément énonciateurs ;
– le personnage s'adresse aux autres personnages comme aux spectateurs.

■ L'illusion théâtrale repose sur l'acceptation par le public de conventions dramatiques : il accepte de croire à ce qui se passe sur scène même s'il sait que tout est faux (personnages, décors, intrigue…).

2 Les différents types de répliques

Analyser le type de répliques permet notamment de caractériser les relations entre les personnages.

■ Brève, la réplique prend le nom de répartie. La tirade, elle, se singularise par sa longueur et affiche souvent une dimension argumentative.

■ La stichomythie institue un dialogue où les personnages se répondent vers par vers et met en valeur débats d'idées et conflits affectifs.

■ Le monologue met en scène un personnage seul, délibérant avec lui-même.

■ L'aparté, constitué de propos que le personnage tient pour lui-même à l'insu des autres, peut prendre la forme d'une adresse explicite au public.

3 La structure d'une pièce

■ Une pièce est traditionnellement découpée en actes ; ceux-ci sont divisés en scènes, rythmées par les entrées et sorties des personnages.

■ Trois temps forts s'enchaînent en général :
– l'exposition, qui permet de présenter l'action et ses protagonistes ;
– le nœud, où le conflit initial, nourri de **péripéties**, a pris sa pleine mesure ;
– le dénouement, qui intervient au dernier acte et a pour fonction de liquider le conflit.

> **MOT CLÉ**
> Les **péripéties** désignent les épisodes de l'action. Brutales, elles prennent le nom de coups de théâtre ; si elles viennent relancer l'action, on les appelle rebondissements.

148

TEST   FICHES DE COURS   EXERCICES

II Du texte à la représentation

Écrit par le dramaturge, le texte de théâtre est co-créé par les artistes qui permettent sa représentation sur scène.

1 La mise en scène

■ Elle est l'œuvre du metteur en scène qui dirige la transformation du texte en spectacle. Cette fonction, qui n'a pas toujours existé, est aujourd'hui jugée cardinale.

■ C'est la mise en scène, en effet, qui apporte à la pièce sa dimension visuelle que les didascalies du texte — si abondantes soient-elles — ne peuvent suffire à suggérer. Par ses choix, le metteur en scène nous livre sa lecture de la pièce.

> **À NOTER**
> Le terme de **« mise en scène »** est utilisé pour la première fois pour qualifier le travail de Victor Hugo, qui supervise à grand renfort de dessins et de prescriptions de jeu l'adaptation de *Hernani* sur scène.

2 L'incarnation des personnages

■ Les comédiens, eux, sont chargés d'incarner les êtres de fiction que sont les personnages de la pièce, simplement définis, dans le texte, par leurs paroles.

■ L'interprétation qu'ils donnent de leur personnage — et qui se traduit par un ton, une gestuelle, des mouvements — est essentielle dans la perception du sens de la pièce par le spectateur.

Tartuffe de Molière

Mise en scène de *Tartuffe* de Molière par Ariane Mnouchkine à Avignon en 1995.

Dans sa mise en scène de *Tartuffe* en 1995, Ariane Mnouchkine propose une lecture politique de la pièce : elle transforme le faux dévot en extrémiste se servant de la religion pour prendre le pouvoir.

26 Le théâtre au XVIIe siècle

En bref *Sous le règne de Louis XIII, la scène se trouve dominée par la pastorale et la tragi-comédie. Au milieu du siècle, l'esthétique classique consacre la tragédie et la comédie en les ramenant aux règles strictes de la dramaturgie antique.*

I Le théâtre baroque

S'affranchissant de toutes les règles et laissant cohabiter comique et tragique, le théâtre baroque affirme une grande liberté et promeut des formes nouvelles.

■ La tragi-comédie convie à un spectacle que ne contraint nul précepte formel : les actions nombreuses et surprenantes se soucient peu de vraisemblance, comme c'est le cas dans *Le Cid* de Corneille.

■ La pastorale plonge le spectateur dans le monde idyllique des amours chastes.

■ La tragédie prend le nom de « poème dramatique » en référence aux longues tirades qui s'y enchaînent.

II Le théâtre classique

1 L'esthétique classique

Une pièce classique est traditionnellement découpée en actes, interrompus par des entractes et divisés en scènes que rythment les entrées et les sorties des personnages. En cours dès 1640, l'esthétique classique repose sur différents codes et règles inspirés de la *Poétique* d'Aristote.

■ La règle des trois unités impose :
– l'unité de temps : l'action de la pièce doit se dérouler dans la limite de vingt-quatre heures ;
– l'unité de lieu : l'action doit se déployer dans un lieu unique (antichambre d'un palais, salon d'une demeure…) ;
– l'unité d'action : l'action doit se concentrer autour d'une intrigue principale à laquelle peuvent néanmoins se soumettre des intrigues secondaires.

■ La bienséance désigne un ensemble de règles qui garantissent le respect de la sensibilité esthétique et morale du public ; le sang ni la mort ne se peuvent représenter sur scène.

■ La vraisemblance renvoie à la crédibilité de l'action : les évènements et les situations vécus par le personnage doivent paraître possibles dans la réalité.

EXEMPLE
Dans *Phèdre* de Racine, la mort violente d'Hippolyte est rapportée par le récit du confident Théramène pour ne pas heurter la sensibilité des spectateurs.

TEST   FICHES DE COURS   EXERCICES

2 | La tragédie

■ Aristote définit la tragédie comme imitation d'actions propres à inspirer terreur et pitié au spectateur. Elle se caractérise par :
– des **personnages de haut rang** ;
– un **sujet noble**, emprunté à la mythologie ou à l'Histoire ;
– un **dénouement généralement malheureux** ou funeste avec la mort du héros ;
– ses fonctions : **plaire, émouvoir** et provoquer la **catharsis**.

> **MOT CLÉ**
> La **catharsis** désigne chez Aristote la purgation des passions. Elle prévient *l'hybris* définie comme la démesure dont se rend coupable celui qui outrepasse sa condition d'humain.

■ **Corneille et Racine** sont les éminents représentants du théâtre tragique au XVIIe siècle : le premier fait incarner à ses personnages des valeurs héroïques tel Auguste dans *Cinna* ; le second s'intéresse davantage à la faiblesse humaine et aux passions rendues sensibles par la pureté du style comme dans *Phèdre*.

3 | La comédie

■ La comédie est l'**imitation du ridicule des hommes**. Elle se caractérise par :
– des personnages issus de la **bourgeoisie** ou de **catégories plus modestes** ;
– des sujets empruntés au **quotidien** ;
– un **dénouement heureux** qui prend souvent la forme d'un mariage ;
– ses fonctions : **faire rire** le spectateur de manière à le corriger de ses travers.

■ **Molière** incarne à lui seul le théâtre comique au XVIIe siècle : de la farce avec *Les Fourberies de Scapin* à la grande comédie telle *Le Misanthrope*, qui fustige l'hypocrisie des rapports sociaux, en passant par la comédie de caractère comme *Le Malade imaginaire*, qui donne le spectacle de l'hypocondrie d'Argan.

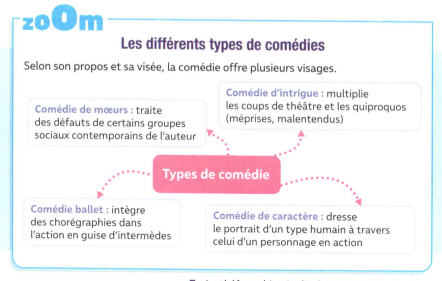

Les différents types de comédies

Selon son propos et sa visée, la comédie offre plusieurs visages.

Comédie de mœurs : traite des défauts de certains groupes sociaux contemporains de l'auteur

Comédie d'intrigue : multiplie les coups de théâtre et les quiproquos (méprises, malentendus)

Types de comédie

Comédie ballet : intègre des chorégraphies dans l'action en guise d'intermèdes

Comédie de caractère : dresse le portrait d'un type humain à travers celui d'un personnage en action

7 • Le théâtre : histoire littéraire et outils d'analyse

27 Le théâtre aux XVIIIe et XIXe siècles

En bref *Souhaitant dépasser l'opposition classique entre la tragédie et la comédie, les dramaturges ont, dès le XVIIIe siècle, inventé un troisième genre, celui du drame. Dans la première moitié du XIXe siècle, celui-ci devient une des formes d'expression de la révolution romantique.*

I Le siècle des Lumières : un théâtre en transition

1 Entre permanence…

■ Au XVIIIe siècle, le théâtre s'écrit en référence au classicisme : la tragédie reste l'étalon. Cependant, les auteurs comme Voltaire adaptent ce genre ancien aux combats philosophiques de leur temps.

■ La comédie, de son côté, creuse le sillon dessiné par Molière : Marivaux, dans *Les Fausses Confidences* notamment, reprend le personnage du valet rusé et, dans *L'Île des esclaves*, il s'inspire de la pour affiner le comique moliéresque.

> **MOT CLÉ**
> La ***commedia dell'arte*** désigne un genre de théâtre comique né en Italie au XVIe siècle, où des acteurs improvisent, masqués, à partir de canevas déterminés et de rôles définis.

2 … et renouveau

■ Face à la lassitude des spectateurs, un nouveau modèle dramatique apparaît, sous l'impulsion de Beaumarchais avec *Le Mariage de Figaro* et Diderot dans *Le Fils naturel*, qui prend le nom de « comédie sérieuse » ou « drame bourgeois », pièce en prose intermédiaire entre tragédie et comédie.

■ Dans ce type de pièce, les personnages sont contemporains du public et se définissent avant tout par le statut qu'ils occupent à la fois dans la société et au sein de la famille.

■ S'éloignant des intrigues historiques et politiques des tragédies, le théâtre entre dans l'intimité familiale et plante ses décors dans des intérieurs bourgeois.

■ Le registre verse dans le pathétique : l'auteur cherche à susciter la compassion et à enseigner la vertu au spectateur.

II Le XIXe siècle : révolutions théâtrales

1 Le drame romantique

■ Le drame romantique remet en question la définition stricte des genres issue du classicisme. En 1830, *Hernani*, de Victor Hugo, donne ainsi lieu à une véritable bataille entre les partisans du théâtre classique et ceux du théâtre romantique.

■ Le drame romantique se caractérise par :
- sa liberté de création qui s'affranchit des règles de temps et de lieu ;
- sa volonté de mélanger les genres et les registres en proposant une alliance de « grotesque » et de « sublime », en miroir de la vie humaine ;
- son souci d'ancrer la scène dans la temporalité historique en évoquant des détails caractéristiques d'une « couleur locale » ;
- sa préférence pour des héros passionnés, persévérants en dépit de la fatalité.

2 | L'après-romantisme

■ À la fin du XIXe siècle, le drame symboliste se distingue de ceux, bourgeois ou romantique, qui l'ont précédé : il se fonde sur une certaine indétermination temporelle, privilégie les atmosphères mystérieuses et se rapproche, par son art de la suggestion, de la poésie. En 1892, *Pelléas et Mélisande* de Maeterlinck en donne une illustration.

■ Sur la même période, un théâtre « de boulevard » voit le jour sous la plume de Labiche et Feydeau : des comédies satiriques, anciennement appelées vaudevilles, mêlent quiproquos bouffons, situations grivoises et parfois chansons pour le seul plaisir des spectateurs.

■ L'avant-garde provocatrice incarnée par Alfred Jarry et son *Ubu Roi* (1896) renverse les codes du théâtre, préfigurant les grands bouleversements du XXe siècle. *Ubu Roi* raconte en effet, sur un mode outrancier, les tribulations d'un dictateur grotesque qui impose à ses sujets un régime qui s'apparente aux totalitarismes à venir.

zoOm
La bataille d'*Hernani*

Albert Besnard, *La Première d'Hernani*, huile sur toile, 1903.

Le spectacle se situe dans la salle, avant même le lever de rideau : la polémique divise les gradins entre « Classiques », partisans d'une stricte observance des règles et du respect de la hiérarchie des genres, et les « Romantiques » aspirant à une révolution dramaturgique.

28 Le théâtre aux XXᵉ et XXIᵉ siècles

En bref *En tournant le dos à la tradition, la dramaturgie contemporaine s'interroge sur son propre fonctionnement et s'attache à rendre compte des désordres de l'Histoire.*

I Le théâtre à l'épreuve des deux Guerres mondiales

1 La réécriture des mythes antiques

Les mythes antiques sont revisités par les dramaturges à la lumière des épisodes marquants du siècle : Cocteau avec *La Machine infernale* (1934), Giraudoux avec *Electre* (1937) et Anouilh avec *Antigone* (1944) livrent, sur un mode humoristique et anachronique, une méditation sur la condition humaine.

2 Les dramaturges engagés

■ Philosophe existentialiste, Jean-Paul Sartre incarne dans ses pièces les concepts clés de sa pensée : le rapport à l'Autre et la responsabilité de chacun vis-à-vis de ses propres actes se trouvent littéralement dramatisés dans *Huis clos* (1944), par exemple.

■ Fondateur de la philosophie de l'Absurde, qui procède du sentiment d'une existence injustifiée, Albert Camus réfléchit par la voix de ses personnages au drame de l'individu et leur fait jouer la révolte, seule issue à l'épreuve du non-sens, comme dans *Les Justes* (1949).

3 Le théâtre de l'Absurde

■ À partir des années 1950, le sentiment de l'absurde gagne non seulement les thèmes du théâtre mais également ses formes. Entérinant une crise majeure des valeurs issues du rationalisme et de l'humanisme, le **Nouveau Théâtre** met en scène le problème de l'incommunicabilité entre les êtres et de la cruauté des rapports humains.

> **À NOTER**
> L'expression **« Nouveau Théâtre »** est une référence au mouvement du Nouveau Roman qui proposait de renouveler les codes de l'écriture romanesque en rupture avec le réalisme ( ).

■ *L'action se réduit alors à la seule expression, soutenue par la mise en scène.* Dans *Pour un oui ou pour un non* de N. Sarraute, l'action se nourrit de tout ce que ne dit pas le dialogue, de tous les sous-entendus de la parole, de toutes les tensions cachées sous les mots.

■ Le langage des corps se substitue souvent à la parole, qui apparaît comme vaine. Ainsi, dans *Rhinocéros* de Ionesco, la transformation progressive des personnages en pachydermes manifeste l'échec du discours rationnel.

■ Le décor, les objets, l'inscription physique des comédiens dans l'espace, et plus largement la scénographie, prennent une place décisive en raison même de la mise en question de la parole et du sens. Chez Beckett, les didascalies prescrivent les moindres gestes, déplacements, mimiques, qui pourraient s'apparenter à des notes de mise en scène.

II Le théâtre au XXIe siècle

■ Au XXIe siècle, le théâtre poursuit ses réflexions métaphysiques sur le langage et les rapports humains en proposant de nombreuses mises en scène de B.-M. Koltès (*La Solitude dans les champs de coton*, 1987) ou encore de J.-L. Lagarce (*Juste la fin du monde*, 1990). Il affirme aussi sa dimension spectaculaire, comme en témoignent les mises en scène que W. Mouawad a données de son œuvre (*Incendies*, 2003).

■ Échappant aux dramaturges, le théâtre devient l'affaire des metteurs en scène qui puisent dans le répertoire légué par les siècles passés et le revisitent : Ariane Mnouchkine et sa troupe proposent ainsi depuis plus de quarante ans une nouvelle forme de création dramatique au Théâtre du Soleil, inspirée des formes antiques et nourrie d'influences étrangères.

zoOm

En attendant Godot de Beckett

Mise en scène d'*En attendant Godot* de Beckett par Joël Jouanneau au théâtre des Amandiers en 1992.

Alors que les nombreuses didascalies précisent que les personnages, Vladimir et Estragon, sont sur une « *Route à la campagne, avec arbre* », le metteur en scène s'affranchit du texte et renouvelle la scénographie en disposant les protagonistes dans un environnement industriel, autour d'un transformateur électrique.

7 • Le théâtre : histoire littéraire et outils d'analyse

29 Analyser un extrait de théâtre

En bref — *Après une première lecture, quelles sont les questions à se poser pour mieux comprendre une scène de théâtre et dégager des axes d'analyse ?*

Étape 1 — Caractériser l'extrait

1 | Quelle est la fonction de la scène ?

■ Appuyez-vous sur le paratexte ou les didascalies pour situer le passage dans l'économie générale de la pièce : se trouve-t-on dans l'exposition ? au cœur de l'intrigue ? au dénouement ?

MOT CLÉ
L'économie d'une œuvre désigne sa structure et l'organisation interne de ses parties.

■ Identifiez l'enjeu de la scène sur le plan dramatique : est-elle collective ? Fait-elle avancer l'action ? Apporte-t-elle un éclairage psychologique nouveau sur un personnage ? Est-elle le lieu d'un affrontement, d'une méprise ?

■ S'il s'agit d'un monologue, déterminez sa fonction : informatif ou lyrique, il marque une pause dans l'action ; délibératif, il crée une tension dramatique.

2 | Quelle est la forme de la scène ?

■ Le texte est-il en vers ou en prose ? Combien de personnages parlent ? Quel est le type de répliques utilisé ?

■ Dans le cas d'un dialogue, pensez à analyser :
– son organisation (répartition de la parole, présence d'un meneur de jeu) ;
– son contenu (conflit, débat, déclaration amoureuse…) ;
– l'enchaînement des répliques (rapide, laborieux, fluide, illogique)…

Étape 2 — Analyser la scène selon son genre

Le paratexte, les thèmes clés et la tonalité du texte permettent le plus souvent de déterminer le genre de l'extrait. Utilisez alors vos connaissances pour étudier comment le dramaturge s'approprie les codes de ce genre et dans quel but.

1 | S'il s'agit d'une scène de tragédie

■ Thèmes récurrents :
– la fatalité, force supérieure face à laquelle le héros ne peut rien ;
– les passions et leurs conséquences destructrices qui anéantissent la volonté humaine et se traduisent pas une souffrance tant morale que physique.

■ Visée : inspirer de la crainte et de la pitié au spectateur ; susciter de la compassion pour le sort des personnages (tonalité pathétique).

| TEST | FICHES DE COURS | EXERCICES |

2 | S'il s'agit d'une scène de comédie

■ Éléments récurrents :
– situations du quotidien (tromperie, fâcherie, travestissement, mariage…) ;
– personnages-types : ingénue, servante rusée, valet entremetteur, vieux barbon…

■ Ressorts comiques :

Types de comiques	Situations associées
Comique de situation	Personnage caché, travestissement, quiproquo…
Comique de caractère	Satire d'un personnage qui présente un trait de caractère excessif (l'avare, le malade imaginaire…)
Comique de gestes	Gifles, coups de bâtons, mimiques…
Comique de mots	Jeux de mots, répétitions, mots déformés…

■ Visée : faire rire, tourner en dérision les défauts des personnages ou les vices de la société pour amener le public à les désapprouver et à se corriger.

3 | S'il s'agit d'une scène du théâtre de l'Absurde

■ Thèmes récurrents :
– l'absence de progression de l'action : absence d'exposition, de nœud et de dénouement, impression d'éternelle répétition ;
– la contestation de la notion de personnage : protagonistes sans consistance, interchangeables et parfois anonymes, dénués de psychologie cohérente.

■ Visée : donner à réfléchir et susciter la pitié du spectateur devant l'impossible communication et la déchéance humaine.

Étape 3 Étudier les personnages

■ Prenez appui sur les didascalies pour déterminer la posture des personnages : costumes, gestuelles, mimiques, tons…

■ Interrogez-vous sur le rôle des personnages dans l'action : quelle place occupent-ils dans l'intrigue ? Sont-ils adjuvants ou opposants ?

■ Étudiez leur parole : que révèle-t-elle de leur personnalité ? du groupe social auquel ils appartiennent ? Dans quelle mesure véhicule-t-elle la pensée du dramaturge ?

Étape 4 Imaginer la mise en scène

■ Appuyez-vous sur les indications scéniques. Déduisez du dialogue théâtral les gestes et les déplacements des personnages, leur manière d'être et de parler, leur attitude par rapport aux autres, leur caractère.

■ Anticipez les réactions du public (le metteur en scène peut s'y conformer ou, au contraire, les déjouer).

7 • Le théâtre : histoire littéraire et outils d'analyse

MÉMO VISUEL

Les mots clés

Pour identifier la scène
- **genre :** comédie, tragédie, drame…
- **fonction :** scène d'exposition, nœud, dénouement, aveu…
- **tonalité :** dramatique, lyrique, polémique, comique, pathétique, absurde…

Pour caractériser le texte théâtral
- **thème :** fatalité, passions, amour, mariage, mœurs…
- **langage :** niveau de langue, expressivité, implicite…
- **modalités :** dialogue, monologue, récit théâtral, tirade, réparties, stichomythie…
- **didascalies :** (rôle, importance…)

LE THÉÂTRE

Quelques œuvres clés à connaître

XVIIe siècle
- *Le Cid*, Corneille (1637)
- *Dom Juan*, Molière (1665)
- *Le Bourgeois gentilhomme*, Molière (1670)
- *Phèdre*, Racine (1677)

XVIIIe siècle
- *Le Jeu de l'amour et du hasard*, Marivaux (1730)
- *Le Fils naturel*, Diderot (1757)
- *Le Mariage de Figaro*, Beaumarchais (1778)

XIXe siècle
- *Hernani*, Victor Hugo (1830)
- *Les Caprices de Marianne*, Musset (1833)
- *Pelléas et Mélisande*, Maeterlinck (1892)
- *Ubu Roi*, Alfred Jarry (1896)

TEST | **FICHES DE COURS** | EXERCICES

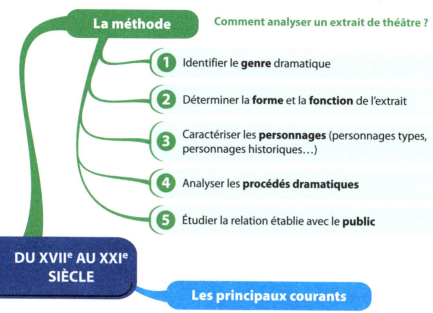

La méthode
Comment analyser un extrait de théâtre ?

1. Identifier le **genre** dramatique
2. Déterminer la **forme** et la **fonction** de l'extrait
3. Caractériser les **personnages** (personnages types, personnages historiques…)
4. Analyser les **procédés dramatiques**
5. Étudier la relation établie avec le **public**

DU XVIIᵉ AU XXIᵉ SIÈCLE

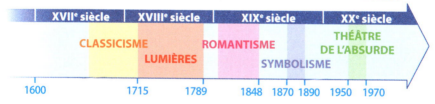

Les principaux courants
Quels sont les courants à connaître ?

XVIIᵉ siècle	XVIIIᵉ siècle	XIXᵉ siècle	XXᵉ siècle
CLASSICISME	LUMIÈRES	ROMANTISME / SYMBOLISME	THÉÂTRE DE L'ABSURDE

1600 — 1715 — 1789 — 1848 — 1870 — 1890 — 1950 — 1970

XXᵉ - XXIᵉ siècles

- *Le Soulier de Satin*, Claudel (1929)
- *Rhinocéros*, Eugène Ionesco (1958)
- *Oh les beaux jours*, Samuel Beckett (1963)
- *Dans la solitude des champs de coton*, Bernard-Marie Koltès (1987)
- *Incendies*, Wajdi Mouawad (2003)

7 • Le théâtre : histoire littéraire et outils d'analyse

▶ EXERCICES

Le Malade imaginaire, Molière (1673)

→ FICHE 26

1 Complétez ce texte avec les mots proposés.

satire • corriger • mœurs • caractère • ballet • action • critique

▶ Comédie-......... en trois actes et en prose, *Le Malade imaginaire* est la dernière œuvre dramatique de Molière, créée en 1673.

▶ L'intrigue dresse le portrait d'Argan, un hypocondriaque hanté par la peur de la maladie et de la mort. C'est le .... du personnage éponyme qui détermine en grande partie l'..........

▶ Sa servante, Toinette, élabore une mise en scène pour .... son maître de ses angoisses hyperboliques.

▶ La .... moliéresque touche autant la médecine que l'hypocrisie des comportements. Mêlant .... et musique, la pièce distrait autant qu'elle châtie les ....

2 Lisez l'extrait et répondez aux questions.

À la fin de la scène 1, Argan se lamentait que sa servante Toinette n'arrive pas assez vite pour s'occuper de lui. Celle-ci finit par venir, mais joue avec les nerfs de son maître.

> TOINETTE, *en entrant dans la chambre* — On y va.
>
> ARGAN — Ah, chienne ! ah, carogne[1]... !
>
> TOINETTE, *faisant semblant de s'être cogné la tête* — Diantre soit fait de votre impatience ! vous pressez si fort les personnes, que je me suis donné un
> 5 grand coup de la tête contre la carne[2] d'un volet.
>
> ARGAN, *en colère* — Ah ! traîtresse... !
>
> TOINETTE, *pour l'interrompre et l'empêcher de crier, se plaint toujours en disant* — Ha !
>
> ARGAN — Il y a...
>
> 10 TOINETTE — Ha !
>
> ARGAN — Il y a une heure...
>
> TOINETTE — Ha !
>
> ARGAN — Tu m'as laissé...
>
> TOINETTE — Ha !
>
> 15 ARGAN — Tais-toi donc, coquine, que je te querelle.
>
> TOINETTE — Çamon[3], ma foi ! j'en suis d'avis, après ce que je me suis fait.
>
> ARGAN — Tu m'as fait égosiller[4], carogne.
>
> TOINETTE — Et vous m'avez fait, vous, casser la tête : l'un vaut bien l'autre, quitte à quitte, si vous voulez.
>
> 20 ARGAN — Quoi ? coquine...
>
> TOINETTE — Si vous querellez, je pleurerai.
>
> ARGAN — Me laisser, traîtresse...
>
> TOINETTE, *toujours pour l'interrompre* — Ha !

160

TEST > **FICHES DE COURS** > **EXERCICES**

Argan — Chienne, tu veux...
25 Toinette — Ha !
Argan — Quoi ? <u>Il faudra encore que je n'aie pas le plaisir de la quereller</u>.

Molière, Le Malade imaginaire, Acte I, scène 2, 1673.

1. Carogne : femme méchante, hargneuse. **2.** Carne : angle. **3.** Çamon : c'est vrai. **4.** Égosiller : se fatiguer la gorge à crier.

1. Molière mobilise les différents types de comique dans cet extrait : illustrez-les.

2. Observez les mots soulignés : pourquoi peut-on parler de comédie dans la comédie ?

3 **Prolongement artistique et culturel**

1. Pourriez-vous citer d'autres personnages comiques du théâtre de Molière dont le caractère porte à rire ? Sur quoi repose leur force comique ?

2. L'acteur Michel Bouquet a incarné Argan dans *Le Malade imaginaire* mis en scène par Georges Werler au Théâtre de la Porte Saint-Martin en 2009. En quoi le costume du comédien vous paraît-il approprié au rôle ?

Mise en scène : Georges Werler ; décors : Agostino Pace ; costumes : Pascale Bordet ; lumières : Jacques Puisais.

Le Mariage de Figaro, Beaumarchais (1784)   → FICHE 27

4 **Choisissez la réponse qui convient parmi les affirmations proposées.**

1. *Le Mariage de Figaro* est :

❏ **a.** la suite du *Barbier de Séville*, comédie de Beaumarchais
❏ **b.** un journal créé par Beaumarchais   ❏ **c.** un opéra de Beaumarchais

2. Le titre laisse pressentir que la pièce relève du genre :

❏ **a.** du drame sérieux   ❏ **b.** de la tragédie   ❏ **c.** de la comédie

3. Le nom de Figaro laisse présager :

❏ **a.** un personnage aux origines espagnoles
❏ **b.** un personnage de valet   ❏ **c.** un rôle type de la commedia dell'arte

5 **Lisez l'extrait puis répondez aux questions.**

Figaro croit que Suzanne, qu'il a épousée le jour même, a accordé un rendez-vous galant à son maître, le Comte Almaviva.

FIGARO, *seul, se promenant dans l'obscurité, dit du ton le plus sombre.* — Ô femme ! femme ! femme ! créature faible et décevante !... nul animal créé ne peut manquer à son instinct : le tien est-il donc de tromper ?... Après m'avoir obstinément refusé quand je l'en pressais devant sa maîtresse ; à

7 • Le théâtre : histoire littéraire et outils d'analyse   **161**

5 l'instant qu'elle me donne sa parole, au milieu même de la cérémonie...
Il riait en lisant, le perfide ! Et moi comme un benêt... Non, monsieur le
Comte, vous ne l'aurez pas... vous ne l'aurez pas. Parce que vous êtes un
grand seigneur, vous vous croyez un grand génie !... Noblesse, fortune,
un rang, des places, tout cela rend si fier ! Qu'avez-vous fait pour tant
10 de biens ? Vous vous êtes donné la peine de naître, et rien de plus. Du
reste, homme assez ordinaire ; tandis que moi, morbleu ! perdu dans la
foule obscure, il m'a fallu déployer plus de science et de calculs, pour
subsister seulement qu'on en a mis depuis cent ans, à gouverner toutes
les Espagnes : et vous voulez jouter... On vient... c'est elle...ce n'est per-
15 sonne. — La nuit est noire en diable, et me voilà faisant le sot métier de
mari, quoique je ne le sois qu'à moitié ! (*Il s'assied sur un banc.*) Est-il
rien de plus bizarre que ma destinée ? Fils de ne sais pas qui, volé par
des bandits, élevé dans leurs mœurs, je m'en dégoûte et veux courir une
carrière honnête ; et partout je suis repoussé. [...]

Beaumarchais, *Le Mariage de Figaro* (V, 3), 1784.

1. À qui Figaro s'adresse-t-il successivement dans ce début de monologue particulièrement rythmé ?

2. Observez les mots surlignés : quelle image donnent-ils du personnage ? Quel est l'intérêt d'une telle présentation ?

 À NOTER
Ce monologue de Figaro fait partie des plus longs de l'histoire du théâtre (il ne s'agit ici que d'un extrait).

6 Prolongement artistique et culturel.

1. Citez d'autres monologues qui font office d'autoportraits dans les pièces que vous avez lues.

2. Le peintre Jean-Marc Nattier a fait le portrait de Beaumarchais (ci-contre). Comment l'artiste insuffle-t-il un caractère naturel à son modèle ?

Jean-Marc Nattier, *Portrait de Beaumarchais*, 1755.

Rhinocéros, Ionesco (1959)

→ FICHE 28

7 Choisissez la ou les réponse(s) qui conviennent.

1. La date de création de *Rhinocéros* situe la pièce dans :
☐ **a.** le théâtre classique ☐ **b.** le théâtre symboliste ☐ **c.** le théâtre de l'Absurde

TEST 〉 FICHES DE COURS 〉 **EXERCICES** 〉

2. Le titre de la pièce :

☐ **a.** intrigue à cause de l'absence de déterminant.

☐ **b.** inquiète en raison du caractère dangereux du pachyderme.

☐ **c.** annonce une pièce allégorique.

8 **Analysez l'extrait en répondant aux questions.**

Dans Rhinocéros, *Ionesco met en scène la transformation progressive d'une population en animaux éponymes. Seul Bérenger résiste jusqu'au bout à l'épidémie et ne se transforme pas. C'est sur son monologue singulier que se clôt la pièce.*

> BÉRENGER : [...] Je n'ai pas de corne, hélas ! Que c'est laid, un front
> plat. Il m'en faudrait une ou deux, pour rehausser mes traits tombants.
> Ça viendra peut-être, et je n'aurai plus honte, je pourrai tous aller les
> retrouver. Mais ça ne pousse pas ! *(Il regarde les paumes de ses mains)* Mes
> 5 mains sont moites. Deviendront-elles rugueuses ? *(Il enlève son veston,*
> *défait sa chemise, contemple sa poitrine dans la glace.)* J'ai la peau flasque.
> Ah, ce corps trop blanc et poilu ! Comme je voudrais avoir une peau
> dure et cette magnifique couleur d'un vert sombre, une nudité décente,
> sans poils, comme la leur ! *(Il écoute les barrissements.)* Leurs chants ont
> 10 du charme, un peu âpre, mais un charme certain ! Si je pouvais faire
> comme eux. *(Il essaie de les imiter.)* Ahh, ahh, brr ! Non, ce n'est pas ça !
> Essayons encore, plus fort ! Ahh, ahh, brr non, non, ce n'est pas ça, que
> c'est faible, comme cela manque de vigueur ! Je n'arrive pas à barrir. Je
> hurle seulement. Ahh, ahh, brr ! Les hurlements ne sont pas des barrisse-
> 15 ments ! Comme j'ai mauvaise conscience, j'aurais dû les suivre à temps.
> Trop tard maintenant ! Hélas, je suis un monstre, je suis un monstre.
> Hélas, jamais, je ne deviendrai rhinocéros, jamais, jamais ! Je ne peux
> plus changer. Je voudrais bien, je voudrais tellement, mais je ne peux
> pas. Je ne peux plus me voir. J'ai trop honte ! *(Il tourne le dos à la glace.)*
> 20 Comme je suis laid ! Malheur à celui qui veut conserver son originalité !
> *(Il a un brusque sursaut.)* Eh bien tant pis ! Je me défendrai contre tout
> le monde ! Ma carabine, ma carabine ! *(Il se retourne face au mur du fond*
> *où sont fixées les têtes de rhinocéros, tout en criant :)* Contre tout le monde,
> je me défendrai ! Je suis le dernier homme, je le resterai jusqu'au bout !
> 25 je ne capitule pas !
> RIDEAU

Eugène Ionesco, *Rhinocéros* (III, monologue final), 1959.
© Éditions Gallimard.

1. Bérenger est englué dans un dilemme, à la manière des héros tragiques. En vous aidant notamment des éléments surlignés, expliquez quels procédés traduisent son affolement et le basculement dans l'absurde.

2. En vous appuyant sur les lignes 21 à 26, montrez que ce monologue final ne répond que partiellement aux attentes d'un dénouement.

7 • Le théâtre : histoire littéraire et outils d'analyse **163**

9 **Prolongement artistique et culturel.**

Pour titre de sa pièce, Ionesco a choisi le nom d'un mammifère massif. Expliquez ce choix en vous aidant de la gravure ci-contre. Qu'est-ce que le terme laisse augurer de la pièce et de la mise en scène ?

Dürer, *Rhinocéros*, 1515.

Le Malade imaginaire, Molière (1673)

1 ▸ Comédie-**ballet** en trois actes et en prose, *Le Malade imaginaire* est la dernière œuvre dramatique de Molière, créée en 1673.

▸ L'intrigue dresse le portrait d'Argan, un hypocondriaque hanté par la peur de la maladie et de la mort. C'est le **caractère** du personnage éponyme qui détermine en grande partie l'**action**.

▸ Sa servante, Toinette, élabore une mise en scène pour **corriger** son maître de ses angoisses hyperboliques.

▸ La **critique** moliéresque touche autant la médecine que l'hypocrisie des comportements. Mêlant **satire** et musique, la pièce distrait autant qu'elle châtie les **mœurs**.

2 **1.** Molière combine les différents types de comique dans cet extrait :

– Le **comique de mots** se concentre dans les répliques d'Argan à travers les jurons disproportionnés qu'il adresse à Toinette : « chienne », « carogne », « traitresse », « coquine ». Par ses réponses, la servante fait naître à son tour un comique de répétition liée aux multiples occurrences de l'interjection « Ha ! ».

– Conflictuel et animé, le dialogue entre les deux protagonistes dévoile un **comique de situation et de gestes** : les modalités interrogatives et exclamatives et les points de suspension donnent vie à la polémique ; les didascalies lui ajoutent une dimension dramatique.

– L'emportement du maître envers sa domestique laisse sourdre un **comique de caractère** lié à l'égoïsme du premier.

2. La scène produit une **mise en abyme** de la comédie. Tout d'abord, Toinette feint de s'être cognée par la faute d'Argan et joue par conséquent la comédie à son maître. Elle apparaît aussi comme maîtresse de la parole dans la mesure où elle conduit le dialogue par ses interruptions. Par son impertinence, la servante dirige également son maître et le pousse à camper le rôle d'un homme acariâtre et contesté dans son pouvoir.

3 1. Parmi les personnages comiques du théâtre de Molière, on peut citer :
– le valet éponyme des *Fourberies de Scapin* qui incarne le type du domestique plus **rusé** que son maître ;
– **M. Jourdain** dans *Le Bourgeois gentilhomme* dont le comique repose sur le **ridicule** et l'**extravagance** ;
– **Orgon** dans *Tartuffe* qui, par sa **naïveté** et son **irascibilité** offre un contrepoint comique à la noirceur morale du personnage éponyme ;
– **Harpagon** dans *L'Avare* dont le défaut (l'**avarice**) est donné en spectacle par le dramaturge pour le plus grand plaisir du spectateur.

2. L'acteur Michel Bouquet a incarné Argan dans *Le Malade imaginaire* mis en scène par Georges Werler au Théâtre de la Porte Saint-Martin en 2009. Le comédien apparaît largement grimé et rougeaud comme s'il était pris de fièvre ; son accoutrement (kimono et bonnet de nuit) rappelle le rouge de sa figure et connote une sorte de délire. Cette tenue d'intérieur signe le retranchement du personnage dans sa folie intérieure et la privation de contacts avec la société.

Le Mariage de Figaro, Beaumarchais (1784)

4 1. a. ; 2. c ; 3. a, b.

5 1. Bien que Figaro soit seul en scène, l'énonciation fait apparaître **plusieurs destinataires fictifs** : la « **femme** » triplement invoquée à l'ouverture, qui est en réalité son épouse Suzanne ; « **monsieur le Comte** », apostrophé à plusieurs reprises par le pronom personnel de la deuxième personne du pluriel ; et **lui-même**, comme le révèle la question rhétorique finale où apparaît le déterminant possessif « **ma** ».

À NOTER
Ces changements de destinataire permettent de distinguer trois mouvements dans le texte (l. 1 à 15, l. 16 à 20 et l. 21 à 25).

2. ▶ Figaro apparaît **profondément désemparé**. Les interrogations oratoires manifestent sa désorientation. Se traitant de « benêt », il brosse un **portrait dévalorisé** de lui-même. Pourtant, le récit de sa destinée l'apparente aussi à un héros romanesque qui a bravé de nombreux obstacles (« Il m'a fallu déployer plus de science et de calculs pour subsister seulement… »).

▶ Une telle présentation facilite l'**identification du public** populaire au personnage et garantit, du moins, une forme de compassion pour Figaro de la part du spectateur qui ne peut être insensible à sa mélancolie. Le monologue devient un instrument pour révéler la psychologie du personnage en l'absence d'accès à son intériorité.

6 **1.** Parmi les **monologues** les plus célèbres, on peut citer : celui de Rodrigue à la scène 6 de l'acte I du *Cid* ; celui d'Hermione dans la scène 1 de l'acte V d'*Andromaque* ; celui d'Harpagon dans la scène 7 de l'acte IV de *L'Avare* de Molière, de Sosie dans la scène première d'*Amphitryon* ; celui de la reine dans la scène 2 de l'acte II de *Ruy Blas* de Hugo...

2. Sur un fond neutre et sombre, le visage du dramaturge **ressort avec force**. Par le caractère statique de la silhouette et la représentation de trois-quarts en habits simples, le peintre donne l'illusion de la personne de Beaumarchais, comme si ce dernier prenait la pose sous nos yeux. La direction du regard et son intensité confèrent au portrait une **dimension humaine**, encore rehaussée par la coloration rosée des pommettes.

Rhinocéros, Ionesco (1959)

7 **1.** c ; **2.** a, b et c.

8 **1.** Le lexique qu'emploie Béranger le donne englué dans une sorte de **dilemme** qui rappelle l'**univers de la tragédie**. L'éloge des rhinocéros transparaît à travers des termes mélioratifs (l. 10) et traduit la volonté du personnage de se conformer au modèle dominant. La transformation paraît souhaitée mais elle se trouve aussitôt frappée d'irréalité avec l'utilisation du conditionnel. Il n'est donc pas question de résignation chez Bérenger, ni d'acceptation de sa destinée à la manière des héros tragiques. Au contraire, l'**absurdité de sa condition** le submerge comme en témoigne l'affolement de son langage (répétitions, interjections, exclamations, cris...) et le caractère dérisoire de sa gestuelle.

2. Le spectateur s'attend à **comprendre**, dans ce monologue final, les origines de la rhinocérite et les raisons qui ont conduit le personnage central à opposer une résistance tout au long de la pièce. Pourtant, il n'en est rien. Dans le dernier mouvement, le lexique de la guerre (« ma carabine », « je me défendrai », « je ne capitule pas ») laisse présager un ultime face-à-face mais l'issue de la lutte demeure **en suspens** puisque le rideau tombe sur ce sursaut de révolte. Au reste, le geste de Bérenger apparaît bien dérisoire : que ferait-il d'une carabine face à une meute de rhinocéros ? La pièce donne l'impression de **se suspendre plus que de se clore ou se conclure**.

9 Le terme de *rhinocéros* fait surgir l'image d'un gros mammifère venu d'Afrique ou d'Asie. La lourdeur de l'animal, son caractère physiquement imposant, son aspect sauvage, mis en valeur dans la gravure de Dürer, ont de quoi **inquiéter et interpeller** le spectateur. La peau épaisse de l'animal, de couleur sombre et semblable à une armure, peut rappeler l'uniforme militaire. S'agit-il, pour Ionesco, de renvoyer à la réalité concrète du pachyderme ? Dans ce cas, la mise en scène se fera **naturaliste**. Le rhinocéros n'est-il qu'une image de la violence d'idéologies qui privent les individus de leur libre-arbitre ? La mise en scène sera alors **stylisée**.

Le théâtre
8 Les pièces de théâtre au programme

TEST	Pour vous situer et établir votre parcours de révision	168
FICHES DE COURS	**30** Molière, *Le Malade imaginaire* Parcours : Spectacle et comédie	170
	31 Marivaux, *Les Fausses Confidences* Parcours : Théâtre et stratagème	172
	32 Lagarce, *Juste la fin du monde* Parcours : Crise personnelle, crise familiale	174
	MÉMO VISUEL	176
SUJETS GUIDÉS & CORRIGÉS	**OBJECTIF BAC** **7** EXPLICATION DE TEXTE ǀ Molière, *Le Malade imaginaire*	178
	OBJECTIF MENTION **8** DISSERTATION ǀ Pièges en scène	182

167

TESTEZ-VOUS

→ CORRIGÉS P. 306-307

Faites le point sur vos connaissances puis établissez votre **parcours de révision** en fonction de votre score.

1 Molière, *Le Malade imaginaire* (1673) → FICHE 30

1. La pièce s'ouvre sur un prologue qui fait l'éloge…
☐ **a.** de la médecine. ☐ **b.** du théâtre. ☐ **c.** du roi.

2. Quels sont les thèmes abordés dans les intermèdes ?
☐ **a.** l'amour ☐ **b.** la guerre ☐ **c.** la médecine

3. Reliez chaque personnage au rôle qu'il endosse ponctuellement.

Argan • • **a.** un maître de musique
Toinette • • **b.** un médecin
Cléante • • **c.** l'épouse attentionnée
Béline • • **d.** lui-même mort

4. Pourquoi la comédie est-elle particulièrement faite pour être vue ?
☐ **a.** Son intrigue est basée sur des situations concrètes.
☐ **b.** Les procédés comiques fonctionnent mieux en présence d'un public.
☐ **c.** Elle peut combiner différents arts : théâtre, chant, danse…

…/4

2 Marivaux, *Les Fausses Confidences* (1737) → FICHE 31

1. Quel objet est au centre du quiproquo de l'acte II ?
☐ **a.** un ruban volé à Araminte par Dorante
☐ **b.** une lettre de Dorante à Araminte
☐ **c.** un portrait d'Araminte peint par Dorante

2. Reliez chaque personnage au mariage qu'il souhaite mettre en œuvre.

Monsieur Remy • • **a.** Dorante et Marton
Madame Argante • • **b.** Dorante et Araminte
Dubois • • **c.** Araminte et le Comte

168

TEST **FICHES DE COURS** **SUJETS GUIDÉS**

3. Numérotez dans l'ordre les étapes du stratagème de Dubois.

... **a.** Il querelle Arlequin au sujet d'un tableau où Araminte est peinte.

... **b.** Il adresse Dorante à Monsieur Remy afin qu'il le présente en qualité d'intendant à Araminte.

... **c.** Il incite Marton à voler une lettre que Dorante a confiée à Arlequin.

... **d.** Il excite la jalousie d'Araminte en lui inventant une rivale.

4. Quelle est la visée du stratagème dans chacune de ces comédies ?

Les Fourberies de Scapin •   • **a.** dénoncer une imposture

Tartuffe •   • **b.** faire triompher l'amour sincère

Le Jeu de l'amour •   • **c.** éprouver la sincérité des
et du hasard   sentiments de l'autre

.../4

3 **Lagarce, *Juste la fin du monde* (1990)**   → FICHE **32**

1. Associez chaque personnage au souvenir qu'il évoque.

La Mère •   • **a.** le mot envoyé pour la
                     naissance d'un enfant
Suzanne •

Catherine •   • **b.** les promenades du dimanche

          • **c.** les cartes postales de Louis
Antoine •

          • **d.** les frustrations de l'enfance

2. Qui manque de frapper Louis lors de ces retrouvailles ?

☐ **a.** Suzanne   ☐ **b.** la Mère   ☐ **c.** Antoine

3. Quel regret Louis évoque-t-il dans l'épilogue ?

☐ **a.** Il aurait voulu hurler dans la nuit.

☐ **b.** Il aurait voulu consoler sa mère.

☐ **c.** Il aurait voulu apaiser sa relation avec son frère.

4. En quoi le style de Lagarce s'accorde-t-il au sujet de la pièce ?

☐ **a.** La juxtaposition des monologues montre la solitude des personnages.

☐ **b.** Le recours à une prose rythmée exprime l'harmonie des sentiments.

☐ **c.** La fragmentation du langage souligne l'indicibilité des sentiments.

.../4

Score sur l'œuvre étudiée .../4

Parcours PAS À PAS ou *EXPRESS* ? → MODE D'EMPLOI P. 3

8 • Les pièces de théâtre au programme   **169**

30 Molière, *Le Malade imaginaire*
Parcours : Spectacle et comédie

En bref *Dans* Le Malade imaginaire, *Molière nous fait rire d'Argan, qui se croit toujours malade, comme des médecins. Cette comédie-ballet mêle théâtre, chant et danse, créant un spectacle complet.*

I Connaître l'œuvre

1 L'auteur et le contexte

■ Né en 1622 à Paris dans une famille bourgeoise, le jeune Jean-Baptiste Poquelin participe à la fondation de l'Illustre Théâtre en 1643. Au sein de cette troupe, il écrit et joue farces et comédies sous le pseudonyme de Molière. En 1658, il entre sous la protection de la famille royale.

■ Il s'illustre dans le nouveau genre de la comédie-ballet en 1670 grâce au *Bourgeois gentilhomme*, puis en 1673 avec *Le Malade imaginaire*, destiné aux fêtes célébrant les victoires militaires de Louis XIV, et dont la musique est composée par Charpentier. C'est pendant l'une des représentations de cette pièce que Molière est pris du malaise qui lui sera fatal.

2 La composition et les enjeux

■ La pièce se compose de trois actes ponctués d'intermèdes dansés et chantés, précédés d'un prologue précisant la volonté de « délasser [le roi] de ses nobles travaux ».

> **MOT CLÉ**
> Les **intermèdes** sont, au XVIIe siècle, de courts divertissements chorégraphiques qui interviennent entre les actes d'une comédie.

■ Argan est un hypocondriaque, soumis à son médecin et à son apothicaire. Aussi veut-il contraindre sa fille Angélique à épouser un médecin, mais les manœuvres de cette dernière, de son amant Cléante et de la servante Toinette parviennent à lui ouvrir les yeux.

■ Comique farcesque, quiproquos, travestissements rythment une pièce qui invite à recouvrer sa lucidité face aux abus d'une médecine moquée à travers des personnages grotesques.

II Comprendre le parcours

1 La comédie : un genre conçu pour le spectacle

■ Plus que tout autre genre théâtral, la comédie trouve dans la mise en scène son aboutissement. Le lecteur de la pièce rit en imaginant Toinette se déguiser en médecin de pacotille pour asséner à Argan un diagnostic burlesque, mais moins que le spectateur qui la voit à l'œuvre sur scène.

TEST   FICHES DE COURS   SUJETS GUIDÉS

C'est particulièrement vrai des comédies proches de la farce : on peut citer la scène des *Fourberies de Scapin* où le valet rusé enferme son maître dans un sac et le bastonne, évidemment beaucoup plus savoureuse quand elle est représentée.

■ Spectacle avant tout, la comédie utilise pleinement le principe de la **double énonciation**. Ainsi en est-il quand les personnages – pour parvenir à leurs fins – jouent la comédie, sous l'œil complice du public. Dans *Le Malade imaginaire*, Béline feint son affection conjugale, puis Argan simule la mort, pour le plus grand plaisir du spectateur qui voit clair dans le jeu de chacun.

> **MOT CLÉ**
> La **double énonciation** est une caractéristique essentielle du théâtre : les répliques d'un personnage sont destinées aux autres personnages, mais aussi au spectateur.

2 | La comédie : un spectacle complet et varié

■ La comédie peut associer d'autres arts pour se transformer en un spectacle complet. Ainsi Molière, dans ses comédies-ballets, ajoute des parties chantées et dansées, qui offrent au public un divertissement réjouissant. Deux ans après la première représentation du *Mariage de Figaro* de Beaumarchais (1784), Mozart adapte la pièce en opéra, avec l'aide du librettiste Lorenzo Da Ponte, créant un spectacle dramatique et lyrique d'une grande puissance.

■ Genre plastique, la comédie peut réunir une grande variété de registres. La satire de la médecine atteint ainsi son apogée lors de la « cérémonie burlesque d'un homme qu'on fait médecin » qui clôt *Le Malade imaginaire*. Dans *Art* (2000), Yasmina Reza propose une réflexion incisive et pleine d'humour sur les affres de l'art contemporain, à partir d'un déconcertant tableau blanc.

zoOm — Éblouir le spectateur

Le Bourgeois gentilhomme, mise en scène de Jérôme Deschamps, 2019.

Dans cette mise en scène du *Bourgeois gentilhomme* de Molière, les couleurs éclatantes se mêlent aux codes traditionnels de la pantomime afin d'accentuer l'effet visuel et l'aspect onirique de ce divertissement burlesque.

31 Marivaux, *Les Fausses Confidences*
Parcours : Théâtre et stratagème

En bref — Dans *Les Fausses Confidences*, Dubois est un valet rompu à l'art du stratagème, qu'il met au service d'un ancien maître amoureux. Le spectateur devient complice de la machination qui se déploie sous ses yeux.

I Connaître l'œuvre

1 L'auteur et le contexte

■ Journaliste fasciné par les mœurs de son époque, Marivaux se tourne rapidement vers le théâtre. S'inspirant de la commedia dell'arte, il connaît le succès avec *Arlequin poli par l'amour* en 1720.

MOT CLÉ
La **commedia dell'arte**, genre théâtral d'origine italienne, se fonde sur des types comiques (comme Arlequin) et sur l'improvisation.

■ Dramaturge prolifique, il collabore de manière fructueuse avec la troupe des Comédiens-Italiens : il leur fait notamment jouer *Le Jeu de l'amour et du hasard* en 1730 et *Les Fausses Confidences* en 1737.

2 La composition et les enjeux

■ L'intrigue se fonde sur l'amour que ressent Dorante, jeune homme ruiné, pour la jeune et belle veuve Araminte, dont il devient l'intendant.

■ L'astucieux Dubois, ancien valet de Dorante désormais au service d'Araminte, multiplie les menées afin de servir son ancien maître sous le manteau. Ses « fausses confidences » produisent l'effet escompté : Araminte accepte finalement l'amour sincère de Dorante.

■ L'œuvre interroge l'authenticité des sentiments, à travers un langage raffiné propre à exprimer les subtilités de la naissance de l'amour : c'est le marivaudage.

II Comprendre le parcours

1 Des stratagèmes pour faire triompher l'amour

■ Dans la comédie classique, le stratagème vient au secours de l'amour sincère. Ainsi, dans *L'Avare* de Molière (1668), Valère multiplie les ruses afin de conquérir Élise contre l'avis de son père. Dans *Le Barbier de Séville* (1775), Beaumarchais fait de Figaro l'adjuvant des amours du Comte et de Rosine face à Bartholo, véritable tyran domestique.

■ Chez Marivaux, le stratagème permet aux cœurs de se révéler : c'est le cas dans *Les Fausses Confidences* comme dans *Le Jeu de l'amour et du hasard*, où le travestissement réciproque des maîtres et des valets conduit les personnages à s'avouer leurs vrais sentiments.

TEST　FICHES DE COURS　SUJETS GUIDÉS

■ La plupart des stratagèmes ont une issue heureuse. Ils peuvent cependant se retourner contre ceux qui les mettent en œuvre. Madame Argante, qui machine le mariage d'Araminte avec le Comte, subit avec colère la décision finale de sa fille.

2 | L'art du stratagème

■ Dans la comédie classique, le stratagème est en général mis en œuvre par un domestique rusé. Dubois, meneur de jeu hors pair dans Les Fausses Confidences, est ainsi l'héritier d'une longue tradition de valets et de servantes qui, par leur habileté et leurs ruses, peuvent prétendre rivaliser avec leurs maîtres.

> **CITATION**
> « Plus de raisonnement : laissez-vous conduire, » lance Dubois à Dorante (acte III, sc. 1). Le valet se veut le maître de la machination.

■ Pour arriver à leurs fins, ces personnages se travestissent et jouent la comédie : ainsi Toinette se déguise en médecin dans Le Malade imaginaire (1673) afin de faire entendre raison à Argan ; dans Les Fourberies de Scapin (1671), le valet contrefait plusieurs accents afin de bastonner librement son maître.

■ Chez Marivaux, les détours du langage tout autant que le travestissement jouent un rôle clé : le spectateur complice prend plaisir à voir prendre corps le stratagème à travers un jeu de demi-mensonges et de « fausses confidences ».

zoOm

« Faisons à nous deux un héros de roman ! »

Cyrano de Bergerac, mise en scène de Jean Liermier, 2017.

Dans la pièce de Rostand (1897), l'éloquent Cyrano de Bergerac prête secrètement sa voix au beau Christian pour l'aider à séduire Roxane, dont il est lui-même amoureux. Jean Liermier met en scène le stratagème à grand renfort d'ombres et de lumière (2017).

8 • Les pièces de théâtre au programme　173

32 J.-L. Lagarce, *Juste la fin du monde*
Parcours : Crise personnelle, crise familiale

En bref La pièce met en scène les retrouvailles impossibles d'un personnage avec sa famille ; elle cherche à explorer l'intimité familiale à travers les méandres du langage. Depuis l'Antiquité, les dramaturges se servent des histoires de famille pour interroger la complexité des rapports humains.

I Connaître l'œuvre

1 L'auteur et le contexte

■ D'abord étudiant en philosophie, Jean-Luc Lagarce fonde le théâtre de la Roulotte à la fin des années 1970. Il met en scène des pièces contemporaines déjà reconnues (comme celles de Beckett ou Ionesco), puis ses propres créations.

■ S'inspirant en partie de sa vie, il publie *Derniers Remords avant l'oubli* en 1987 puis *Juste la fin du monde* en 1990, alors qu'il se sait déjà atteint du sida et condamné par la maladie. Il meurt en 1995, à 38 ans.

2 La composition et les enjeux

■ Ténue, l'intrigue se résume au retour de Louis auprès des siens après des années d'absence : celui-ci essaye d'annoncer sa mort prochaine – sans jamais y parvenir.

■ Chacun des membres de la famille s'exprime tour à tour dans des interventions qui tournent au monologue, voire au soliloque. La tension atteint son paroxysme au cours du face-à-face final entre Louis et son frère cadet Antoine.

■ L'écriture en versets, quasiment poétique, accentue la fragmentation du langage et souligne l'indicibilité des sentiments. En écho au prologue, l'épilogue clôt la pièce ; comme surgie d'outre-tombe, la voix de Louis regrette son éternel mutisme.

 MOTS CLÉS
- Le **prologue** est la partie située au début de la pièce où l'on expose le sujet.
- L'**épilogue** permet au contraire de clore l'intrigue dramatique.

II Comprendre le parcours

1 Soi-même face aux autres

■ *Juste la fin du monde* exhibe la solitude de personnages en décalage avec leur famille. Dans le théâtre antique déjà, c'est contre son oncle Créon qu'Antigone se dresse au nom de ses valeurs pour accorder des funérailles à son frère.

■ La famille enferme l'individu dans un rôle dont il est difficile de s'affranchir. Louis est un avatar dégradé du « fils prodige » de la Bible : il croit à tort pouvoir renouer avec les siens et se faire pardonner son absence. Héros du *Voyageur sans bagages* d'Anouilh (1937), Gaston est un amnésique solitaire qui doit retrouver sa famille, mais choisit d'en intégrer une autre afin d'échapper à un passé qui l'écœure.

■ **Chacun reste largement insondable** pour les autres comme pour lui-même. La tragédie *Incendies* de Mouawad (2003) repose sur la quête effroyable de leurs origines par deux jumeaux nés de l'inceste et du viol. Dans *Juste la fin du monde*, Louis repart sans avoir pu confier sa mort imminente.

> **CITATION**
> Au IVe siècle avant J.-C., dans sa *Poétique*, Aristote recommandait déjà de représenter des familles « dans lesquelles il s'est passé ou fait des choses terribles. »

2 | Une communication difficile

■ « Rien ici ne se dit facilement » déclare Antoine. Chacun **peine à trouver les mots justes** et scrute les failles de sa parole. Dans *Assoiffés* de Mouawad (2007), Murdoch, un adolescent tourmenté, se heurte au silence de parents incapables de lui accorder de l'attention.

■ D'obscurs monologues témoignent des **confusions de l'histoire familiale** ; Louis subit les reproches de sa sœur et l'ironie de son frère. Dans *Le Retour au désert* (1988), Koltès donne également à voir la confrontation d'un frère et d'une sœur en proie au poids de leur passé.

■ Les mots se heurtent à l'**hostilité** de qui les recueille : Antoine est convaincu que Louis l'inonde « d'histoires ». Dans *Papa doit manger* (2003), Marie NDiaye met en scène les mensonges misérables d'un père qui, après dix ans d'absence, cherche à reprendre sa place dans une famille qui s'est reconstruite sans lui.

zoOm — Le châtiment d'un fils ingrat

Dans cette scène où les gestes pathétiques traduisent l'intensité du désespoir familial, le père, désormais mort, n'a pas eu comme dans la parabole biblique la joie de retrouver le fils prodigue. Revenu trop tard, ce dernier est accablé de reproches par sa mère.

De la même façon, Louis semble également revenir bien trop tard auprès des siens.

J.-B. Greuze, *Le Fils puni*, 1778.

MÉMO VISUEL

L'œuvre

Le Malade imaginaire, **Molière (1673)**

- **Genre :** comédie-ballet
- **Mouvement :** théâtre classique
- **Thème :** les extravagances d'un hypocondriaque
- **Visée :** faire rire de ceux qui se prétendent malades comme des médecins qui prétendent les soigner

Le parcours

Spectacle et comédie

- Dans ses comédies-ballets, Molière associe au théâtre la danse et la musique afin d'enrichir l'intrigue et de charmer tous les sens.
- Le plaisir du jeu et du théâtre éclate lorsque les personnages jouent eux-mêmes la comédie avec la complicité des spectateurs.

L'œuvre

LES ŒUVRES

Juste la fin du monde, **Lagarce (1990)**

- **Genre :** drame
- **Mouvement :** théâtre contemporain
- **Thèmes :** les retrouvailles impossibles d'un personnage avec sa famille
- **Visées :** montrer la complexité des relations familiales, explorer les failles du langage

Le parcours

Crise personnelle, crise familiale

- Insondable, incapable de se dire et d'être compris par les siens, l'individu est renvoyé à sa solitude et à sa mort certaine.
- Les échanges sont souvent grippés : le langage, lui-même en crise, est source de malentendus. Il échoue à tisser des liens entre les membres d'une même famille.

TEST · FICHES DE COURS · SUJETS GUIDÉS

L'œuvre

Les Fausses Confidences, **Marivaux (1737)**

- **Genre :** comédie
- **Mouvement :** théâtre des Lumières
- **Thèmes :** les stratagèmes pour favoriser un mariage, la naissance de l'amour, le pouvoir de l'argent
- **Visée :** montrer comment l'amour peut surprendre un cœur et triompher des règles de l'univers social

Le parcours

Théâtre et stratagème

- L'intrigue d'une comédie classique est souvent basée sur un ensemble de pièges mis en œuvre par un domestique rusé, pour organiser une escroquerie, dénoncer une imposture ou faire triompher l'amour.
- Dans le théâtre de Marivaux, le meneur de jeu use de tous les artifices du langage et de la comédie pour amener les personnages amoureux à reconnaître qu'ils aiment.

AU PROGRAMME

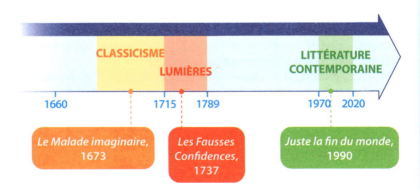

8 • Les pièces de théâtre au programme   177

SUJET 7 | OBJECTIF BAC

EXPLICATION DE TEXTE ⏱ 30 min — **Molière, *Le Malade imaginaire***

L'intrigue de la pièce se noue à travers la formation de deux camps opposés représentés ici par Argan et Toinette, qui s'affrontent dans une joute particulièrement cocasse.

LE SUJET

■ **Vous préparerez l'explication orale de ce texte.**

En présence de sa servante Toinette, Argan vient d'annoncer à sa fille Angélique son intention ferme de la marier, non pas à son amant Cléante, mais à Thomas Diafoirus, fils d'un médecin.

TOINETTE — Mon Dieu ! je vous connais, vous êtes bon naturellement.
ARGAN, *avec emportement*. — Je ne suis point bon, et je suis méchant quand je veux.
TOINETTE — Doucement, Monsieur : vous ne songez pas que vous êtes malade.
ARGAN — Je lui commande absolument de se préparer à prendre le mari que je dis.
5 TOINETTE — Et moi, je lui défends absolument d'en faire rien.
ARGAN — Où est-ce donc que nous sommes ? et quelle audace est-ce là à une coquine de servante de parler de la sorte devant son maître ?
TOINETTE — Quand un maître ne songe pas à ce qu'il fait, une servante bien sensée est en droit de le redresser[1].
10 ARGAN, *court après Toinette*. — Ah ! insolente, il faut que je t'assomme.
TOINETTE, *se sauve de lui*. — Il est de mon devoir de m'opposer aux choses qui vous peuvent déshonorer.
ARGAN, *en colère, court après elle autour de sa chaise, son bâton à la main*. — Viens, viens, que je t'apprenne à parler.
15 TOINETTE, *courant, et se sauvant du côté de la chaise où n'est pas Argan*. — Je m'intéresse, comme je dois, à ne vous point laisser faire de folie.
ARGAN, *de même*. — Chienne !
TOINETTE, *de même*. — Non, je ne consentirai jamais à ce mariage.
ARGAN, *de même*. — Pendarde[2] !
20 TOINETTE, *de même*. — Je ne veux point qu'elle épouse votre Thomas Diafoirus.
ARGAN, *de même*. — Carogne[3] !
TOINETTE, *de même*. — Et elle m'obéira plutôt qu'à vous.
ARGAN, *s'arrêtant*. — Angélique, tu ne veux pas m'arrêter cette coquine-là ?
ANGÉLIQUE — Hé ! mon père, ne vous faites point malade.
25 ARGAN, *à Angélique*. — Si tu ne me l'arrêtes, je te donnerai ma malédiction.

178

TOINETTE, *en s'en allant.* — Et moi, je la déshériterai, si elle vous obéit.
ARGAN, *se jette dans sa chaise, étant las de courir après elle.* — Ah ! ah ! je n'en puis plus. Voilà pour me faire mourir.

Molière, *Le Malade imaginaire*, Acte I, scène 5, 1673.

1. Redresser : corriger, remettre dans le droit chemin. **2.** Pendarde : qui mérite d'être pendue.
3. Carogne : femme méchante, hargneuse.

■ **Question de grammaire** : Analysez l'expression de la négation dans la phrase suivante : « Non, je ne consentirai jamais à ce mariage. » (l. 18)

LES CLÉS POUR RÉUSSIR

▶ Présenter le texte

Carte d'identité du texte

- **Auteur :** Molière, dramaturge classique
- **Contexte :** XVIIe siècle, le règne du Roi-Soleil, les divertissements de cour
- **Thème :** la médecine et l'hypocondrie ; le mariage et l'amour
- **Tonalité :** comique
- **Situation du passage :** Au milieu de l'acte I, deux camps s'affrontent : ceux qui souhaitent le mariage d'Angélique avec Thomas Diafoirus décidé par Argan, et ceux qui s'y opposent, menés par Toinette.

▶ Formuler une problématique

En quoi cette scène dynamique représente-t-elle un bras de fer résolument comique entre Argan et les siens ?

▶ Identifier les mouvements du texte

❶ Lignes 1 à 9 : Toinette contre Argan, le choc de deux points de vue
- ▶ Intéressez-vous à l'enchaînement des répliques.
- ▶ Montrez comment se dessinent les caractères des personnages.

❷ Lignes 10 à 22 : une course-poursuite ridicule
- ▶ Qu'est-ce qui crée du comique ?
- ▶ Comparez les prises de parole d'Argan et celles de Toinette.

❸ Lignes 23 à 28 : la défaite d'Argan
- ▶ À quoi voit-on qu'Argan échoue contre Toinette ?
- ▶ Montrez que la scène s'achève bien sur la formation de deux camps opposés.

8 • Les pièces de théâtre au programme **179**

 **CORRIGÉS**

Les titres en couleur ou entre crochets ne doivent pas figurer sur la copie.

Introduction

[présentation du texte] Dans *Le Malade imaginaire*, Molière associe les arts préférés du roi – musique, danse et théâtre – pour divertir son public, développant ainsi une nouvelle forme dramaturgique : la comédie-ballet. **[présentation de l'œuvre et de l'extrait]** Cette pièce s'inscrit dans une tradition comique bien établie : celle de la satire des médecins. Le spectateur découvre un Argan inféodé à ses soignants, au point de souhaiter prendre pour gendre un fils de médecin, au grand désespoir de sa fille Angélique. **[problématique]** Au milieu de l'acte I, la scène à étudier, particulièrement dynamique, met aux prises Argan et sa servante Toinette, dans un affrontement résolument comique. **[annonce du plan]** Suivant le mouvement du texte, nous observerons d'abord comment les points de vue de Toinette et d'Argan s'opposent. Puis, nous étudierons la course-poursuite cocasse qui s'engage entre eux, avant de conclure sur la défaite d'Argan.

I. Argan face à Toinette : deux points de vue opposés (l. 1 à 9)

▶ Le passage s'ouvre sur un échange verbal particulièrement vif. Courtes, les répliques s'opposent deux à deux, selon un mouvement de contradiction permanent qui montre combien chaque protagoniste est campé sur ses positions : le « Je ne suis point bon » d'Argan réfute le postulat de Toinette « vous êtes bon naturellement » ; en affirmant « je lui défends absolument », Toinette s'oppose à la réplique précédente d'Argan, « Je lui commande absolument ».

▶ Cette **stichomythie** suggère qu'aucun terrain d'entente n'est envisageable entre une Toinette soucieuse de l'intérêt d'Angélique, et un Argan sûr de son bon droit, arc-bouté sur ses prérogatives de père.

 MOT CLÉ
La **stichomythie** est un dialogue vif composé de répliques courtes qui se répondent deux à deux.

▶ Toinette mêle la déférence (« Monsieur ») et l'ironie : « Vous ne songez pas que vous êtes malade ». Elle n'a de cesse de railler l'hypocondrie de son maître. Impérieux, Argan s'appuie sur son autorité de père de famille pour légitimer ses choix : « je suis méchant quand je veux » ; « prendre le mari que je dis ».

▶ Le ton se durcit progressivement face à une servante trop irrévérencieuse, qui dispute le pouvoir à son maître, dans des formules injonctives. Argan condamne, à travers des interrogations rhétoriques appuyées de termes péjoratifs, la révolte de Toinette : « quelle audace est-ce là, à une coquine de servante, de parler de la sorte devant son maître ? »

▶ Toinette, au verbe haut, tient tête à son maître grâce à une formule proverbiale légitimant sa désobéissance : « Quand un maître ne songe pas à ce qu'il fait, une servante bien sensée est en droit de le redresser. »

II. Une course-poursuite ridicule (l. 10 à 22)

▸ Devant l'insolence évidente de Toinette, Argan veut en découdre : s'ensuit une course-poursuite comique qui dynamise la scène, en renouant avec la veine de la farce. Les personnages usent d'accessoires pour parer aux attaques de l'adversaire, et ce dans la durée, comme l'indiquent les didascalies « *se sauve de lui* », « *court après elle autour de sa chaise, son bâton à la main* ».

MOT CLÉ
La **farce** est une pièce courte qui suscite le rire grâce à des procédés comiques assez grossiers (situations, gestes, mots).

▸ Toinette continue de défier son maître avec fermeté, retranchée derrière le fauteuil, en recourant au lexique du devoir (« comme je dois »), et à des négations totales (« Non, je ne consentirai jamais », « je ne veux point »).

▸ En contrepoint, Argan s'épuise en injures, qui fusent en crescendo : « insolente », « chienne », « pendarde », « carogne ».

▸ Sûre de son fait, Toinette dénonce le choix intéressé et égoïste d'un gendre médecin par l'hypocondriaque Argan, à travers un déterminant possessif accusateur : « Je ne veux point qu'elle épouse votre Thomas Diafoirus ». Plus étoffées et maîtrisées dans le ton, les répliques de Toinette prouvent sa supériorité sur un Argan hors de lui.

III. La défaite d'Argan (l. 23 à 28)

▸ Mis en échec par la verve et la vélocité de Toinette, Argan sollicite comiquement l'aide de sa fille. Soucieuse de ménager son père sans pour autant l'aider, Angélique l'invite plutôt au calme et à l'abandon de son effort !

▸ La scène se clôt sur un dernier échange amusant, reposant sur le chantage menaçant d'Argan (« Si tu ne me l'arrêtes, je te donnerai ma malédiction. »), rapidement annihilé par la répartie de Toinette, qui surenchérit ironiquement mais fermement : « Et moi, je la déshériterai, si elle vous obéit. » À travers le motif de la succession, Toinette confisque avec humour les prérogatives paternelles d'Argan.

▸ La dernière didascalie, « *se jette dans sa chaise, étant las de courir après elle* », scelle l'échec d'Argan, physiquement épuisé. Des interjections exclamatives associées à une négation soulignent sa déroute : « Ah ! ah ! je n'en puis plus. » L'hyperbole finale laisse éclater ses craintes d'hypocondriaque, arrachant un dernier sourire au spectateur : « Voilà pour me faire mourir. »

Conclusion

[synthèse] Argan est ainsi verbalement et physiquement contrarié dans ses projets matrimoniaux, dans une scène qui prend des accents de farce. Hauts en couleur, les personnages de l'hypocondriaque autoritaire et de la servante à forte tête suscitent un rire franc.

[ouverture] La figure irrévérencieuse de Toinette rappelle d'autres personnages de domestiques qui osent tenir tête à leur maître : Dorine dans *Le Tartuffe* de Molière (1669) ou plus tard Figaro dans *Le Mariage de Figaro* de Beaumarchais (1784).

Réponse à la question de grammaire

« Non, je ne consentirai jamais à ce mariage. »
On relève dans cette phrase deux négations grammaticales différentes, qui se renforcent l'une l'autre, avec une forte valeur polémique :

▸ L'**adverbe** *Non* ouvre la phrase : il exprime l'opposition franche de Toinette à la proposition de son maître.

▸ La **locution adverbiale** *ne... jamais* encadre le verbe *consentirai* : il s'agit d'une négation partielle qui porte sur le temps, et qui rend définitif le refus de Toinette.

DES QUESTIONS POUR L'ENTRETIEN

Lors de l'entretien, vous devrez présenter une autre œuvre lue au cours de l'année. L'examinateur introduira l'échange et peut vous poser quelques questions. Celles ci-dessous sont des exemples.

❶ Sur votre dossier est mentionnée la lecture cursive : *Un fil à la patte* de Feydeau (1894). En quoi cette pièce porte-t-elle bien son titre ?

❷ Pouvez-vous expliquer ce qu'est un vaudeville ?

❸ Selon vous, peut-on se contenter de lire une œuvre comme celle-ci ? Quels éléments le spectacle ajoute-t-il au texte ?

❹ Pourquoi cette pièce a-t-elle sa place dans le parcours « Spectacle et comédie » ?

SUJET 8

DISSERTATION ⏱4h **Pièges en scène**

« Un noir complot prospère à l'air des catacombes » ironise le roi don Carlos, menacé d'assassinat, dans *Hernani* (Victor Hugo, 1830). Qu'est-ce qui rend ce type d'intrigues si fascinant au théâtre ?

LE SUJET

Au théâtre, en quoi le recours au stratagème peut-il éveiller l'intérêt du spectateur ?

Vous répondrez à cette question dans un développement structuré. Votre travail prendra appui sur *Les Fausses Confidences* de Marivaux, sur les textes et documents que vous avez étudiés en classe dans le cadre du parcours « Théâtre et stratagème » et sur votre culture personnelle.

TEST 〉 FICHES DE COURS 〉 **SUJETS GUIDÉS** 〉

LES **CLÉS** POUR RÉUSSIR

Analyser les termes du sujet

• **le théâtre :** le sujet est bien entendu centré sur le genre théâtral : il convient de citer uniquement des exemples qui en sont issus.

• **stratagème :** étymologiquement, « ruse de guerre » ; au théâtre, et notamment dans la comédie, le mot désigne une ruse efficace, permettant à un personnage de parvenir à ses fins.

• **l'intérêt du spectateur :** l'attention du spectateur, sa curiosité.

Dégager la problématique et les enjeux du sujet

Pourquoi et comment les stratagèmes sur lesquels sont construites certaines intrigues retiennent-ils l'attention du spectateur ?

Construire le plan de la dissertation

❶ Stratagème et tension dramatique

▶ Expliquez comment certaines intrigues de comédies sont bâties sur un stratagème, intéressez-vous à sa visée (différente chez Molière et chez Marivaux, par exemple).

▶ Montrez que le spectateur souhaite connaître l'issue du stratagème.

❷ Meneurs de jeu et victimes du stratagème

▶ Qu'est-ce qui rend les personnages stratèges particulièrement intéressants ?

▶ Montrez que leurs victimes peuvent faire rire ou bien émouvoir le spectateur.

❸ Stratagème et plaisir théâtral

▶ Analysez la situation du spectateur, véritable complice du stratagème.

▶ Comment le stratagème peut-il renforcer l'illusion théâtrale ?

8 • Les pièces de théâtre au programme **183**

 **CORRIGÉS**

Les titres en couleur ou entre crochets ne doivent pas figurer sur la copie.

Introduction

[amorce] L'intrigue d'une comédie est souvent construite autour d'un stratagème : grâce à sa ruse et ses manœuvres habiles, un personnage parvient à retourner une situation : ce motif figure déjà dans la comédie latine, par exemple dans *La Marmite* de Plaute (dont s'inspira Molière pour composer *L'Avare*), ou dans des farces médiévales, telle *La Farce de maître Pathelin*. **[reformulation du sujet]** Le stratagème apparaît ainsi comme un moteur dramaturgique puissant, qui provoque la curiosité du spectateur. **[problématique]** Pourquoi et comment les stratagèmes sur lesquels sont construites certaines intrigues retiennent-ils notre attention ? **[annonce du plan]** Nous verrons d'abord que le stratagème crée de la tension dramatique. Nous montrerons ensuite qu'il permet de mettre en scène des personnages ridicules ou attachants. Nous étudierons enfin la manière dont il renforce le plaisir théâtral.

I. Stratagème et tension dramatique

 LE SECRET DE FABRICATION
On étudie, dans cette partie, comment le stratagème impulse l'intrigue dramatique et crée du *suspense*.

1. Le stratagème, moteur dramaturgique

▸ La comédie traditionnelle est presque toujours bâtie sur le même schéma : un stratagème mis en œuvre par un valet rusé va permettre à des jeunes gens amoureux de **triompher d'un père tyrannique qui s'opposait à leur mariage.** Dans *L'Avare* (1668) de Molière, Cléante et Élise s'allient secrètement afin d'épouser ceux qu'ils aiment ; un coup de théâtre final permet la double union, tandis que leur père, le vieil Harpagon, se retrouve seul avec sa « chère cassette » remplie d'or. De même, dans *Les Fourberies de Scapin* (1671), les valets Scapin et Silvestre enchaînent mystifications, mensonges et déguisements pour duper Argante et Géronte, leur extorquer de l'argent et les amener à accepter les souhaits de mariage de leurs enfants.

▸ Chez Marivaux, le stratagème prend une dimension plus subtile, en permettant aux jeunes gens de **s'avouer leurs sentiments réciproques.** Dans *Le Jeu de l'amour et du hasard* (1730), c'est Silvia qui invente une ruse en inversant les rôles avec sa servante pour observer son prétendant, mais ce dernier a la même idée, avec son valet. Par chance, l'amour se révèle à l'épreuve du double travestissement : tandis que Silvia tombe amoureuse de Dorante en le prenant pour un valet, celui-ci se déclare prêt à épouser la servante de sa promise.

2. Le stratagème, source de *suspense*

La réussite du stratagème n'est pas assurée ; le spectateur attend avec impatience d'en connaître l'issue. Dans *Le Mariage de Figaro* de Beaumarchais (1784), il est ainsi soulagé de voir le **triomphe final** de Figaro, parvenu à déjouer les assauts libertins du Comte envers sa fiancée. Dans *Ruy Blas* (Hugo, 1838), il peut être surpris par le coup de théâtre qui **renverse la situation** *in extremis* : don Salluste, qui avait fait passer son valet pour un noble afin de séduire et déshonorer la reine d'Espagne, est finalement assassiné par lui.

[transition] Le stratagème est donc un élément essentiel par la tension dramatique qu'il engendre : va-t-il fonctionner ou va-t-il échouer ? Il permet également de camper des personnages hauts en couleurs.

II. Meneurs du jeu et victimes du stratagème

 LE SECRET DE FABRICATION

Dans cette partie, on étudie les personnages auteurs des stratagèmes, et ceux qui en font les frais, et on met en évidence l'intérêt qu'ils suscitent.

1. Des stratèges fascinants

▸ Qui dit stratagème, dit **stratège** conduisant la ruse en virtuose. Dubois, **meneur de jeu** cynique des *Fausses Confidences*, en offre un bel exemple : c'est lui qui tire toutes les ficelles pour persuader Araminte d'épouser Dorante : « Plus de raisonnement : laissez-vous conduire. »

▸ Chez Beaumarchais, Figaro est désigné ironiquement par le Comte comme « l'homme aux expédients » : son intelligence et sa débrouillardise lui font trouver les moyens les plus ingénieux pour sortir de situations délicates.

 INFO

Vous pouvez citer également d'**inquiétants manipulateurs** appartenant à l'univers du drame, tel Iago dans *Othello* de Shakespeare (1604), dont les fourberies conduisent le jaloux Othello à douter de la fidélité de son épouse.

2. Des victimes risibles ou émouvantes

▸ Dans les comédies de Molière, ces personnages stratèges – valets ou servantes pleins de bon sens et d'habileté – contrastent avec les personnages de pères autoritaires, **victimes des stratagèmes, et dont les travers excitent le rire**. Ainsi, dans *Le Malade imaginaire* (1673), on rit de l'hypocondriaque Argan, qui se laisse berner si facilement par sa servante Toinette déguisée en médecin.

▸ Dans le théâtre de Marivaux, les victimes du stratagème suscitent plutôt l'émotion. Le spectateur des *Fausses Confidences* est sensible à la souffrance d'Araminte : « Je suis si lasse d'avoir des gens qui me trompent. » La jeune veuve se sent manipulée de toute part ; même la confiance qu'elle mettait en Dubois se trouve trahie : « Je vous avais dit de ne plus vous en mêler ; vous m'avez jetée dans tous les désagréments que je voulais éviter. »

[transition] Le recours au stratagème permet donc de mettre en scène des personnages attachants, suscitant le rire ou l'émotion. Plus largement, on peut dire que le stratagème démultiplie le plaisir théâtral.

III. Stratagème et plaisir théâtral

 LE SECRET DE FABRICATION
On étudie comment le stratagème crée de la complicité avec le spectateur et participe à l'illusion théâtrale.

1. Le spectateur complice du stratagème

◗ Le spectateur prend plaisir à suivre les menées et fausses confidences de Dubois : celui-ci invente une rivale à Araminte pour exciter sa jalousie, puis incite Marton à voler une lettre qu'il a lui-même dictée à son ancien maître… Le spectateur, par sa position singulière, **jouit d'une connaissance dont ne disposent pas les personnages de la pièce**, et peut ainsi apprécier la virtuosité tactique du valet pour venir à bout de ses adversaires.

◗ Dans *Ruy Blas*, le spectateur, à l'instar du sombre Gudiel, est **mis dans la confidence** du plan démoniaque de don Salluste dès la première scène : « Oh ! mais je vais construire, et sans en avoir l'air, / Une sape profonde, obscure et souterraine ! »

2. Le stratagème, levier de l'illusion théâtrale

◗ Mais revenons au personnage de Dubois : celui-ci apparaît comme un chef d'artillerie : « Allons faire jouer toutes nos batteries, » annonce-t-il au public, seul en scène, à la fin de l'acte I des *Fausses Confidences*. Véritable **metteur en scène**, il agit comme un double du dramaturge à l'intérieur même de la pièce.

◗ Dans *Hamlet* (vers 1600) de Shakespeare, la mise en abyme résulte du stratagème imaginé par le prince danois : ce dernier demande à une troupe de comédiens de reconstituer l'assassinat de son père sous les yeux de son oncle meurtrier, afin de l'amener à se trahir.

 À NOTER
La **mise en abyme** (ou « théâtre dans le théâtre ») permet souvent de convoquer le *theatrum mundi*, l'idée que les spectateurs ne soient eux-mêmes que les acteurs du « grand théâtre du monde ».

Conclusion

[synthèse] Le stratagème est un motif central dans la tradition comique : on lui doit des intrigues riches en rebondissements, des personnages fascinants ou touchants, un plaisir théâtral accru.

[ouverture] Le genre romanesque fait lui aussi la part belle au stratagème, qui peut devenir un enjeu narratif de première importance. Le plaisir trouble du lecteur naît par exemple des plans machiavéliques des libertins Valmont et Merteuil dans *Les Liaisons dangereuses* de Laclos (1782).

Réussir l'épreuve écrite

Réussir l'épreuve écrite

9 Maîtriser les outils de l'analyse grammaticale et littéraire

TEST	Pour vous situer et identifier les fiches à réviser	190
FICHES DE COURS	33 Analyser le lexique	192
	34 Analyser les phrases	194
	35 Étudier l'énonciation	196
	36 Identifier la tonalité d'un texte	198
	MÉMO VISUEL	200
EXERCICES & CORRIGÉS	• Analyser les phrases	202
	• Analyser l'énonciation	203
	• Identifier la tonalité d'un texte	203
	• Bilan	204
	CORRIGÉS	205

189

TESTEZ-VOUS

→ CORRIGÉS P. 306-307

Faites le point sur vos connaissances puis établissez votre **parcours de révision** en fonction de votre score.

1 Analyser le lexique
→ FICHE 33

1. Qu'est-ce qu'un réseau lexical ?
- a. un synonyme de champ lexical
- b. un ensemble de synonymes
- c. un ensemble de termes qui relèvent d'un même champ thématique
- d. les diverses connotations d'un terme

2. Qu'est-ce qu'un antonyme ?
- a. ce qui précède le nom
- b. un mot qui a le sens contraire d'un autre mot
- c. un oxymore

3. À quel type de lexique appartient le mot *pitoyable* ?
- a. appréciatif
- b. évolutif
- c. affectif
- d. abstrait

.../3

2 Analyser les phrases
→ FICHE 34

1. Dans cette phrase, combien comptez-vous de propositions ?

> Quand la campagne de Rome fut ruinée par l'égout romain, Rome épuisa l'Italie, et quand elle eut mis l'Italie dans son cloaque, elle y versa la Sicile, puis la Sardaigne, puis l'Afrique.
>
> Victor Hugo, *Les Misérables*, 1862.

- a. 1
- b. 2
- c. 3
- d. 4

2. Qu'est-ce qu'une incise ?
- a. une interjection
- b. une phrase exclamative
- c. une proposition insérée dans une autre proposition

3. Dans la phrase ci-dessous, les deux propositions sont :

> Cette fois il s'abattit la face contre le pavé, et ne remua plus.
>
> Victor Hugo, *Les Misérables*, 1862.

- a. coordonnées
- b. juxtaposées
- c. subordonnées

.../3

TEST **FICHES DE COURS** **EXERCICES**

3 Étudier l'énonciation
→ FICHE 35

1. Dans la phrase « Prends ce livre », le démonstratif « ce » est :

☐ **a.** un déictique ☐ **b.** un modalisateur ☐ **c.** un marqueur de la subjectivité

2. Reliez chaque élément de la colonne de gauche au type d'énoncé qui convient.

a. passé simple •

b. présent d'énonciation •

c. présent de narration •

• énoncé ancré dans la situation d'énonciation

d. marques de la subjectivité •

e. pronoms de 1ʳᵉ et 2ᵉ pers. •

• énoncé coupé de la situation d'énonciation

f. *ici, hier* •

…/2

4 Identifier la tonalité d'un texte
→ FICHE 36

1. Lisez l'extrait et cochez les propositions qui conviennent.

> Hélas ! qui peut savoir le destin qui m'amène ?
> L'amour me fait ici chercher une inhumaine.
> Mais qui sait ce qu'il doit ordonner de mon sort,
> Et si je viens chercher ou la vie ou la mort ?
>
> Racine, *Andromaque,* 1667.

Il s'agit d'un texte ☐ **a.** tragique ☐ **b.** pathétique ☐ **c.** lyrique

2. Quelles sont les caractéristiques de la tonalité polémique ?

☐ **a.** Elle utilise un lexique violent.

☐ **c.** Elle permet de faire rire le lecteur.

☐ **b.** Elle vise à convaincre le lecteur.

☐ **d.** Elle implique le lecteur. …/2

5 Reconnaître les figures de style
→ MÉMO VISUEL

Cochez la (ou les) bonne(s) figure(s) de style.

1. « Paris est tout petit / C'est là sa vraie grandeur » (Prévert)

☐ **a.** litote ☐ **b.** antithèse ☐ **c.** allégorie

2. « La musique souvent me prend comme une mer » (Baudelaire)

☐ **a.** antiphrase ☐ **b.** comparaison ☐ **c.** synecdoque

3. « Je me suis baigné dans le Poème de la mer » (Rimbaud)

☐ **a.** métaphore ☐ **b.** chiasme ☐ **c.** métonymie

4. « Des cadavres dessous et dessus des fantômes » (Hugo)

☐ **a.** chiasme ☐ **b.** allégorie ☐ **c.** comparaison …/4

Score total …/14

9 • Maîtriser les outils de l'analyse grammaticale et littéraire **191**

33 Analyser le lexique

En bref La connaissance d'un lexique adapté est nécessaire tant pour la compréhension et l'analyse des textes que pour la précision de l'expression écrite et orale.

I Champ lexical et réseau lexical

Les mots du langage désignent des réalités du monde, qu'elles soient concrètes ou abstraites (les idées).

■ On appelle **champ lexical** l'ensemble des termes désignant une même réalité : *guerre, arme*. Les termes peuvent être reliés entre eux par dérivation, *guerre, guerrier*. Attention, il ne suffit pas de relever un champ lexical, il faut l'analyser pour mettre à jour les **sous-thèmes** et les **relations de sens**.

■ Le **réseau lexical** est un champ lexical étendu aux autres termes qui, par leur **connotation** ou leur emploi en contexte, relèvent de la même thématique. Ainsi *guerrier, armes, munition, fusil* font partie du champ lexical de la guerre et *mutilation, hôpital, panique* font partie de son réseau lexical.

> **MOT CLÉ**
> **Connotation :** charge affective et subjective ajoutée à la dénotation d'un terme (la définition du dictionnaire) en fonction de la culture personnelle du lecteur.

II Polysémie, synonymie, antonymie

■ Un même terme peut avoir **plusieurs sens**, il est dit **polysémique**. La polysémie permet de jouer sur différents niveaux de sens.

> … formaient une **harmonie** telle qu'il n'y eut jamais en enfer (Voltaire)
> Voltaire utilise le double sens d'harmonie, « formation musicale » et « entente, paix », pour faire réfléchir le lecteur.

■ Des termes différents peuvent recouvrir une même réalité, ils sont dits **synonymes**. Cependant, il y a toujours une nuance de sens entre les synonymes. Dans une **énumération** ou une **gradation** ( ), on doit être attentif à l'apport de chacun des termes.

> Je vois partout […] la force, la brutalité, la cruauté, le sadisme (Césaire)
> Chaque terme de la gradation ajoute une nuance au précédent.

■ Des termes peuvent avoir des relations **de sens opposé**, ils sont dits **antonymes** (*généreux, avare*). Ils sont employés dans les **antithèses** et les **oxymores** (→ MÉMO VISUEL).

> Cette obscure clarté qui tombe des étoiles (Corneille)
> La juxtaposition des mots « obscure » et « clarté » constitue un oxymore.

| TEST | FICHES DE COURS | EXERCICES |

III Les types de lexique

Les mots d'une langue sont multiples et il existe de nombreuses manières de les classer. Il faut savoir reconnaître et utiliser au moins quatre types de lexique.

■ Le lexique appréciatif permet d'exprimer une appréciation :

• si elle est positive, on parle de lexique mélioratif (*admirable, magnifique*) ;

> **À NOTER**
> Les lexiques appréciatif et affectif se retrouvent dans l'expression de la subjectivité.

• si elle est négative, on parle de lexique péjoratif (*fade, néfaste, borné*).

■ Le lexique évaluatif permet d'exprimer un jugement de valeur sur une échelle graduée (*grand/petit, chaud/froid*) dans divers domaines : esthétique (*beau*), moral (*bon*), etc.

■ Le lexique affectif permet d'exprimer la manière dont on est affecté par quelque chose. C'est le lexique des sentiments et des émotions (*admiration, souffrance, pitié, pitoyable...*).

■ Le lexique abstrait est le lexique des opérations de la pensée (*réfléchir, méditer, notion, concept, réflexion...*), du jugement (*apprécier, concéder, réfuter, rejeter...*), de la morale ou de la philosophie (*liberté, conscience, être, déterminisme, vertu, devoir...*), des catégories artistiques (*baroque, classique...*), du sentiment esthétique (*beau, sublime*), etc. Vous aurez à utiliser ce lexique pour le commentaire et la dissertation.

zoOm

Exemple d'analyse lexicale

« Le monocle du général, resté entre ses paupières comme un éclat d'obus dans sa figure vulgaire, balafrée et triomphale, au milieu du front qu'il éborgnait comme l'œil unique du cyclope, apparut à Swann comme une blessure monstrueuse qu'il pouvait être glorieux d'avoir reçue, mais qu'il était indécent d'exhiber. »

Proust, *Un amour de Swann*, 1914.

> champ lexical de la guerre
> réseau lexical de la guerre
> réseau lexical de l'œil

Dans ce passage, Proust associe deux réseaux lexicaux dans une double comparaison qui dévalorise le « général ». Tout ce qui relève de la guerre et qui pourrait être considéré comme « glorieux » devient « indécent » grâce à l'image qui associe le monocle à un éclat d'obus puis à « l'œil unique du cyclope ».

9 • Maîtriser les outils de l'analyse grammaticale et littéraire

34 Analyser les phrases

En bref *La phrase est une unité complète et autonome, construite selon un ensemble de règles syntaxiques qu'il convient d'analyser. Elle peut aussi être étudiée selon sa modalité et son rythme.*

I Syntaxe de la phrase

■ Une phrase peut comporter une ou plusieurs proposition(s) :
– une phrase constituée d'une seule proposition est une **phrase simple** ;
– une phrase constituée de plusieurs propositions est une **phrase complexe.**

■ Les propositions d'une phrase complexe peuvent être des **propositions indépendantes :**
– **coordonnées** par une conjonction de coordination (*Je sors car il fait beau*) ou un adverbe (*Il neige, alors je prends les skis*) ;
– ou **juxtaposées** à l'aide d'un signe de ponctuation (*Il la voit, il en tombe amoureux, il lui déclare sa flamme*).

■ Les propositions peuvent aussi être liées par une relation de **subordination** (subordonnée conjonctive ou relative) : *Je dors quand je le peux./J'aime le livre que je lis.*

II Modalités de la phrase

1 Les quatre types de phrase

On distingue quatre types de phrases :

■ La **phrase déclarative** (ou assertive). On affirme quelque chose. C'est la phrase canonique [GN + GV].

■ La **phrase interrogative**. On pose une question. Elle est marquée par un point d'interrogation et, en principe, par l'inversion du sujet et l'utilisation d'un terme interrogatif.

■ La **phrase impérative**. On donne un ordre (injonction). Elle est marquée par l'impératif et l'absence de sujet.

■ La **phrase exclamative**. Le locuteur exprime son sentiment. Elle est marquée par la présence d'un point d'exclamation.

À NOTER
Les quatre types de phrase peuvent être affectés par la négation (*Aime-t-il ce livre ? N'aime-t-il pas ce livre ?*), la transformation à la forme passive (*il mord / il est mordu*), l'emphase (*il vient / c'est lui qui vient*).

194

2 | Les phrases atypiques

■ La **phrase à présentatif** : *Nous voici. Voilà quelqu'un. C'est Pierre qui arrive. Il y a un loup dans les bois. Il était une fois...*

■ La **phrase nominale** : c'est une phrase sans verbe. Elle peut être déclarative (*Fin de la piste*), interrogative (*La sortie ?*), exclamative (*Génial, ce film !*).

■ Les **incises** : elles sont courtes, comportent un verbe de parole ou de pensée, le sujet est inversé ; on la trouve dans le discours direct, insérée au milieu ou en fin de phrase : *Jeanne n'a pas voulu le prendre, criait-elle à tue-tête.* (Camus)

III Étude du rythme

Le rythme d'une phrase est fonction de sa longueur et de sa construction, généralement indiquée par la ponctuation.

■ Le **rythme binaire** consiste à grouper les propositions par deux segments égaux : *Tu viens et je suis heureux.* Le **rythme ternaire** les regroupe par trois : *Le loriot siffle, l'hirondelle gazouille, le ramier gémit.* (Chateaubriand)

■ Au-delà d'un regroupement de trois éléments, on parle d'**accumulation** ou de **rythme accumulatif**. Il est souvent utilisé dans les descriptions.

> **À NOTER**
> Si l'on étudie toujours **le rythme** dans la poésie, il ne faut pas oublier de l'étudier aussi pour un texte en prose. Si celui-ci présente beaucoup d'effets rythmiques, on pourra parler de **prose poétique** ou de **récit poétique**.

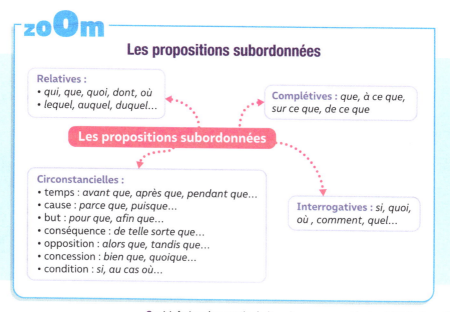

9 • Maîtriser les outils de l'analyse grammaticale et littéraire

35 Étudier l'énonciation

En bref *L'énonciation est l'acte individuel de production d'un énoncé par un locuteur. On peut chercher à analyser les textes en fonction de leur type d'énonciation.*

I La situation d'énonciation

Tout énoncé s'inscrit dans une situation d'énonciation. Un locuteur produit un énoncé, dans un lieu et temps donné, adressé à quelqu'un (l'allocutaire ou destinataire). On peut définir **deux types d'énonciation**.

■ Quand il est nécessaire de connaître les conditions de l'énonciation pour comprendre l'énoncé, on parle d'**énoncé ancré dans la situation d'énonciation**. Pour comprendre l'énoncé *je suis ici*, l'allocutaire doit savoir qui est le « je » et où il se trouve, c'est-à-dire la situation dans laquelle l'énoncé a été produit.

■ Quand il n'est pas nécessaire de connaître les conditions de l'énonciation, on parle d'**énoncé coupé ou d'énonciation historique**. Pour comprendre l'énoncé *Louis XIV est mort en 1715*, il n'est pas nécessaire de connaître les conditions de l'énonciation.

II L'énoncé ancré dans la situation d'énonciation

On le reconnaît à la présence des éléments suivants :

■ Le **système de la 1re et de la 2e personne** : pronoms personnels (*je, me, tu, te, nous, vous*), déterminants et pronoms possessifs (*mon, ma, mes, notre, nos, le mien…* ; *ton, ta, tes, vos, votre, le tien…*).

■ Les **déictiques** : termes qui ne se comprennent que s'ils sont accompagnés d'un geste. *Prends ce livre* ne se comprend que si le locuteur désigne du doigt le livre en question. Les déterminants et les pronoms démonstratifs (*ce, cet, cette, ces, celui-là*) et les adverbes de lieu (*ici*), et de temps (*maintenant*) sont typiquement des déictiques.

 À NOTER
Certaines grammaires regroupent sous l'appellation « **déictiques** » tous les termes qui ne se comprennent qu'à l'intérieur d'une situation d'énonciation.

■ Les temps verbaux : le **présent d'énonciation** correspond au moment même de l'énonciation ; le **passé composé** est utilisé pour évoquer un moment du passé.

■ Les **modalisateurs** : ils indiquent le degré d'adhésion de l'énonciateur à son énoncé : *il pleuvra sans doute, peut-être, certainement…* Les modalisateurs peuvent être des adverbes (*probablement, certainement…*), des locutions adverbiales (*peut-être, sans doute…*), des auxiliaires de mode (*devoir, pouvoir, vouloir…*), certains adjectifs qualificatifs (*possible, certain, probable…*). Le conditionnel peut aussi indiquer une distance de l'énonciateur à son énoncé : *On pourrait dire qu'il a raison, mais…*

196

TEST **FICHES DE COURS** EXERCICES

■ Les **marques de la subjectivité** : utilisation d'un lexique appréciatif, évaluatif, affectif (→FICHE 33).

■ Les **marques du jugement** : verbes de jugement (*je pense, je crois, j'affirme...*).

III L'énoncé coupé de la situation d'énonciation

Il s'oppose point par point à l'énoncé ancré dans la situation d'énonciation. On le reconnaît à la présence des éléments suivants :

■ Le **système de la 3e personne** : pronoms personnels (*il, ils*), déterminants possessifs (*son, sa, sien ; leurs*).

■ Les temps verbaux : le **présent de narration** et le **passé simple.**

■ Des indices spatio-temporels : dates et lieux précis qui permettent un **repérage absolu** dans le temps et dans l'espace.

■ L'**absence de modalisateurs, de déictiques et de marques de la subjectivité** et du jugement.

> **CONSEIL**
> Dans un texte apparemment objectif, il faut être attentif à la présence de modalisateurs qui révèlent une prise de position de l'auteur, du narrateur, ou du locuteur.

zoOm

L'implicite

On appelle *implicite* ce qui n'est pas énoncé clairement mais ce que le récepteur du message doit comprendre par lui-même. On distingue deux sortes d'implicite : le présupposé et le sous-entendu. En voici des exemples tirés de *À la Recherche du temps perdu* de Proust.

Présupposé :
« Je savais maintenant que j'aimais Albertine »
• **posé** : le narrateur aime Albertine.
• **présupposé** : le narrateur aimait sans doute Albertine auparavant, mais il n'en avait pas conscience.

Implicite

Sous-entendu :
« Vous ne tuez pas vos malades, vous au moins ! »
• **contexte** : phrase adressée par Madame Verdurin au docteur Cottard, qu'elle apprécie, à propos du docteur Potain qu'elle n'aime pas
• **sous-entendu** : le docteur Potain tue ses malades, il n'est pas un bon médecin.

9 • Maîtriser les outils de l'analyse grammaticale et littéraire **197**

36 Identifier la tonalité d'un texte

En bref *Tout texte fait ressentir un type d'émotion au lecteur. Analyser la tonalité, c'est chercher à identifier la nature de cette émotion et comprendre ce qui, dans le texte, la provoque.*

I Émouvoir

■ **Tonalité lyrique.** Expression forte des sentiments sur des thèmes comme l'amour, la mort la nature. Le texte est à la première personne. Le **lyrisme** peut être déploration (lyrisme élégiaque) ou hymne joyeux.

À NOTER
Le **lyrisme** est emblématique de la poésie, cependant tous les poèmes ne sont pas lyriques et on peut trouver du lyrisme dans tous les autres genres.

■ **Tonalité pathétique.** Caractérise un texte qui cherche à faire ressentir au lecteur le sentiment de la pitié et de la compassion. On le reconnaît à l'expression de la souffrance physique ou morale, à des images violentes, à des invocations. Il joue sur la capacité d'identification du lecteur.

■ **Tonalité tragique.** Le héros tragique est en prise au destin ou à des forces qui le dépassent. Le lexique, noble et solennel, fait référence aux dieux, au destin, à une fatalité. Il est évidemment à l'œuvre dans les tragédies. On parle d'ironie tragique, quand le héros, cherchant à trouver une issue favorable, prend des décisions qui vont se retourner contre lui et le mènent là où le destin l'attend.

■ **Tonalité épique.** En relation avec l'épopée, c'est une narration d'épisodes guerriers, qui tend à magnifier les combats et les exploits des héros jusqu'à les diviniser. L'exemple typique est l'*Iliade*, d'Homère. On emploie volontiers l'hyperbole et les procédés de l'amplification.

II Faire rire

■ **Tonalité comique.** La visée est le rire. Il joue sur le décalage entre ce qui est attendu et ce qui est produit. On le reconnaît précisément à trois types de comique : le comique de mots (jeux de mots, inventions langagières, répétitions), de gestes (gesticulations, poursuites, chutes…) et de situation (situations incongrues, quiproquos…). On le trouve dans les comédies, mais pas seulement.

■ **Tonalité satirique.** La visée est la critique. On se moque d'une catégorie professionnelle ou sociale, en la mettant en situation. Ainsi, Molière fait la satire des médecins dès qu'il en a l'occasion.

■ **Tonalité ironique.** L'ironie fait entendre le contraire de ce qui est énoncé. Jeu sur le second degré, elle suppose la complicité de l'interlocuteur qui accepte de décrypter le sens. L'ironie se définit par l'antiphrase. L'ironie peut servir une visée critique. Voltaire l'utilise beaucoup.

III Convaincre

■ **Tonalité didactique.** Sa visée est l'enseignement, la pédagogie. On le reconnaît à une argumentation claire qui cherche à guider le lecteur dans sa compréhension. On peut trouver des impératifs et tous les modes d'expression du conseil.

■ **Tonalité polémique.** Le mot vient du grec *polémos* qui veut dire « guerre ». Il caractérise un débat conflictuel, une argumentation menée de manière violente. Les mots servent d'armes. On cherche l'implication du destinataire.

IV Déstabiliser

■ **Le fantastique.** Irruption d'éléments surnaturels dans le réel. On ne sait pas si ces événements sont explicables rationnellement ou non. L'angoisse ressentie est due au doute qui est maintenu jusqu'à la fin du récit. Le lexique de l'étrangeté et de la peur est employé. Le texte est souvent à la première personne ou en focalisation interne, et le lecteur suit le narrateur dans ses doutes et ses peurs.

> **CITATION**
> « Le fantastique, c'est l'hésitation éprouvée par un être qui ne connaît que les lois naturelles, face à un événement en apparence surnaturel. » (Todorov)

■ **Le merveilleux.** C'est le monde des contes de fées. Dans le monde merveilleux, il est naturel que les humains côtoient fées, ogres et animaux qui parlent... Contrairement au fantastique, le surnaturel ne provoque pas l'angoisse.

zoOm — Les tonalités en peinture

Chagall, *Le Triomphe de la musique – Le concert*, 1957.

Les tonalités n'affectent pas seulement les textes, mais aussi les œuvres visuelles. Ainsi de ce tableau de Chagall, qui représente toutes les thématiques du lyrisme (l'amour, la nature, la ville, la musique), et dont les modes d'expression (la couleur, le mouvement, la composition) se mettent au service de la célébration du monde.

MÉMO VISUEL

LES FIGURES

Figures par analogie

Comparaison	Deux éléments sont mis en relation par un outil explicite (comme, ressembler, semblable…). Le poète est **semblable** au prince des nuées. (Baudelaire)
Métaphore	Comparaison sans outil de comparaison. **Bergère** ô tour Eiffel le **troupeau** des ponts **bêle** ce matin (Apollinaire)
Personnification	Attribution de caractéristiques humaines à des objets. Tu lis les prospectus les catalogues les affiches qui **chantent** tout haut (Apollinaire)
Allégorie	Représentation d'une idée abstraite sous une forme concrète. […] et l'Angoisse atroce, despotique, / Sur mon crâne incliné plante son drapeau noir. (Baudelaire)

Figures d'atténuation et d'amplification

Euphémisme	Évocation détournée d'un fait pour en atténuer la violence. Il est **parti** (= Il est mort).
Litote	Figure qui permet de dire peu pour dire beaucoup. Va, **je ne te hais point**. (Corneille)
Gradation	Énumération ordonnée suivant un ordre croissant ou décroissant (le dernier terme est souvent hyperbolique). C'est un **roc** !… C'est un **pic** !… C'est un **cap** ! Que dis-je, c'est un cap ?… C'est une **péninsule** ! (Rostand)
Hyperbole	Emploi de termes exagérés par rapport à la réalité qu'ils désignent. *souffrir mille morts*
Anaphore	Répétition en début de vers d'un même mot ou groupe syntaxique. **Voilà** comme Pyrrhus vint s'offrir à ma vue **Voilà** par quels exploits il sut se couronner ; Enfin **voilà** l'époux que tu me veux donner. (Racine)

200

| TEST | **FICHES DE COURS** | EXERCICES |

Figures par opposition

Oxymore	Co-occurrence, dans le même groupe syntaxique, de deux termes de sens opposé. Le **soleil noir** de la mélancolie (Nerval)
Antithèse	Co-occurrence de deux termes de sens contraire dans une phrase ou un ensemble de phrases. Songe aux cris des **vainqueurs,** songe aux cris des **mourants.** (Racine)
Antiphrase	Figure de l'ironie qui consiste à signifier le contraire de ce que l'on dit. **Quel beau temps !** (alors qu'il pleut)

DE STYLE

Figures par substitution

Métonymie	Rapprochement de deux mots ayant un rapport de contiguïté ou un rapport logique. *boire un verre, croiser le fer, être une fine lame…*
Synecdoque	Sorte de métonymie qui permet de dire le tout par sa partie. *un trois-mâts (= un bateau à trois mâts).*
Périphrase	Figure qui consiste à substituer à un nom, une expression complexe. *l'oiseau de Jupiter* désigne l'aigle.

Figures par substitution

Chiasme	Parallélisme de construction qui croise la fonction syntaxique de termes qui s'opposent par le sens. Mon <u>berceau</u> a de ma <u>tombe</u>, ma <u>tombe</u> a de mon <u>berceau</u>. (Chateaubriand)
Question rhétorique	Question dont l'énoncé contient déjà la réponse. Dois-je oublier Hector privé de funérailles, Et traîné sans honneur autour de nos murailles ? (Racine)

9 • Maîtriser les outils de l'analyse grammaticale et littéraire **201**

▶ EXERCICES

Analyser la structure des phrases

→ FICHE 34

1 Lisez le texte et répondez aux questions.

Harlem, cette admirable bambochade[1] qui résume l'école flamande, Harlem peint par Jean-Breughel, Peeter-Neef, David-Téniers et Paul Rembrandt.
Et le canal où l'eau bleue tremble, et l'église où le vitrage d'or flam-
5 boie, et le stoël[2] où sèche le linge au soleil, et les toits, verts de houblon.
Et les cigognes qui battent des ailes autour de l'horloge de la ville, tendant le col du haut des airs et recevant dans leur bec les gouttes de pluie.
Et l'insouciant bourguemestre qui caresse de la main son double menton, et l'amoureux fleuriste qui maigrit, l'œil attaché à une tulipe.
10 Et la bohémienne qui se pâme sur sa mandoline, et le vieillard qui joue du Rommelpot[3], et l'enfant qui enfle une vessie.
Et les buveurs qui fument dans l'estaminet borgne, et la servante de l'hôtellerie qui accroche à la fenêtre un faisan mort.

Aloysius Bertrand, « Harlem », *Gaspard de la nuit*, 1842

1. bambochade : genre pictural qui représente, parfois de manière caricaturale, des foires, des assemblées de village, des fêtes populaires.
2. stoël : balcon de pierre. **3.** Rommelpot : instrument de musique.

(conjonction « et »   pronoms relatifs)

a. Quel est l'effet produit par les répétitions surlignées ?
b. Quelle est la particularité syntaxique des phrases de ce poème en prose ?
c. En fonction de vos réponses aux questions précédentes, expliquez en quoi ce poème est comparable à un tableau.
d. Observez le tableau : qu'a-t-il en commun avec le poème ?

AIDE
Aloysius Bertrand cite quatre peintres de l'école flamande, mais ce que le poète décrit ne correspond à aucun tableau en particulier : il « résume » en un poème le style des quatre peintres.

David Téniers Le Jeune, *Vie quotidienne et joie de vivre en Flandre*, 1648.

202

TEST 〉 **FICHES DE COURS** 〉 **EXERCICES**

Analyser l'énonciation

→ FICHE 35

2 **a. En vous appuyant sur l'étude des verbes et des pronoms personnels, dites à quel(s) type(s) d'énonciation ce texte appartient.**

Après un court dialogue entre Jacques et son maître, le récit commence.

Jacques commença l'histoire de ses amours. C'était l'après-dîner : il faisait un temps lourd ; son maître s'endormit. La nuit les surprit au milieu des champs ; les voilà fourvoyés. Voilà le maître dans une colère terrible et tombant à grands coups de fouet sur son valet, et le pauvre diable disant à
5 chaque coup : « Celui-là était apparemment encore écrit là-haut... »

Vous voyez, lecteur, que je suis en beau chemin et qu'il ne tiendrait qu'à moi de vous faire attendre un an, deux ans, trois ans, le récit des amours de Jacques, en le séparant de son maître et en leur faisant courir à chacun tous les hasards qu'il me plairait. Qu'est-ce qui m'empêcherait de
10 marier le maître et de le faire cocu ? d'embarquer Jacques pour les îles ? d'y conduire son maître ? de les ramener tous les deux en France sur le même vaisseau ? Qu'il est facile de faire des contes ! mais ils en seront quittes l'un et l'autre pour une mauvaise nuit, et vous pour ce délai.

Diderot, *Jacques le fataliste*, 1875

> ▢ verbes au passé simple
> ▢ pronoms de première et de seconde personnes

b. Comment comprenez-vous l'utilisation de ce(s) type(s) d'énonciation dans ce début de roman ?

Identifier la tonalité d'un texte

→ FICHE 36

3 **En vous aidant notamment des repérages effectués dans le texte, déterminez la tonalité du texte.**

Aucun homme n'a reçu de la nature le droit de commander aux autres. La liberté est un présent du Ciel, et chaque individu de la même espèce a le droit d'en jouir aussitôt qu'il jouit de la raison. Si la nature a établi quelque autorité, c'est la puissance paternelle : mais la puissance pater-
5 nelle a ses bornes ; et dans l'état de nature, elle finirait aussitôt que les enfants seraient en état de se conduire. Toute autre autorité vient d'une autre origine que la nature. Qu'on examine bien et on la fera toujours remonter à l'une de ces deux sources : ou la force et la violence de celui qui s'en est emparé ; ou le consentement de ceux qui s'y sont soumis par
10 un contrat fait ou supposé entre eux et celui à qui ils ont déféré l'autorité.

Diderot, « Autorité politique », *Encyclopédie*, 1751

> ▢ connecteurs logiques   ___ parallélisme syntaxique

9 • Maîtriser les outils de l'analyse grammaticale et littéraire **203**

Bilan

→ FICHES 33 à 36

4 a. **Effectuez dans le texte les repérages indiqués.**

Le narrateur-personnage Bardamu s'engage avec enthousiasme dans le premier conflit mondial. Mais la réalité de la guerre le fait vite déchanter.

J'allais faire cette démarche décisive quand, à l'instant même, arriva vers nous au pas de gymnastique, fourbu, dégingandé, un cavalier à pied (comme on disait alors) avec son casque renversé à la main, comme Bélisaire, et puis tremblant et bien souillé de boue, le visage plus verdâtre
5 encore que celui de l'autre agent de liaison. [...]

Qu'est-ce que c'est ? l'arrêta net le colonel, brutal, dérangé, en jetant dessus ce revenant une espèce de regard en acier.

De le voir ainsi cet ignoble cavalier dans une tenue Bélisaire aussi peu réglementaire, et tout foirant d'émotion, ça le courrouçait fort notre
10 colonel. Il n'aimait pas cela du tout la peur. C'était évident. Et puis ce casque à la main surtout, comme un chapeau melon, achevait de faire joliment mal dans notre régiment d'attaque, un régiment qui s'élançait dans la guerre.

[...] Il oscillait ainsi, raidi, sur le talus, la transpiration lui coulant le
15 long de la jugulaire, et ses mâchoires tremblaient si fort qu'il en poussait des petits cris avortés, tel un petit chien qui rêve. On ne pouvait démêler s'il voulait nous parler ou bien s'il pleurait.

Nos Allemands accroupis au fin bout de la route venaient justement de changer d'instrument. C'est à la mitrailleuse qu'ils poursuivaient à
20 présent leurs sottises ; ils en craquaient comme de gros paquets d'allumettes et tout autour de nous venaient voler des essaims de balles rageuses, pointilleuses comme des guêpes.

Céline, *Voyage au bout de la nuit*, 1932

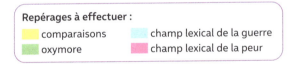

Repérages à effectuer :
- comparaisons
- oxymore
- champ lexical de la guerre
- champ lexical de la peur

 INFO

Bélisaire est grand général byzantin du VIe siècle. Accusé, à la fin de sa vie, de comploter contre l'empereur Justinien, il est réduit à la mendicité : il est souvent représenté tendant un casque pour recueillir les aumônes.

b. **En vous aidant des repérages effectués, déterminez la tonalité du texte.**

CORRIGÉS

Analyser la structure des phrases

1 **a.** La répétition des pronoms relatifs est importante pour le **rythme** du poème. Elle redouble la répétition anaphorique de la conjonction « et » et permet d'**allonger les phrases** qui sont toutes construites sur le même rythme : la **cadence majeure**.

> **MOT CLÉ**
> On parle de **cadence majeure** lorsque la première partie de la phrase est plus courte que la seconde. Ex. : *Si j'étais sûr de toi, / je ne me donnerais pas tout ce mal.*

b. Les phrases sont **nominales** : dans *Le canal où l'eau bleue tremble*, par exemple, le verbe *tremble* figure dans la subordonnée relative mais pas dans la proposition principale. La phrase est donc comme suspendue, ce qui contribue au rythme très particulier de ce poème en prose.

c. Le poème est **descriptif** et fonctionne comme un tableau. On trouve une énumération des **principaux points où se fixe le regard** du spectateur : les phrases 2 et 3 précisent le décor, les phrases 4 à 6 énumèrent et caractérisent chacun des personnages qui rendent vivant le tableau-poème.

d. Le tableau de David Téniers, l'un des quatre peintres auquel le poète fait référence, présente une **multiplicité de saynètes** dans un décor villageois. On y voit deux hommes discuter, un groupe jouer aux cartes, des gens danser, une mère avec ses enfants… Même les personnages, en arrière-plan à la droite du tableau, sont représentés en action. Le poème et le tableau sont donc bien construits de la même manière.

Analyser l'énonciation

2 **a.** Les deux paragraphes du texte relèvent de deux types d'énonciation différents. L'utilisation du passé simple et l'emploi de la troisième personne montrent que le **premier paragraphe** est **coupé** de la situation d'énonciation. En revanche, le **second paragraphe** est un énoncé **ancré** dans la situation d'énonciation : l'utilisation de la première et de la deuxième personnes ainsi que l'apostrophe au lecteur le prouvent.

b. L'interruption du récit par le commentaire de l'auteur surprend le lecteur qui n'est pas habitué à se faire ainsi malmener. Elle a une double visée : **déjouer les règles du roman traditionnel** en empêchant toute identification du lecteur au personnage ; **mener une réflexion sur la relation entre auteur et personnages**. En effet, on dit parfois que ce sont les personnages qui sont les maîtres du récit, et que l'auteur, une fois ses personnages créés, est obligé de les suivre dans leur destin. Diderot, lui, affirme que l'auteur reste maître de son récit et joue à sa guise avec le destin de ses personnages.

Identifier la tonalité d'un texte

3 La tonalité est **didactique**. L'utilisation de connecteurs logiques est l'indice d'une argumentation qui démontre ce qu'elle énonce. La disjonction (*ou... ou*), accentuée par le parallélisme syntaxique (*ceux qui / celui qui*) et amplifiée par un jeu d'antithèses (*force et violence / consentement* ; *s'en est emparé / s'y sont soumis*), ne laisse pas de place à une contre argumentation. De plus, le subjonctif (*qu'on examine bien*) est une façon d'inviter le lecteur à suivre l'auteur dans sa démonstration.

À NOTER

Les expressions totalisantes (*aucun homme, chaque individu, toute autre autorité*), associées à l'utilisation du verbe *être* et du présent de vérité générale renforcent la tonalité didactique du texte.

Bilan

4 a. • Comparaisons : *comme Bélisaire* (l. 34), *comme un chapeau melon* (l. 11), *tel un petit chien qui rêve* (l. 16), *comme de gros paquets d'allumettes* (l. 20), *comme des guêpes* (l. 22).
• Oxymore : *joliment mal* (l. 12)
• Champ lexical de la guerre : *cavalier, casque, agent de liaison, colonel, brutal, acier, régiment d'attaque, mitrailleuse, balles*
• Champ lexical de la peur : *tremblant, verdâtre, foirant, transpiration, tremblaient, pleurait*

b. Le texte a une tonalité **comique**. L'association du champ lexical de la guerre à celui de la peur crée un réseau lexical étonnant qui montre la guerre sous un jour **peu héroïque**. Les comparaisons contribuent à **ridiculiser** le cavalier à pied (comparé à Bélisaire, le général déchu, dont le casque se réduit à l'image d'un chapeau melon) et la guerre elle-même (les mitrailleuses sont comparées à des paquets d'allumettes et les balles à des essaims de guêpes). La tonalité comique est confirmée par l'oxymore *joliment mal*, qui exprime le **décalage** entre l'aspect du soldat et les valeurs associées à la guerre.

Réussir l'épreuve écrite
10 Construire un commentaire de texte

TEST	Pour vous situer et établir votre parcours de révision	208
FICHES DE COURS	37 Analyser le texte à commenter	210
	38 Élaborer le plan et l'introduction d'un commentaire	212
	39 Rédiger un commentaire de texte	214
	MÉMO VISUEL	216
SUJETS GUIDÉS & CORRIGÉS	**OBJECTIF BAC**	
	9 COMMENTAIRE ∣ Guy Goffette, « Tant de choses » (1995)	218
	OBJECTIF MENTION	
	10 COMMENTAIRE ∣ Maupassant, *Bel-Ami* (1885)	223

207

TESTEZ-VOUS

→ CORRIGÉS P. 306-307

Faites le point sur vos connaissances puis établissez votre **parcours de révision** en fonction de votre score.

1 Aborder l'exercice du commentaire
→ FICHE 37

1. Le commentaire est :
- ☐ **a.** une forme d'explication de texte.
- ☐ **b.** une reformulation d'un texte qui manifeste une bonne compréhension de celui-ci.
- ☐ **c.** une discussion qui prend appui sur le texte.

2. Quelle information utile pour le commentaire le paratexte suivant donne-t-il ?

Dans le poème intitulé « *Spleen* », issu de la section « *Spleen et Idéal* » des *Fleurs du mal*, Baudelaire explore la mélancolie du sujet lyrique.
- ☐ **a.** la situation du texte dans l'économie du recueil
- ☐ **b.** le thème du texte
- ☐ **c.** le genre du poème

3. Il est judicieux d'élaborer une « carte d'identité » du texte, récapitulant ses principales caractéristiques. Que comporte-t-elle ?
- ☐ **a.** le nom de l'auteur
- ☐ **b.** la date de publication
- ☐ **c.** le type de texte
- ☐ **d.** le mouvement littéraire
- ☐ **e.** le relevé des figures de style
- ☐ **f.** la tonalité du texte
- ☐ **g.** les champs lexicaux dominants
- ☐ **h.** le nom des personnages
- ☐ **i.** le(s) but(s) de l'auteur
- ☐ **j.** le(s) thème(s) de l'extrait

…/3

2 Construire un commentaire
→ FICHE 38

1. Parmi les propositions suivantes, laquelle peut constituer un axe de lecture ?
- ☐ **a.** Le thème de la nature
- ☐ **b.** Les figures de style
- ☐ **c.** Le renouvellement du lyrisme

TEST FICHES DE COURS 〉 SUJETS GUIDÉS

2. Comment bâtir le plan ?

☐ **a.** En consacrant une première partie à la forme du texte, une deuxième au fond.

☐ **b.** En suivant l'ordre du texte lui-même.

☐ **c.** En organisant les remarques issues de l'analyse linéaire.

3. Qu'est-ce que la problématique ?

☐ **a.** une question difficile

☐ **b.** une difficulté de compréhension

☐ **c.** un problème soulevé par le texte

4. L'introduction du commentaire comporte :

☐ **a.** deux paragraphes.

☐ **b.** quatre étapes.

☐ **c.** la biographie de l'auteur du texte.   .../4

3 Rédiger un commentaire   → FICHE 39

1. Le plan détaillé établi au brouillon doit :

☐ **a.** figurer dans la copie entre crochets.

☐ **b.** voir ses titres fondus dans la rédaction.

☐ **c.** être inséré dans l'introduction.

2. Qu'est-ce qu'un alinéa ?

☐ **a.** le numéro d'une ligne du texte

☐ **b.** un retrait par rapport à la marge

☐ **c.** un petit paragraphe

3. Les sauts de lignes s'imposent :

☐ **a.** à chaque changement de partie.

☐ **b.** à chaque changement de paragraphe.

☐ **c.** à chaque transition.

4. Quelle est la manière correcte d'insérer la citation « Je dis qu'il faut être voyant, se faire voyant » de Rimbaud ?

☐ **a.** Rimbaud dit qu'« il faut être voyant, se faire voyant ».

☐ **b.** « Rimbaud di[t] qu'il faut être voyant, se faire voyant. »

☐ **c.** Rimbaud écrit : « (Je dis qu') il faut être voyant, se faire voyant ».   .../4

Score total .../11

Parcours PAS À PAS ou *EXPRESS* ? → MODE D'EMPLOI P. 3

10 • Construire un commentaire de texte   **209**

37 Analyser le texte à commenter

En bref *Le commentaire consiste à interpréter un texte en identifiant son intérêt et ses enjeux. Il exige une phase de travail, au brouillon, au cours de laquelle vont être mis en relation les différents aspects formels du texte (mots, figures, structure...) et leur signification, de manière à bâtir le sens général.*

I Découvrir le texte

1 Les premières impressions

■ Le premier regard sur le texte est une phase cruciale : il faut se mettre dans la peau du lecteur « normal » qui le lirait pour son plaisir et non pour l'examen.

■ Le but est alors de saisir l'effet que produit le texte sur le lecteur pour commencer à en cerner les enjeux. Notez vos impressions au brouillon pour ne pas les perdre de vue.

2 La carte d'identité du texte

Avant d'entrer dans le détail du texte, établissez sa carte d'identité : elle vous évitera les contresens et offrira des pistes de réflexion pour l'explication linéaire.

■ Le paratexte désigne tous les éléments qui se situent « à côté du texte » : nom d'auteur, titre d'ouvrage, section de l'œuvre, date de publication, chapeau introductif rédigé à l'attention des élèves par le concepteur du sujet livrent les informations essentielles sur le texte.

■ Ces précisions liminaires permettent également d'identifier le parcours dans lequel s'inscrit l'extrait, son genre, le mouvement littéraire dont il dépend.

3 Les données du texte

Implicites pour la plupart, elles sont à déduire de la lecture.

■ Le thème : de quoi parle le texte ?

■ La structure : comment le texte progresse-t-il ?

■ La tonalité (ou registre) : quels sentiments le texte nourrit-il chez le lecteur ?

II Approfondir sa lecture

1 Comprendre le texte

■ Une deuxième lecture, plus littérale, doit vérifier la bonne compréhension du texte et dissiper les difficultés lexicales.

TEST ▶ **FICHES DE COURS** ▶ **SUJETS GUIDÉS**

■ Pour cela, il faut s'attacher à reformuler les passages problématiques, clarifier le sens des éventuels mots inconnus en s'aidant des mots qui les entourent, se rendre capable de résumer le sujet de l'extrait.

■ Il faut aussi sonder le texte en lui posant des questions : Qui parle ? Il faut identifier le locuteur ou le narrateur du texte et établir son statut. Où ? Il s'agit de situer le lieu de l'énonciation ou de l'action. Quand ? Il faut cibler l'époque à laquelle le discours est proféré, le moment où se déroule l'action.

2 | Analyser le texte

■ La troisième lecture se fait stylo en main : il s'agit d'annoter le texte. C'est l'occasion d'en souligner les articulations de manière à dégager la structure, de relever la présence de champs lexicaux, d'étudier les marqueurs de genre — temps verbaux, pronoms personnels, modalisateurs —, d'identifier les figures de style.

CONSEIL
Ne vous contentez pas de repérer les procédés : vous devez les interpréter et déterminer leur effet.

■ Il faut explorer le texte, ligne à ligne, mot à mot, en notant au brouillon tout ce que l'on peut dire. Repérez les rapports qui se tissent entre les phrases : champs lexicaux, métaphores filées, répétitions, entre autres, structurent le texte.

■ À partir de ces premiers éléments émerge un projet de lecture qui rend compte de l'intérêt du texte ; ces réflexions initiales constituent un premier état de la problématique formulée ensuite dans l'introduction.

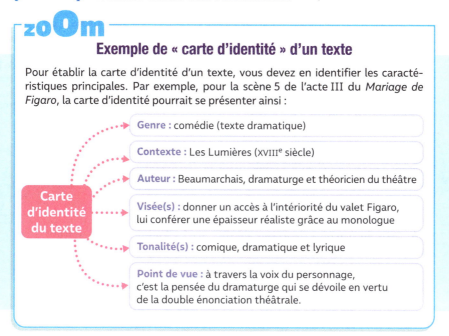

Exemple de « carte d'identité » d'un texte

Pour établir la carte d'identité d'un texte, vous devez en identifier les caractéristiques principales. Par exemple, pour la scène 5 de l'acte III du *Mariage de Figaro*, la carte d'identité pourrait se présenter ainsi :

Carte d'identité du texte :
- **Genre :** comédie (texte dramatique)
- **Contexte :** Les Lumières (XVIIIe siècle)
- **Auteur :** Beaumarchais, dramaturge et théoricien du théâtre
- **Visée(s) :** donner un accès à l'intériorité du valet Figaro, lui conférer une épaisseur réaliste grâce au monologue
- **Tonalité(s) :** comique, dramatique et lyrique
- **Point de vue :** à travers la voix du personnage, c'est la pensée du dramaturge qui se dévoile en vertu de la double énonciation théâtrale.

10 • Construire un commentaire de texte   **211**

38 Élaborer le plan et l'introduction d'un commentaire

En bref *Au premier contact avec le texte et à son exploration minutieuse, succède, toujours au brouillon, un temps de structuration qui doit conduire à édifier le plan détaillé du commentaire à venir et à rédiger l'introduction.*

I Construire le plan

1 La synthèse de l'explication linéaire

■ Une fois achevée l'analyse ligne à ligne du texte, il faut regrouper sur une feuille de brouillon séparée les informations recueillies au cours de l'exploration pour dresser une liste des principales caractéristiques de l'extrait.

■ Il s'agit d'opérer une sorte de résumé de tout le travail préparatoire, qui permet de synthétiser les analyses ponctuelles.

2 La définition des axes de lecture

■ À partir des résultats obtenus lors de la synthèse thématique, on regroupe les ensembles de remarques convergents de manière à dégager deux ou trois axes de lecture, qui deviendront les grandes parties du commentaire.

■ Ces axes ne sauraient se confondre avec des procédés littéraires (ex. : le champ lexical de la perte) ou des thèmes (ex. : la nostalgie) mais doivent **mettre en lien la forme et le sens** (ex. : une élégie). Chaque piste d'interprétation apporte un éclairage particulier sur l'extrait : c'est leur combinaison qui dévoile, de façon progressive, la signification profonde du texte.

 À NOTER
Ne faites jamais un plan qui distingue le fond (thèmes, contenu…) de la forme (procédés, figures de style…) : l'un ne saurait aller sans l'autre.

■ Il suffit ensuite de reprendre la synthèse de l'analyse linéaire et de classer les différentes caractéristiques dégagées dans la partie qui leur correspond.

■ Reste à organiser chaque grande partie de façon cohérente, puis à déterminer l'ordre des parties : on va généralement du plus évident au plus complexe.

3 La recherche de la problématique

■ À partir du parcours de lecture dessiné par les axes définis auparavant, il est possible de formuler la problématique.

■ La problématique est une question qui soulève un problème, à laquelle le commentaire va s'attacher à répondre, auquel il va proposer une solution.

■ Interpréter un texte, ce n'est pas seulement le décrire, c'est avant tout se demander pourquoi il est écrit de cette façon, et donc quels sont le sens et les fonctions de ses caractéristiques principales.

212

TEST FICHES DE COURS SUJETS GUIDÉS

II Rédiger l'introduction

L'introduction prend la forme d'un paragraphe unique, composée de quatre points distincts :

1. L'amorce	Elle sert à « accrocher » le lecteur : un thème littéraire repris par le texte, le mouvement dans lequel il s'inscrit... Il n'y a pas de règle, mais il faut éviter d'introduire l'extrait trop platement.
2. La présentation de l'œuvre et de l'extrait	Elle introduit l'œuvre en lien avec l'amorce, situe le texte dans l'œuvre et en résume les enjeux.
3. La problématique	Elle dirige l'explication. C'est le problème que le commentaire va essayer de résoudre. Elle peut être formulée sous forme d'une question.
4. L'annonce du plan	Elle doit être formulée très clairement et n'indiquer que le contenu des grandes parties (ex. : Nous montrerons d'abord..., puis nous étudierons..., enfin, nous nous attacherons... »).

CONSEIL
L'introduction est la porte d'entrée dans la copie : il faut particulièrement la soigner afin de conditionner favorablement le lecteur !

Un exemple d'introduction

Voici une introduction possible pour le monologue de Figaro dans la scène 5 de l'acte III du *Mariage de Figaro* de Beaumarchais.

amorce : Sur la scène du XVIIIe siècle, les valets mènent le jeu : ils cessent de graviter dans l'orbite de leur maître et ne se contentent plus d'en être les adjuvants ou les opposants ; ils se lancent à la conquête d'une autonomie que l'ordre social ne leur reconnaît pas encore mais dont le théâtre leur donne l'illusion.

présentation de l'œuvre et de l'extrait : C'est le cas de Figaro, personnage éponyme de la comédie de Beaumarchais créée en 1778. L'issue incertaine de sa « folle journée » conduit le personnage à se lancer, à la scène 5 de l'acte III, dans un long monologue où il examine, non sans humour, sa sombre destinée.

problématique : Quelle est la fonction de ce monologue ?

annonce du plan : Nous nous attacherons d'abord à dégager la dimension psychologique et autobiographique de cette prise de parole ; puis, nous en analyserons le caractère satirique.

10 • Construire un commentaire de texte   213

39 Rédiger un commentaire de texte

En bref *Après le travail au brouillon vient la mise au propre : il reste à rédiger le commentaire directement sur la copie en suivant le plan établi lors de la phase préparatoire.*

I Principes de mise en page

Il faut soigner la mise en page de la copie pour guider le correcteur dans sa lecture.

1 L'introduction

■ On rédige d'abord l'introduction au brouillon ( ), puis on la recopie au propre en la présentant sous la forme d'un seul paragraphe en vérifiant qu'elle comporte bien les quatre points attendus.

■ Après l'introduction, on saute deux lignes de manière à matérialiser le passage au développement.

2 Le développement des parties

■ Chaque grande partie commence par une brève introduction rappelant son enjeu et annonçant les différentes sous-parties qu'elle comprend.

■ On va ensuite à la ligne pour commencer la première sous-partie, puis à nouveau à la ligne pour la sous-partie suivante. Chaque grande partie est ainsi composée de plusieurs paragraphes entre lesquels on ne saute pas de ligne.

> 👍 **CONSEIL**
> Il faut marquer les paragraphes par un alinéa de trois à quatre carreaux : ce retrait introduit une respiration dans la copie et rythme la démonstration.

■ Entre la première et la deuxième partie, comme entre la deuxième et la troisième partie, il faut sauter une ligne.

3 La conclusion

■ Enfin, on saute deux lignes avant la conclusion. Comme l'introduction, elle est composée d'un paragraphe unique. Elle peut aussi faire l'objet d'une rédaction préalable au brouillon.

■ Elle se présente comme un bilan qui répond clairement à la question posée en introduction et récapitule brièvement les grandes étapes du commentaire. Il n'est pas obligatoire de prévoir un élargissement de la problématique, appelée communément « ouverture ».

II Principes de rédaction

1 La structure du paragraphe

Les paragraphes du commentaire doivent être rédigés sur le même modèle.

■ On énonce l'idée principale du paragraphe.

■ On justifie cette idée par des arguments qui la développent et des exemples qui prouvent sa véracité.

■ On conclut le paragraphe en ouvrant vers l'idée suivante.

2 L'insertion des citations

■ Il faut d'abord s'assurer que la citation choisie illustre bien le propos et aille dans le sens de la démonstration opérée.

■ On introduit la citation en la signalant par des guillemets et des verbes introducteurs de parole ou de pensée.

> Le discours autobiographique de Figaro s'ouvre sur une phrase exclamative qui convertit son expérience personnelle en aventure exemplaire : « Est-il rien de plus bizarre que ma destinée ! »

■ Pour fondre la citation dans la rédaction, on peut procéder par juxtaposition, par subordination, ou en intégrant les éléments cités dans une phrase. Les modifications opérées pour respecter la syntaxe sont indiquées par des crochets.

> La didascalie qui précède la prise de parole du valet précise que « *Figaro [est] seul* » et désespéré : « *du ton le plus sombre* » indique la tonalité du discours tenu par le personnage.

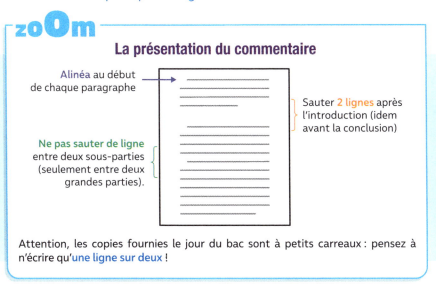

zoOm — La présentation du commentaire

- **Alinéa** au début de chaque paragraphe
- **Ne pas sauter de ligne** entre deux sous-parties (seulement entre deux grandes parties).
- Sauter **2 lignes** après l'introduction (idem avant la conclusion)

Attention, les copies fournies le jour du bac sont à petits carreaux : pensez à n'écrire qu'une ligne sur deux !

MÉMO VISUEL

① Consigner ses impressions de lecture

- Quel **effet** produit le texte sur le lecteur ?
- Quels **sentiments**, quelles **réactions**, quelles **questions** suscite-t-il ?
- Le texte répond-il aux **attentes** du lecteur ? Les prend-il à rebours ? Pourquoi ?

② Établir la carte d'identité du texte

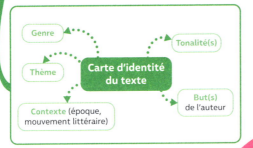

LE COMMENTAIRE

③ Mener l'analyse littéraire

La structure
- Quels sont les **mouvements** du texte ?
- Quels sont les **types de phrases** utilisés ?
- Comment les phrases s'enchaînent-elles ?

Le lexique et le style
- Quel est le **niveau de langue** utilisé ?
- Quels sont les **champs lexicaux** exploités ?
- Quelles **connotations** peut-on identifier ?
- Quelles sont les **figures de style** mobilisées ?

TEST | **FICHES DE COURS** | SUJETS GUIDÉS

④ Construire le plan

- Quelles remarques de l'analyse littéraire se recoupent et convergent ?
- Peut-on les regrouper en deux, voire trois groupes ?
- Quel **titre** proposer pour chaque regroupement effectué ?
- Quel **problème** est soulevé par le texte ?

EN CINQ ÉTAPES CLÉS

⑤ Rédiger le commentaire

La rédaction

- **Introduction :** amorce, présentation de l'œuvre ou de l'extrait, problématique, annonce du plan.
- **Développement :** paragraphes commençant par la formulation d'une idée clé, puis sa justification au moyen d'un exemple commenté.
- **Conclusion :** réponse à la problématique (et ouverture éventuelle).

La mise en page

- **Sauter deux lignes** après l'introduction et avant la conclusion ; **une ligne** entre chaque partie.
- Commencer chaque paragraphe par un **alinéa**.
- Placer les citations **entre guillemets** en précisant le numéro de ligne.

10 • Construire un commentaire de texte   217

▶ SUJET 9 | OBJECTIF BAC

COMMENTAIRE ⏱ 4h **Guy Goffette, « Tant de choses » (1995)**

Ce sujet va vous permettre de faire le commentaire d'un poème en apparence simple, qui peut surprendre un lecteur habitué aux images élaborées du lyrisme et le laisser démuni face à son analyse.

LE SUJET

Vous commenterez le texte suivant.

Poète contemporain, Guy Goffette se nourrit de la tradition lyrique qui court de Ronsard à Verlaine en passant par Hugo. Évoquant le réel le plus quotidien, son écriture fait le choix de la simplicité et d'une intimité partagée.

        Tant de choses

Tu as laissé dans l'herbe et dans la boue
tout un hiver souffrir le beau parasol rouge
et rouiller ses arêtes, laissé la bise
5 abattre la maison des oiseaux

sans desserrer les dents, à l'abandon laissé
les parterres de roses et sans soin le pommier
qui arrondit la terre. Par indigence
ou distraction tu as laissé

10 tant de choses mourir autour de toi
qu'il ne te reste plus pour reposer tes yeux
qu'un courant d'air dans ta propre maison
— et tu t'étonnes encore, tu t'étonnes

que le froid te saisisse au bras même de l'été.

Guy Goffette, « Tant de choses », Le Pêcheur d'eau,
© Éditions Gallimard, 1995.

218

TEST > **FICHES DE COURS** > **SUJETS GUIDÉS**

LES CLÉS POUR RÉUSSIR

▶ Définir le texte

▶ Dégager la problématique

L'omniprésence du destinataire qui sous-entend celle du locuteur et les thèmes de la fuite du temps et de la perte rattachent le poème de manière évidente à la tradition lyrique. Pourtant, le poème surprend par le ton de reproche qu'il met en œuvre et la simplicité toute prosaïque dont il fait montre. **Comment le poète renouvelle-t-il la tradition lyrique dans ce texte ?**

▶ Construire le plan

① Une écriture poétique renouvelée
- ▶ Examinez la versification : que doit-elle à la tradition ? En quoi innove-t-elle ?
- ▶ Identifiez les principaux thèmes évoqués : sont-ils tous caractéristiques du lyrisme ?
- ▶ Analysez le dialogue lyrique : quelles sont les identités possibles du destinataire ?

② Une élégie d'un genre nouveau
- ▶ Étudiez la tonalité mélancolique du poème : comment s'exprime la nostalgie ?
- ▶ Analysez l'évocation de la mort : qui touche-t-elle ?
- ▶ Montrez qu'il y a réécriture : comment le poète se réapproprie-t-il un topos du lyrisme ?

10 • Construire un commentaire de texte   219

 **LE CORRIGÉ**

Introduction

[amorce] La poésie lyrique se fonde, depuis l'Antiquité, sur des thèmes traditionnels qu'elle a réinvestis tout au long de son histoire. **[présentation du texte]** Poète lyrique contemporain, Guy Goffette revisite dans son recueil *Le Pêcheur d'eau*, certains des clichés lyriques, pour les raviver. C'est ainsi que le poème intitulé « Tant de choses » reprend le thème traditionnel de la fuite du temps. **[problématique]** L'originalité de ce poème réside en partie dans le fait qu'il traite ce thème traditionnel dc manière prosaïque : dans quelle mesure ce prosaïsme renouvelle-t-il le genre de l'élégie ? **[annonce du plan]** Nous verrons dans un premier temps que « Tant de choses » joue sur les fondements traditionnels de l'écriture lyrique, puis nous montrerons que cela permet à l'auteur de proposer une élégie d'un genre nouveau.

I. Une écriture poétique renouvelée

 LE SECRET DE FABRICATION
La première partie porte sur le renouvellement de la tradition lyrique. Il faut donc examiner la versification et les thèmes : en quoi sont-ils héritiers de la tradition et comment la modernisent-ils ?

1. Les jeux formels, entre tradition et innovation

▶ La structure du poème ne correspond à aucune forme fixe traditionnelle ; néanmoins, elle se rapproche du **sonnet**. « Tant de choses » se compose de treize vers, contre quatorze dans un sonnet ; comme ce dernier, il utilise le quatrain et propose un véritable vers de chute. Le dernier vers du poème est en effet isolé, et présente une pointe dans l'emploi d'une spectaculaire antithèse qui oppose « le froid » et « l'été ». Goffette semble ainsi jouer sur la forme du sonnet.

▶ On observe le même phénomène à l'échelle du vers : le poème est **hétérométrique**, mais ses vers tournent le plus souvent autour de l'alexandrin. La majorité des vers compte onze, douze ou treize syllabes ; leur rythme est de plus très proche des vers réguliers, même s'il s'agit bien de vers libres.

▶ Enfin, les rimes sont certes abandonnées mais Goffette conserve un principe d'**homophonie finale** : le mot « boue » (v. 1) trouve ainsi un écho sonore dans l'adjectif « rouge » (v. 2), tout comme les mots « bise » (v. 3) et « oiseaux » (v. 4), qui proposent la même consonne sifflante. « Tant de choses » est certes un poème libéré des contraintes traditionnelles du vers régulier, mais le poète joue encore avec ces dernières, renouvelant ainsi les formes lyriques.

2. Le renouvellement des thèmes traditionnels

▶ Ce n'est pas seulement par sa forme que ce poème renouvelle la tradition lyrique : les **thèmes** qu'il aborde et le **lexique** utilisé tranchent avec la façon dont le genre lyrique était envisagé jusqu'au XIXe siècle.

TEST ▸ **FICHES DE COURS** ▸ **SUJETS GUIDÉS**

▸ Ce poème semble même écrit **contre la grandiloquence** d'un certain lyrisme : il y a une évidente **simplicité** de l'écriture. Les objets évoqués, que ce soit « le beau parasol rouge » ou « la maison des oiseaux », relèvent d'un certain **prosaïsme**.

▸ De la même façon, les paysages décrits à travers « le pommier », « le parterre de roses » et « la maison » s'inscrivent dans la **banalité** d'une vie quotidienne très éloignée en apparence, de l'idéalisme sur lequel se fonde le lyrisme.

3. Un dialogue lyrique inédit

▸ Comme de nombreux poèmes lyriques, « Tant de choses » se présente sous la forme d'un **dialogue**, où seul cependant le « tu » est mis en scène. Le pronom de la deuxième personne est le premier mot du poème et reste omniprésent notamment du vers 8 au vers 13.

▸ Cette omniprésence suffit à identifier la **subjectivité lyrique** du poème, puisque pour qu'il y ait un « tu », il faut sous-entendre un « je ». Cette voix semble néanmoins désincarnée. Le destinataire restant muet, on peut aussi lire ce poème comme une sorte de **monologue délibératif** dans lequel le sujet lyrique s'adresse à lui-même des reproches.

▸ Si le « je » n'est pas nettement identifié, il en va de même du « tu » qui peut devenir le **lecteur**. Ce dispositif énonciatif explique en partie par quels moyens le poète parvient à **toucher** son lecteur, voire à l'**émouvoir** : ce dernier se sent visé par le poème, comme mis en accusation. Chacun est alors sommé de regarder ses propres faiblesses et ses propres fautes, soulignées à travers les expressions « sans desserrer les dents », « sans soin », ou encore « Par indigence/ou distraction ». Du particulier, le poème atteint à une forme d'**universalité**.

[transition] « Tant de choses » s'inscrit donc de manière ambivalente dans la tradition lyrique : le poème semble s'éloigner des formes, des thèmes et de l'énonciation qui caractérisent cette tonalité, mais il les renouvelle en fait en jouant avec eux et instaure un véritable dialogue avec son lecteur. Il faut alors déterminer quel est l'objet des remontrances que le sujet lyrique adresse à son destinataire.

II. Une élégie d'un genre nouveau

 LE SECRET DE FABRICATION
La seconde partie va s'attacher à montrer que le poème peut se lire comme une élégie qui interpelle le lecteur pour lui rappeler qu'il va mourir un jour : il faut étudier la tonalité du texte à travers ses procédés et ses thèmes et montrer comment le topos de la fuite du temps (*tempus fugit*) s'en trouve renouvelé.

1. La tonalité mélancolique

▸ Le poète semble chercher à avertir son lecteur d'une menace imminente, d'un danger qu'il encourt : « Tant de choses » apparaît ainsi comme une **élégie** où se déploie le thème du **malheur** et l'expression de la **nostalgie**.

 MOT CLÉ
L'**élégie** est une forme poétique qui traite traditionnellement du malheur amoureux.

▸ Le ton du poème est **nostalgique voire mélancolique**. Il est ainsi placé sous le signe de la perte et de la déploration. Le texte se construit en effet sur une opposition entre un passé heureux, marqué par la beauté évoquée à travers « le beau parasol rouge », « les parterres de roses » et « le pommier/qui arrondit la terre » et un présent dans lequel cette dernière a disparu ou s'est altérée à l'image des « arêtes » qui ont « rouill[é] ».

▸ Seuls les **regrets** restent alors, et un vide absolu, symbolisé par le « courant d'air » qui remplit « la maison ».

2. L'omniprésence de la mort

▸ La mort apparaît omniprésente : c'est d'abord la mort des objets qui est envisagée avec les expressions « souffrir », « abattre », « à l'abandon » ; cela culmine au vers 9 : « tant de choses mourir autour toi » fournit d'ailleurs le titre même du poème.

▸ Cependant, cette mort est surtout **métaphorique de la mort du sujet**, non pas biologique mais spirituelle, que l'antithèse du vers de chute vient symboliser de manière spectaculaire : seul le froid demeure, même en plein été.

3. Le thème traditionnel du *tempus fugit*

▸ Enfin la présence des saisons, sous les termes « hiver » et « été », met le lecteur sur la piste d'une autre lecture métaphorique : Goffette reprend ici le thème de la **fuite du temps**, caractéristique de l'élégie.

▸ Le temps passe, et le « tu » se laisse porter sans penser à vivre, si bien qu'il ne lui reste que la mort à la fin du texte. L'auteur s'inscrit ainsi dans une longue **tradition lyrique**, dont Ronsard est l'un des plus célèbres représentants : les « roses » du vers 6 donnent la clé de ce rapprochement, puisqu'elles sont, chez le poète de la Pléiade, l'allégorie de la brièveté de l'existence (« Mignonne allons voir si la rose... »).

▸ En dernier lieu, « Tant de choses » apparaît comme un véritable *memento mori*, rappelant à « tu », c'est-à-dire au lecteur, qu'il ne doit jamais oublier le caractère éphémère de l'existence des objets et des êtres.

> **MOT CLÉ**
> *Memento mori* est une expression latine rappelant aux chrétiens qu'ils seront rappelés un jour à Dieu.

Conclusion

[synthèse] « Tant de choses » est un poème caractéristique du renouveau contemporain de la poésie lyrique. D'une part, il s'inscrit clairement dans une tradition reconnue, en exploitant des thèmes bien identifiés comme la fuite du temps, en reconduisant le dialogue entre le locuteur et son destinataire qui est au fondement du lyrisme, ou encore en utilisant le genre de l'élégie, indissociable du lyrisme antique. D'autre part, il renouvelle cet héritage en donnant un sens nouveau à l'universalité lyrique, en ancrant le topos du *tempus fugit*, ou encore en jouant aux frontières de la forme du sonnet. **[ouverture]** C'est ainsi que le lyrisme continue à s'écrire aujourd'hui, entre la prise en charge de l'histoire littéraire et l'invention de voies/voix nouvelles et singulières.

TEST > FICHES DE COURS > **SUJETS GUIDÉS**

▶ SUJET 10 | OBJECTIF MENTION

COMMENTAIRE ⏱4h **Maupassant, *Bel-Ami* (1885)**

Ce sujet va vous permettre d'analyser le portrait d'un personnage selon l'esthétique réaliste : il faut parvenir à interpréter les éléments de la description, sans se contenter de les énumérer.

📄 LE SUJET

Vous commenterez le texte suivant tiré de *Bel-Ami* de Maupassant, roman de formation narrant l'ascension sociale de Georges Duroy.

Le personnage vient de faire la rencontre de Forestier, ancien camarade devenu journaliste, qui l'invite à dîner en compagnie de son patron. Il monte l'escalier qui le conduit chez son hôte où son destin devrait connaître un tournant décisif.

Mais voilà qu'en s'apercevant brusquement dans la glace, il ne s'était même pas reconnu ; il s'était pris pour un autre, un homme du monde, qu'il avait trouvé fort bien, fort chic, au premier coup d'œil.

Et maintenant, en se regardant avec soin, il reconnaissait que, vraiment,
5 l'ensemble était satisfaisant.

Alors il s'étudia comme font les acteurs pour apprendre leurs rôles. Il se sourit, se tendit la main, fit des gestes, exprima des sentiments : l'étonnement, le plaisir, l'approbation ; et il chercha les degrés du sourire et les intentions de l'œil pour se montrer galant auprès des dames, leur faire comprendre
10 qu'on les admire et qu'on les désire.

Une porte s'ouvrit dans l'escalier. Il eut peur d'être surpris et il se mit à monter fort vite et avec la crainte d'avoir été vu, minaudant ainsi, par quelque invité de son ami.

En arrivant au second étage, il aperçut une autre glace et il ralentit sa
15 marche pour se regarder passer. Sa tournure lui parut vraiment élégante. Il marchait bien. Et une confiance immodérée en lui-même remplit son âme. Certes, il réussirait avec cette figure-là et son désir d'arriver, et la résolution qu'il se connaissait et l'indépendance de son esprit. Il avait envie de courir, de sauter en gravissant le dernier étage. Il s'arrêta devant la troisième glace, frisa
20 sa moustache d'un mouvement qui lui était familier, ôta son chapeau pour rajuster sa chevelure, et murmura à mi-voix, comme il faisait souvent : « Voilà une excellente invention. » Puis, tendant la main vers le timbre, il sonna.

Guy de Maupassant, *Bel-Ami*, 1885.

10 • Construire un commentaire de texte   **223**

LES CLÉS POUR RÉUSSIR

▶ Définir le texte

- **Genre :** roman
- **Tonalités :** réaliste, allégorique
- **Contexte :** XIXe siècle, Réalisme
- **Thème :** portrait d'un ambitieux
- **But de l'auteur :** donner corps à son personnage

Carte d'identité du texte

▶ Dégager la problématique

Georges Duroy est en train de s'inventer un personnage. La montée des escaliers et les différents paliers invitent à une lecture symbolique, tout comme la présence des différentes glaces. **Au-delà d'un portrait en mouvement du protagoniste, quelle est la portée métaphorique de cet extrait ?**

▶ Construire le plan

❶ De l'apparence à l'intériorité
- ▶ Montrez que le motif du regard court dans tout le texte.
- ▶ Étudiez l'évolution de la perception que le personnage a de lui-même.
- ▶ Déterminez l'image qui est donnée du protagoniste.

❷ L'invention du personnage
- ▶ Relevez les éléments qui associent Duroy à un acteur.
- ▶ Montrez Duroy se laisse prendre à son propre jeu.
- ▶ Interprétez la mise en abyme de la fabrication du personnage.

✓ LE CORRIGÉ

Introduction

[amorce] En réaction aux effusions romantiques, les romanciers de la seconde moitié du XIXe siècle cherchent à ramener le roman sur le terrain du réel. Pour cela, ils s'inspirent de faits divers et d'exemples empruntés à la réalité qu'ils fondent dans leur fiction pour leur donner toute l'apparence de la vérité. **[présentation de l'œuvre et situation de l'extrait]** Dans son roman de formation *Bel-Ami*, l'écrivain réaliste Maupassant retrace l'ascension du personnage de Georges Duroy : celui-ci vient de rencontrer un ancien camarade devenu journaliste qui l'a invité à dîner ; il se rend chez son hôte, impatient de tirer de ce moment le profit qu'il en espère pour sa carrière. La montée des escaliers par le personnage fournit au narrateur l'occasion de décrire à la fois son physique et sa psychologie. **[problématique]** Au-delà cependant d'un portrait en mouvement du protagoniste, quelle est la portée métaphorique de cet extrait ? **[annonce du plan]** Nous serons d'abord conduits analyser l'image renvoyée du personnage puis à interpréter la dimension symbolique de la description.

I. De l'apparence à l'intériorité

Le portrait du personnage de Duroy permet de donner vie au personnage de papier : il est saisi en mouvement, et la parade des apparences à laquelle il se livre apparaît tout à fait révélatrice de sa personnalité morale.

1. L'importance du regard

Le sens de la vue se trouve largement sollicité : il permet de **saisir l'extériorité du personnage** et simultanément son contentement.

▶ Champ lexical de la vue : « s'apercevant », « coup d'œil », « en se regardant » « aperçut », « se regarder ». Présence insistante des « glaces » à chaque étage.

▶ Motif de l'admiration : la contemplation de son reflet constitue une occasion pour le personnage de se rengorger de son physique (« fort bien, fort chic », « l'ensemble était satisfaisant », « sa tournure lui parut vraiment élégante »).

2. Soi-même comme un autre

Créature de papier, Duroy est en train de **s'inventer progressivement un personnage auquel il finit par adhérer**.

▶ Surprise initiale : « il s'était pris pour un autre, pour un homme du monde ».

▶ Dissociation de l'intériorité et de l'extériorité : Georges et son image renvoient à deux réalités distinctes, comme un comédien et son rôle (« il s'étudia comme font les acteurs […] Il se sourit, se tendit la main, fit des gestes exprima des sentiments... »).

▶ Plongée dans l'intimité de ses pensées grâce au discours indirect libre (« Certes, il réussirait avec cette figure-là et son désir d'arriver... »).

3. L'affirmation de soi

Le regard permet à Duroy de **s'approprier pleinement son personnage** et de prendre confiance en lui.

▶ Rôle des miroirs qui, chez Duroy comme chez les jeunes enfants, ouvrent la voie à l'identification et la prise de conscience de soi.

▶ Confiance en soi : hyperbate (« et son désir d'arriver, et la résolution... ») qui souligne la haute estime dans laquelle le personnage se tient lui-même.

▶ **Narcisse** moderne : le motif du miroir et l'absence de spectateurs invitent à cette analogie et dénoncent la fatuité du personnage. (« Il eut peur d'être surpris et il se mit à monter fort vite et avec la crainte d'avoir été vu, minaudant ainsi... »).

À NOTER
Narcisse est un héros de la mythologie grecque qui meurt de s'être absorbé dans la contemplation de son reflet.

II. L'invention du personnage

Maupassant brosse le portrait d'un personnage en mouvement : il le peint ainsi de manière progressive et révèle, au gré des marches d'escalier, les traits de sa personnalité. Ce faisant, le romancier procède simultanément à une mise en abyme de son propre travail.

1. Un acteur né

Duroy semble doté des qualités requises pour **jouer un rôle dans la vaste comédie humaine** où il entend se faire une place.

▸ Il joue un rôle social : « un homme du monde ».

▸ C'est un comédien virtuose : jeu varié, allant de l'« étonnement » à « l'approbation » » en passant par « le plaisir » (2e paragraphe).

▸ On suit son parcours avant l'entrée en scène : des coulisses au lever de rideau, avec le symbole de la sonnette qui marque l'entrée en scène de l'artiste (« Puis, tendant la main vers le timbre, il sonna »).

2. Un rôle qui devient une identité

Le rôle endossé par Duroy devient progressivement sa **seconde nature** : il adhère à l'apparence qu'il s'est donnée jusqu'à y confondre son être.

▸ L'acteur se prend au jeu : peu à peu, Georges oublie que ce n'est qu'un rôle (« Il [...] frisa sa moustache d'un mouvement qui lui était familier [...] et murmura à mi-voix, comme il faisait souvent »).

▸ Les frontières entre réalité et fiction deviennent perméables : « Voilà une excellente invention », c'est-à-dire susceptible de concurrencer la réalité.

3. La fabrique du personnage

Les miroirs de la scène ne réfléchissent pas seulement la figure de Duroy mais aussi **le geste de l'écrivain lui-même** qui prête vie à un être purement fictif.

▸ Artificialité du personnage que le romancier agite comme une marionnette : fabrication d'un personnage-type, celui de l'ambitieux, avide de reconnaissance (« une confiance immodérée en lui-même emplit son âme »).

▸ Critique sous-jacente du roman de formation : symbolique ironique de la montée des marches qui se rit des ascensions sociales fulgurantes dont les romans du XIXe siècle ont fait leur sujet.

Conclusion

Si le portrait de Gorges Duroy apparaît comme une sorte de passage obligé du roman réaliste, Maupassant lui donne aussi une dimension symbolique féconde. La description du personnage permet au romancier d'incarner sa figure de papier, de lui prêter vie et de donner un accès à son intériorité. Au-delà, ce **portrait physique et moral** apparaît porteur d'une réflexion sur le geste de l'écrivain : à l'image de sa créature, il est celui qui compose un rôle, brouille les frontières entre la fiction et la réalité et affirme sa toute-puissance.

DES POINTS EN +
Vous pouvez parler de **prosopographie** pour désigner un portrait physique et d'**éthopée** pour un portrait moral.

Réussir l'épreuve écrite

11 Construire une dissertation

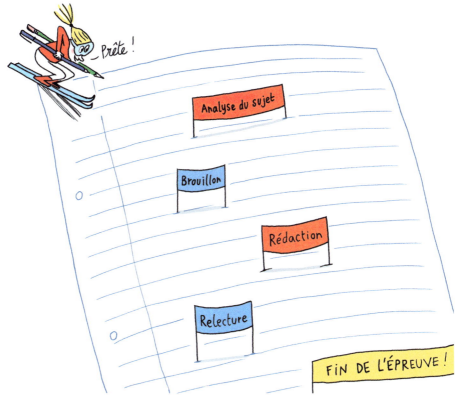

TEST	Pour vous situer et établir votre parcours de révision	228
FICHES DE COURS	40 Analyser un sujet de dissertation	230
	41 Construire le plan d'une dissertation	232
	42 Rédiger une dissertation	234
	MÉMO VISUEL	236
SUJETS GUIDÉS & CORRIGÉS	**OBJECTIF BAC**	
	11 DISSERTATION ❘ Le théâtre	238
	OBJECTIF MENTION	
	12 DISSERTATION ❘ La poésie lyrique	243

TESTEZ-VOUS → CORRIGÉS P. 306-307

Faites le point sur vos connaissances puis établissez votre **parcours de révision** en fonction de votre score.

1 Aborder l'exercice de la dissertation → FICHE 40

1. La dissertation est :
- a. le commentaire d'une citation donnée.
- b. un exposé des lectures de l'année.
- c. une discussion autour d'une thèse.

2. La première étape de la dissertation consiste à :
- a. rédiger l'introduction.
- b. identifier la forme du sujet.
- c. faire la liste des exemples utiles.

3. Quels sont les mots-clés dans le sujet suivant ?
Selon vous, dans les *Fables* de La Fontaine, qu'est-ce qui, de la pensée ou de l'imagination, l'emporte sur l'autre ?
- a. « *Fables* », « pensée », « imagination »
- b. « l'emporte sur l'autre »
- c. « selon vous »

4. La formulation de la problématique correspond à :
- a. la reformulation du sujet.
- b. la mise sous forme interrogative de la thèse exprimée dans le sujet.
- c. une question qui soulève un problème posé par le sujet.

…/4

2 Construire la dissertation → FICHE 41

1. Qu'appelle-t-on la recherche des idées ?
- a. les réflexions qu'inspire le sujet
- b. l'élaboration du plan
- c. la quête d'arguments en faveur ou non de la thèse soutenue par le sujet

TEST FICHES DE COURS 〉 SUJETS GUIDÉS

2. À quoi servent les exemples ?

☐ **a.** à illustrer la démonstration menée dans la dissertation

☐ **b.** à montrer qu'on a la culture exigée pour l'examen

☐ **c.** à faire fonction d'argument d'autorité

3. Comment élaborer le plan ?

☐ **a.** En décomposant le sujet en deux ou trois parties.

☐ **b.** En appliquant un plan-type.

☐ **c.** En partant de l'analyse du sujet.

4. Qu'est-ce qu'un plan dialectique ?

☐ **a.** un plan en deux parties

☐ **b.** un plan qui cherche à éprouver la validité d'une thèse

☐ **c.** un plan qui expose successivement les causes, les effets
et les conséquences

.../4

3 Rédiger la dissertation

→ FICHE **42**

1. Quand rédiger l'introduction ?

☐ **a.** au brouillon, une fois le plan établi

☐ **b.** directement au propre pour gagner du temps

☐ **c.** une fois le développement rédigé pour plus d'efficacité

2. Qu'appelle-t-on l'amorce ?

☐ **a.** la phrase introductrice de la citation du sujet

☐ **b.** l'annonce du plan

☐ **c.** une entrée en matière

3. L'ouverture en fin de conclusion consiste à :

☐ **a.** placer une citation d'un auteur.

☐ **b.** faire référence à l'époque contemporaine.

☐ **c.** proposer un élargissement de la problématique.

4. Chaque paragraphe du développement comprend :

☐ **a.** un argument et un ou plusieurs exemples

☐ **b.** une citation et un argument

☐ **c.** un titre d'œuvre et un argument

.../4

Score total .../12

Parcours PAS À PAS ou *EXPRESS* ? → MODE D'EMPLOI P. 3

11 • Construire une dissertation   **229**

40 Analyser un sujet de dissertation

En bref *Exercice stimulant, la dissertation se révèle souvent fructueuse le jour de l'examen : elle met à profit le travail engagé sur une œuvre du programme et valorise la réflexion personnelle sur le parcours de lecture. Elle nécessite avant tout un décryptage précis du sujet.*

I Comprendre ce qui est demandé

Un sujet de dissertation peut être formulé de différentes façons : il importe d'en identifier la forme pour bien comprendre ce qui est demandé.

1 Le sujet interrogatif

■ Le sujet peut prendre l'apparence d'une question, souvent suivie d'une consigne demandant de développer l'argumentation en s'appuyant sur l'œuvre et le parcours.

■ Cette question peut s'adresser directement au candidat pour solliciter son opinion (« Selon vous... »). Elle peut aussi confronter deux points de vue en demandant de prendre parti.

■ Il faut veiller à la forme du libellé :
- *Expliquez et commentez* appelle le développement du sujet ;
- *Discutez..., Pensez-vous que...* invitent à la discussion ;
- *Montrez que...* impose une démonstration.

Ces consignes n'ont pas tout à fait le même sens et n'engagent pas la même réflexion. Attention au hors-sujet !

2 Le sujet affirmatif

■ Le sujet peut aussi prendre l'apparence d'une affirmation, d'un point de vue à discuter : au candidat, alors, de déterminer la position qui lui semble la plus juste.

À NOTER
Le sujet n'appelle jamais une réponse univoque et catégorique : vous devez toujours adopter une approche nuancée.

■ Il faut éviter d'exprimer sa position personnelle sur le sujet dans le développement de la copie. Vous pouvez toutefois la formuler de manière nuancée dans la conclusion si le sujet vous y invite (*Pensez-vous que...*). Vous n'êtes pas tant jugé sur votre opinion que sur la façon dont vous la démontrez.

■ Le sujet peut porter soit sur une affirmation formulée par les concepteurs du sujet, soit sur une citation d'un auteur.

TEST FICHES DE COURS SUJETS GUIDÉS

II Formuler une problématique

1 L'explicitation des mots-clés

■ Pour faire l'analyse du sujet, on commence par identifier les mots-clés et les éventuels présupposés du sujet. Il faut d'emblée les mettre en relation avec l'œuvre et le parcours indiqués.

■ Il faut ensuite reformuler le sujet, c'est-à-dire le réécrire dans un langage courant. L'enjeu est d'expliciter la thèse contenue ou sous-entendue par le sujet : c'est elle qu'il conviendra de discuter dans la dissertation.

■ La reformulation doit permettre de vérifier la bonne compréhension du sujet, d'éviter le contresens (sujet mal compris) et le hors-sujet (limites du sujet mal définies et outrepassées).

2 La formulation de la problématique

■ Une fois le sujet explicité et reformulé, il faut essayer de trouver ce qui pose problème, ce qui ne va pas de soi dans la thèse qu'il défend.

■ Demandez-vous pourquoi la question se pose : quel est l'intérêt du sujet ?

À NOTER
Ne confondez pas la **problématique** et le **sujet** (même s'il s'agit d'une question) : la problématique, dégage les enjeux du sujet et ouvre la voie à la discussion.

Du sujet à la problématique

■ Soit le sujet :
Dans la préface des Contemplations, Victor Hugo affirme que « ce livre contient […] autant l'individualité du lecteur que celle de l'auteur ». Dans quelle mesure cette affirmation peut-elle définir la poésie lyrique ?

Analyse du sujet
- **Forme :** affirmative avec citation
- **Consigne :** discuter la thèse défendue par l'auteur
- **Présupposé :** Les Contemplations contiennent l'individualité de leur auteur : le lyrisme serait donc une poésie personnelle.
- **Mots-clés :**
  • *individualité* (personnalité)
  • *auteur/lecteur* (sujet lyrique/destinataire)
  • *poésie lyrique* (poésie qui privilégie l'expression de la subjectivité)

■ **Reformulation :** « Le poète parle de tous les hommes en parlant de lui-même. »

■ **Problématique :** « L'universalité du *je* est-elle un critère suffisant pour définir la poésie lyrique ? »

11 • Construire une dissertation   231

41 Construire le plan d'une dissertation

En bref *Au travail sur l'intitulé du sujet succède la phase capitale d'élaboration du plan qui garantit la qualité de la démonstration qui y sera opérée.*

I Trouver des idées

1 Interroger les mots-clés

■ Pour trouver des idées, on peut commencer par interroger les mots-clés identifiés lors de l'analyse du sujet : il faut les questionner, se demander quel(s) sens leur donner et les replacer dans un contexte plus large.

■ On peut aussi essayer d'apporter des réponses à la question posée et chercher des arguments ou des exemples qui les justifient.

2 Mobiliser ses connaissances

■ La dissertation porte sur l'un des quatre parcours étudiés pendant l'année : vous disposez donc de connaissances propres à nourrir votre réflexion. Attention toutefois à ne retenir que les **éléments pertinents** pour le sujet en question.

À NOTER
Le sujet de dissertation n'est pas une question de cours ! Il ne s'agit pas de réciter une leçon apprise en amont mais bien d'engager une réflexion personnelle.

■ Appuyez-vous bien sûr sur l'œuvre lue en classe : demandez-vous comment le problème soulevé par le sujet s'applique à celle-ci. Établissez également des liens avec les textes étudiés dans le cadre du parcours pour élargir la réflexion.

■ Si le sujet porte sur une citation empruntée à l'auteur de l'œuvre étudiée, il faut replacer la citation dans un contexte historique et littéraire.

II Trouver des exemples

1 Une étape nécessaire

■ L'identification d'exemples à mobiliser se fait en même temps que la recherche des idées : il faut trouver un exemple pour chaque idée avancée.

■ Par *exemple*, on n'entend pas seulement la simple mention d'une œuvre et de son auteur, mais l'exploitation d'un passage précis.

2 Les sources à exploiter

■ Le sujet est généralement suivi de la consigne suivante : « Vous développerez votre argumentation en vous appuyant sur les œuvres étudiées en classe et sur vos lectures personnelles. »

TEST **FICHES DE COURS** **SUJETS GUIDÉS**

■ Cette consigne suggère plusieurs pistes d'illustrations à l'appui de la démonstration :
– l'œuvre étudiée en classe, qu'il convient absolument d'exploiter ;
– les autres lectures qui s'inscrivent dans le parcours associé (groupements de textes, lectures cursives…) ;
– vos lectures personnelles effectuées sur le conseil des enseignants, grâce aux manuels ou de votre propre initiative.

> **CONSEIL**
> Ne sélectionnez pas dans vos lectures des œuvres mineures, à valeur littéraire limitée : cela donnerait l'impression que vous n'avez pas de culture littéraire.

III Bâtir le plan

■ Une fois les idées répertoriées, il faut les ordonner. Pour y parvenir, on peut s'appuyer sur un certain nombre de plans-types.

■ Il faut cependant manier ces plans avec précaution : le plan doit s'adapter au sujet, et non l'inverse ! On évitera donc de plaquer un plan préfabriqué sur le sujet : le plus souvent, le plan adopté découle logiquement de l'analyse du sujet.

zoOm

Choisir un plan adapté au sujet

■ Les deux types de plans les plus fréquemment utilisés pour construire une dissertation littéraire sont le plan dialectique et le plan thématique.

	Plan dialectique	**Plan thématique**
Type de sujet	Discuter une thèse	Développer une thèse sous différents angles
Structure	I. Thèse (point de vue du sujet) II. Antithèse (point de vue opposé) III. Synthèse (surmonte l'opposition)	I. 1er aspect de la thèse II. 2e aspect de la thèse III. 3e aspect de la thèse
Inconvénients	• Risque de contradiction entre I et II • Risque de redite dans le III Pour éviter cela, mettez en relation les termes du sujet avec une notion connexe.	• Risque d'effet catalogue, sans problématisation • Risque de plan à tiroirs, sans continuité logique
Avantages	Plan dynamique, qui montre la pensée en train de s'élaborer	Saisit tous les aspects d'une question, dans des domaines variés.

■ Il existe un 3e type de plan, le plan analytique, plus adapté aux sujets d'histoire : il permet de développer une explication (contextualisation, approfondissement, élargissement).

11 • Construire une dissertation **233**

42 Rédiger une dissertation

En bref *La rédaction de la dissertation prend appui sur le plan préalablement établi au brouillon et le déploie progressivement. Elle assure à la démonstration opérée sa fermeté et sa rigueur. La correction orthographique et la clarté lexicale sont des gages de bonne facture.*

I Principes de rédaction

1 L'introduction

■ L'introduction fournit des indications précieuses au correcteur. Il est préférable de la rédiger intégralement au brouillon.

■ Elle comprend un seul paragraphe composé des cinq points suivants : l'amorce, la citation du sujet, la reformulation et l'analyse du sujet, la problématique et l'annonce du plan.

■ N'oubliez pas de mentionner l'œuvre du parcours concerné, dont vous prendrez soin de souligner le titre.

2 Le développement

■ Le développement doit suivre le plan établi au brouillon.

■ Chaque paragraphe de la dissertation introduit une nouvelle idée. Il est toujours rédigé sur le même modèle :
1. On énonce clairement l'idée principale du paragraphe.
2. On justifie cette idée par des arguments et des exemples qui la prouvent.
3. On conclut le paragraphe en ouvrant vers l'idée suivante.

3 La conclusion

■ La conclusion fait le bilan de la réflexion : elle doit répondre clairement à la problématique posée en introduction, et, pour cela, récapituler rapidement les différentes étapes de la démonstration.

■ Il n'est pas obligatoire de faire un élargissement de la problématique, une « ouverture » : celle-ci ne vaut que si elle a un rapport avec la démonstration qui vient d'être faite, ce qui est trop rarement le cas. Mieux vaut se dispenser d'ouverture que de passer du coq à l'âne.

■ Comme l'introduction, la conclusion mérite un soin particulier. Il est judicieux de la rédiger au brouillon avant de vous mettre à écrire au propre : elle risque de perdre en qualité si elle est réalisée dans l'urgence en fin de copie.

> **CONSEIL**
> Prévoyez au moins dix minutes pour vous **relire** : la maîtrise de la langue (orthographe, grammaire, syntaxe) fait partie intégrante de l'évaluation.

234

TEST   SUJETS GUIDÉS

II Principes de mise en page

■ L'introduction est formée d'un seul paragraphe à la suite duquel on saute deux lignes.

■ Chaque grande partie commence par une brève introduction rappelant son enjeu et annonçant les différentes sous-parties qui la forment. On va ensuite à la ligne pour la première sous-partie : chaque sous-partie correspond à **un paragraphe**.

> **CONSEIL**
> Marquez chaque paragraphe par un **alinéa** de trois ou quatre carreaux : ce retrait introduit de la respiration dans la copie et rythme la démonstration.

■ On ne saute pas de ligne entre les paragraphes d'une même grande partie. En revanche, on saute une ligne entre chaque grande partie.

■ Enfin, on saute deux lignes avant la conclusion. Comme l'introduction, elle prend la forme d'un paragraphe unique.

Un exemple d'introduction

Voici une introduction possible pour une dissertation sur le sujet analysé dans la ▶ FICHE 40 .

amorce : Le lyrisme se définit traditionnellement comme une poésie personnelle fondée sur l'expression des sentiments les plus intimes du poète. En désignant son œuvre *Les Contemplations* par l'expression « mémoires d'une âme », Victor Hugo se situe dans cette lignée ; pourtant, il affirme dans la préface de l'ouvrage que « ce livre contient [...] autant l'individualité du lecteur que celle de l'auteur ».

citation du sujet

reformulation du sujet : Si le poète romantique accepte bien que ce soit l'auteur qui s'exprime dans ses propres vers, il suggère aussi l'idée, originale, que le *je* du poème lyrique se rapporte aussi au lecteur : la subjectivité qui s'exprime dans le poème est donc aussi, selon Hugo, celle du lecteur, parce que le poète parle de tous les hommes en parlant de lui-même.

problématique : Il faudra donc se demander si l'universalité du *je* est un critère suffisant pour définir la poésie lyrique.

annonce du plan : Ainsi, nous nous intéresserons d'abord à l'omniprésence de la première personne dans les poèmes lyriques ; puis nous envisagerons que le *je* qui gouverne l'énonciation soit celui du lecteur, au nom de l'universalité des sentiments ; une troisième partie montrera en quoi la question de l'individualité ne saurait rendre compte de la dimension musicale du lyrisme, pourtant contenue dans son étymologie.

11 • Construire une dissertation   235

MÉMO VISUEL

1. Analyser le sujet

- À quelle œuvre et à quel parcours se rattache-t-il ?
  - 👍 Notez au brouillon les titres des œuvres à mobiliser.
- Quels en sont les mots-clés ?
- Quelle démarche est attendue (développement, commentaire, discussion…) ?

2. Formuler la problématique

- Y a-t-il plusieurs manières de comprendre le sujet ?
- Quel est l'implicite du sujet ?
  - 👍 Reformulez le sujet de différentes manières pour faire ressortir ce qu'il sous-entend, implique, présuppose…
- Qu'est-ce qui fait problème ou mérite discussion dans la question ou la citation proposée ?

LA DISSERTATION

3. Chercher des idées

- Comment l'œuvre et les textes étudiés dans le parcours associé se rapportent-ils au sujet ?
- Quels arguments mobiliser pour soutenir la thèse portée par le sujet ?
- Quels contre-arguments lui opposer ?
- Comment dépasser le problème posé ?

| TEST | **FICHES DE COURS** | SUJETS GUIDÉS |

④ Construire le plan

- Quelles formules utiliser pour annoncer les grandes parties ?
- La thèse et l'antithèse apparaissent-elles équilibrées ?
- Quels exemples littéraires convoquer à l'appui de chaque argument ?

EN CINQ ÉTAPES CLÉS

⑤ Rédiger la dissertation

- L'**introduction** comporte une amorce, la reformulation du sujet et son analyse, la problématique et l'annonce du plan.
- Chaque grande partie comprend au moins deux sous-parties, c'est-à-dire **deux arguments** assortis chacun d'un **exemple**.

  👍 Assurez-vous que les changements de parties se trouvent bien marqués par des sauts de lignes et alinéas.

- La **conclusion** répond à la question posée par le sujet.

  👍 Gardez au moins 10 minutes pour vous relire !

11 • Construire une dissertation 237

▶ SUJET 11 | OBJECTIF BAC

DISSERTATION ⏱ 4h **Le théâtre**

Ce sujet porte sur *Juste la fin du monde* de Jean-Luc Lagarce et sur les pièces de théâtre que vous avez pu lire dans le cadre du parcours « Crise personnelle, crise familiale ».

LE SUJET

Comment le théâtre explore-t-il la complexité des liens unissant l'individu à sa famille ?

Vous répondrez à cette question en vous appuyant sur votre lecture de *Juste la fin du monde*, sur les textes étudiés dans le cadre du parcours « Crise personnelle, crise familiale », et sur votre culture personnelle.

LES CLÉS POUR RÉUSSIR

▶ Analyser le sujet

• **Comment :** selon quels procédés. Cette question peut conduire à se demander aussi « Pourquoi ? ».

• **théâtre :** genre qui se déploie à travers différents sous-genres : comédie, tragédie, drame…

• **complexité des liens :** liens difficiles à saisir, source de conflictualités (le sens négatif est implicite).

• **individu, famille :** le personnage théâtral est à appréhender en interaction avec ses proches.

▶ Formuler une problématique

▸ Comment et pourquoi le théâtre s'intéresse-t-il à l'individu, replacé dans son cadre familial ?

TEST ⟩ **FICHES DE COURS** ⟩ **SUJETS GUIDÉS**

◗ Construire le plan

① Le poids de la famille sur les destins individuels

◗ Réfléchissez aux pièces qui montrent comment la famille contrarie un personnage, infléchit son destin (*Juste la fin du monde* ; *Roméo et Juliette* de Shakespeare ; *Antigone* d'Anouilh ; *Le Cid* de Corneille...)
◗ Intéressez-vous aux conflits de valeurs qui peuvent surgir dans ces pièces et à leurs conséquences sur les personnages.

② La famille, lieu de discorde et de violences

◗ Expliquez de quelle manière le théâtre met en lumière ce qui menace l'harmonie familiale.
◗ Recherchez des personnages qui provoquent la destruction de l'espace familial (Phèdre, Médée...).

③ Le personnage seul parmi les siens

◗ Intéressez-vous aux situations où la communication aboutit à une impasse dans le théâtre contemporain.
◗ Montrez que, pris dans un cadre familial brouillé, le personnage se retrouve seul face à lui-même.

✔ LE CORRIGÉ

Introduction

[amorce] « Toutes les familles heureuses se ressemblent, mais chaque famille malheureuse l'est à sa façon. » **[reformulation du sujet]** Cette citation du romancier russe Tolstoï attire notre attention sur une veine souvent explorée au théâtre, aussi bien dans les comédies que les tragédies : les histoires de famille tourmentées.

[problématique] Comment et pourquoi le théâtre s'intéresse-t-il à l'individu, replacé dans son cadre familial ?

[annonce du plan] Nous verrons tout d'abord que la famille pèse sur les destins individuels ; puis, nous montrerons comment elle est un terrain de discordes et de violences. Enfin, nous analyserons comment le théâtre donne à voir la solitude de l'individu face aux siens.

11 • Construire une dissertation   **239**

I. Le poids de la famille sur les destins individuels

 LE SECRET DE FABRICATION
Au théâtre, nombre d'intrigues mettent en scène des familles problématiques, qui contrarient les élans des personnages jeunes et les placent face à des dilemmes éprouvants.

1. La famille comme force contraire

Loin d'être un cocon favorable, la famille est souvent présentée au théâtre comme un obstacle à l'épanouissement du personnage.

▶ Ainsi, Roméo et Juliette, dans la célèbre pièce de Shakespeare (1597), incarnent le tragique d'**une passion empêchée par des rivalités familiales**. Les familles respectives des deux jeunes gens se vouent une haine inextinguible qui rend impossible leur histoire d'amour.

▶ Dans *La Reine Morte* de Montherlant (1942), Pedro, le fils de Ferrante, roi de Portugal, a épousé en secret Inès de Castro, incarnation de la pureté et de sentiments authentiques. Mais, parce que **cet amour compromet une union politique,** Ferrante finit par faire assassiner la jeune fille.

▶ L'hostilité de la famille relève parfois surtout d'une perception intime. Dans *Juste la fin du monde*, Louis se sent très tôt incompris voire rejeté par les siens ; seul de la fratrie à s'être éloigné de la maison familiale, il exprime dans ses monologues le sentiment de **n'avoir jamais été aimé.**

2. La famille, à l'origine de conflits de valeurs

Des conflits de valeurs peuvent apparaître au sein d'une famille, avec des conséquences sur les personnages qui la composent.

▶ Dans *Le Cid* de Corneille (1637), l'amour de Rodrigue et Chimène est contrarié par une altercation entre leurs pères : le jeune homme se doit de défendre l'honneur de sa lignée et tue celui qui devait devenir son beau-père. **Le souci de la gloire** et la fidélité aux siens **l'emportent sur les sentiments amoureux.**

▶ Antigone se trouve elle aussi face à un dilemme terrible : accepter que le cadavre de son frère Polynice reste sans sépulture, ou **honorer sa dépouille en risquant sa propre vie** puisqu'elle s'oppose aux ordres de son oncle, devenu roi. Par fidélité à son frère et à certaines valeurs, elle accepte son châtiment.

 CITATION
Dans sa *Poétique*, Aristote recommandait déjà de représenter des familles « dans lesquelles il s'est passé ou fait des choses terribles ».

▶ *Juste la fin du monde* met aux prises les membres d'une famille aux **chemins de vie si différents** qu'ils ne peuvent plus se comprendre. Louis est, ainsi, devenu aux yeux d'Antoine le symbole d'une élite culturelle et intellectuelle hautaine dans laquelle il ne se reconnaît pas : « Tu dois être devenu ce genre d'hommes qui lisent les journaux, des journaux que je ne lis jamais. »

[transition] Ces tensions peuvent déboucher sur des violences et conduire à l'éclatement de la cellule familiale.

II. La famille, lieu de discorde et de violences

 LE SECRET DE FABRICATION

Nous montrons, dans cette partie, comment le théâtre représente des familles travaillées par des forces qui l'ébranlent en profondeur et créent un divorce irrémédiable entre le personnage et sa famille.

1. L'individu menacé par les siens

Parfois, le personnage **se retrouve rejeté, menacé**, voire sacrifié par sa propre famille.

▸ Dans sa tragédie *Britannicus* (1669), Racine met en scène une famille impériale romaine, déchirée par les luttes d'influence. Sans défense, le prince Britannicus est confronté à la violence de l'empereur Néron, son demi-frère monstrueux qui veut le faire exécuter pour asseoir son pouvoir.

▸ Chez Lagarce, Louis, qui est venu annoncer sa mort prochaine, se retrouve bientôt contraint au silence par l'ironie d'un frère sur la défensive et la parole **logorrhéique** des siens. L'empressement de tous à le voir partir le trouble.

> **MOT CLÉ**
> Du grec « logos » signifiant « parole », la logorrhée est un flot de paroles révélatrices d'un besoin irrésistible de s'exprimer.

2. L'individu déclencheur de l'éclatement familial

Dans d'autres pièces, le personnage est celui qui, par sa présence ou par les passions qui l'habitent, provoque **la destruction de l'espace familial**.

▸ Dans *Juste la fin du monde*, les personnages font entendre leurs frustrations, leurs rancœurs liées au départ, des années plus tôt, de Louis : en marge, incompris dans ses choix, Louis a mis en péril l'équilibre familial ; il est devenu un **étranger**.

 CITATION
« Il y a trop de temps passé (toute l'histoire vient de là) », déclare la Mère à Louis. Avec les années s'est creusé un véritable fossé entre le personnage et les siens.

▸ Dans *Phèdre* (1677) de Racine, la **passion incestueuse** de l'héroïne pour son beau-fils Hippolyte déclenche la catastrophe tragique : calomnié, le jeune homme meurt, injustement maudit par son père Thésée. Le désir monstrueux a détruit la famille.

▸ Dans la tragédie de Corneille *Médée* (1635), Jason répudie la célèbre magicienne par lâcheté. Minée par cette insupportable trahison conjugale, cette dernière ourdit une vengeance terrible : elle **sacrifie leurs propres enfants**, provoquant par là même le suicide de l'inconstant. La famille est annihilée.

[transition] Cependant, dans le théâtre contemporain, cette violence des passions au sein de la famille est remplacée par une violence plus sourde, liée à l'impossibilité d'établir une communication authentique avec les siens.

III. Le personnage seul parmi les siens

👍 LE SECRET DE FABRICATION
Dans cette dernière partie, nous montrons avec quelle puissance le théâtre peut mettre en lumière la solitude d'un personnage, au sein même de sa famille.

1. Une communication entravée

La famille contemporaine semble vouée à des **échanges superficiels** : les dialogues révèlent les impasses de la communication.

▶ Dans *Juste la fin du monde*, les personnages se perdent en banalités, en maladresses, en mensonges, si bien que **l'essentiel reste tu** : Louis repart à la fin de la journée sans avoir révélé sa tragique vérité.

> **👍 DES POINTS EN +**
> Au théâtre, les modalités de prise de parole sont d'une importance capitale ; elles révèlent la nature des liens qui unissent les personnages, et éclairent les rapports de force.

▶ La comédie douce-amère *Un air de famille*, de Jaoui et Bacri (1994), se concentre sur une réunion familiale rituelle, à l'occasion d'un anniversaire. Les susceptibilités, les **conventions du savoir-vivre** et les **préjugés** interdisent tout échange authentique.

▶ Autre exemple : la pièce *Assoiffés* de Mouawad (2007) s'ouvre sur le **cri de révolte** et de désespoir d'un adolescent, Murdoch, incapable de nouer de véritables échanges avec sa famille.

2. Une solitude irréductible

Confronté aux siens, le personnage peut paradoxalement se retrouver très seul.

▶ Dans *Juste la fin du monde*, les dialogues, désaccordés, ne permettent pas la communion familiale espérée. Les monologues de Louis exhibent la solitude d'un personnage irrémédiablement **coupé des siens, contraint au silence**. Seul le spectateur recueille son secret et constate l'échec tragique des retrouvailles.

▶ Dans *Une maison de poupée* d'Ibsen (1879), la jeune Nora étouffe dans une famille bourgeoise oppressante. Méprisée dans son amour, **infantilisée**, profondément seule, cette « poupée » quitte le domicile conjugal, abandonnant mari et enfants.

▶ Koltès, dans *Retour au désert* (1988), met en scène une famille qui se déchire pour un héritage. Les longues tirades du frère et de la sœur tournent au **bras de fer stérile** ; chacun s'enferme dans sa solitude.

Conclusion

[bilan] Le théâtre trouve ainsi dans les rapports entre l'individu et sa propre famille un riche réservoir de situations dramatiques intenses et touchantes : souvent vécue sur le mode du conflit, violent ou larvé, la famille renvoie l'individu à sa propre solitude.

[ouverture] La famille et ses tourments s'imposent ainsi, depuis l'Antiquité, comme un terreau fécond pour les dramaturges : que l'on songe aux grandes familles maudites de la mythologie – les Atrides ou encore les Labdacides… encore évoquées dans le théâtre contemporain.

TEST › FICHES DE COURS › **SUJETS GUIDÉS**

▶ SUJET 12 | OBJECTIF MENTION

DISSERTATION ⏱4h La poésie lyrique

Le sujet porte spécifiquement sur *Les Contemplations* (livres I à IV), mais vous invite à élargir la réflexion aux œuvres lyriques que vous avez pu lire dans le cadre du parcours « Les Mémoires d'une âme ».

LE SUJET

Dans la préface des *Contemplations*, Victor Hugo affirme que « ce livre contient [...] autant l'individualité du lecteur que celle de l'auteur ». Dans quelle mesure cette affirmation peut-elle définir la poésie lyrique ?

Vous développerez votre argumentation en vous appuyant sur *Les Contemplations*, les textes du parcours et vos lectures personnelles.

LES **CLÉS** POUR RÉUSSIR

▶ Analyser le sujet

Pour Victor Hugo, le lyrisme serait une poésie nécessairement personnelle où s'expriment la personnalité et les sentiments de l'auteur ; au-delà, il ajoute que la subjectivité qui imprègne le poème est autant celle de l'auteur que celle du lecteur. Autrement dit, le poète parle de tous les hommes même lorsqu'il ne semble parler que de lui-même.

▶ Formuler une problématique

Si l'on convient de l'universalité du lyrisme, on peut néanmoins se demander si la subjectivité et l'énonciation sont les meilleurs critères pour définir ce type de poésie, et si son origine musicale n'est pas un critère plus efficace et acceptable : **l'universalité du *je* suffit-elle vraiment à définir la poésie lyrique ?**

▶ Construire le plan

❶ Le « je » lyrique, ou l'individualité de l'auteur ?
▶ Répertoriez les poèmes où s'expriment un « je » autobiographique.
▶ Cherchez des poèmes dans lesquels l'identité du « je » paraît plus problématique.

11 • Construire une dissertation   243

❷ **Le « je » lyrique, ou l'individualité du lecteur ?**
▸ Montrez qu'une identification du lecteur à l'auteur est possible dans le poème lyrique.
▸ Demandez-vous dans quelle mesure le « je » du poème peut devenir celui du lecteur.

❸ **De l'énonciation au chant**
▸ Interrogez-vous sur la possibilité d'une poésie non personnelle.
▸ Montrez que la définition du lyrisme ne se limite pas à sa dimension personnelle.

 LE CORRIGÉ

Voici une proposition de corrigé sous forme de plan détaillé.

Introduction

[**amorce**] Le lyrisme se définit traditionnellement comme une poésie personnelle fondée sur l'expression des sentiments les plus intimes du poète. [**citation du sujet**] En désignant son œuvre *Les Contemplations* par l'expression « mémoires d'une âme », Victor Hugo se situe dans cette lignée ; pourtant, il affirme dans la préface de l'ouvrage que « ce livre contient […] autant l'individualité du lecteur que celle de l'auteur ». [**reformulation**] Si le poète romantique accepte bien que ce soit l'auteur qui s'exprime dans ses propres vers, il suggère aussi l'idée, originale, que le *je* du poème lyrique se rapporte aussi au lecteur : la subjectivité qui s'exprime dans le poème est donc aussi, selon Hugo, celle du lecteur, parce que le poète parle de tous les hommes en parlant de lui-même. [**problématique**] Il faudra donc se demander si l'universalité du *je* est un critère suffisant pour définir la poésie lyrique. [**annonce du plan**] Ainsi, nous nous intéresserons d'abord à l'omniprésence de la première personne dans les poèmes lyriques ; puis nous envisagerons que le *je* qui gouverne l'énonciation soit celui du lecteur, au nom de l'universalité des sentiments. Enfin, nous verrons que la définition du lyrisme ne saurait se réduire à la question de l'individualité.

 **DES POINTS EN +**
L'**amorce** pose d'emblée les termes du débat en l'ancrant dans l'histoire littéraire : elle définit la notion centrale du sujet (le lyrisme) et montre ainsi au correcteur que les enjeux du sujet sont situés.

TEST > **FICHES DE COURS** > **SUJETS GUIDÉS**

I. Le « je » lyrique ou l'individualité de l'auteur ?

Il s'agit d'abord d'examiner le *je* comme expression de la personnalité de l'auteur.

1. L'énonciation lyrique : omniprésence du « je »

▶ Le lyrisme se caractérise par l'**omniprésence de la première personne** comme en témoigne notamment la poésie romantique.

▶ L'énonciation lyrique se donne comme **une énonciation subjective** : c'est bien une individualité qui s'exprime, celle d'un père qui a perdu sa fille dans la section des *Contemplations* « *Pauca meae* » qu'on traduit par « le peu de choses qu'il me reste d'elle » / « le peu de choses que je peux faire pour elle ».

> **À NOTER**
> Les références à l'œuvre prescrite et étudiée en classe doivent être précises. N'hésitez pas à recourir à la citation.

2. L'auteur comme sujet lyrique

▶ Certains textes suggèrent que celui qui dit *je* est bien l'auteur : on peut vérifier cette hypothèse chez Ronsard ou Apollinaire : la consultation de leur biographie indique que le premier fut amoureux d'une suivante de la reine, Hélène de Surgères, à qui il dédia ses *Sonnets* ; quant au second, il écrivit le recueil *Poèmes à Lou* pour sa muse Louise de Coligny-Châtillon, dont il fut séparé par la mobilisation en 1914.

[transition] La poésie lyrique met donc la personnalité de l'auteur au centre, à travers un « je » omniprésent et le plus souvent autobiographique. Dans quelle mesure ce « je » est-il transférable au lecteur ?

II. Le « je » lyrique, ou l'individualité du lecteur ?

1. Le miroir lyrique

Des poètes soutiennent que **le lecteur peut se reconnaître** dans le poème lyrique.

▶ C'est, par exemple, ce qu'exprime **Victor Hugo** ailleurs dans la préface des *Contemplations* : « quand je vous parle de moi, je vous parle de vous […] Ah ! insensé, qui crois que je ne suis pas toi ! ».

▶ C'est aussi le cas de **Baudelaire** dans l'avis « Au lecteur » des *Fleurs du mal* : « Hypocrite lecteur, – mon semblable, – mon frère ».

> **CONSEIL**
> Rapprochez l'œuvre prescrite des textes issus du parcours pour manifester votre bonne compréhension des enjeux du sujet.

2. L'énonciation lyrique

▶ L'énonciation subjective du lyrisme permettrait justement cette identification ; parce que le poème lyrique repose sur un *je* finalement assez vague, le lecteur peut s'approprier cette personne, la faire sienne.

▶ Ainsi, le poème **« Demain dès l'aube »** peut tout à fait se lire comme une pièce de poésie sentimentale que le lecteur peut reprendre à son compte, indépendamment de l'identité réelle du locuteur et de son interlocutrice, Léopoldine.

[transition] Le lyrisme apparaît donc comme un dialogue entre un sujet et un destinataire, entre l'auteur et son lecteur. C'est pour cette raison que l'on trouve

11 • Construire une dissertation **245**

un lien évident entre l'omniprésence du *je* et la forte prise en compte du *tu*. Cependant, le transfert d'individualité n'est pas seulement lié à la grammaire ; il semble devoir aussi beaucoup à **la forme chantée** par laquelle le destinataire s'approprie la parole du locuteur.

III. De l'énonciation au chant

1. La dialectique lyrique

▶ Finalement, plus le *je* est impersonnel, et plus le lecteur peut se l'approprier.

▶ On peut alors se demander si le lyrisme idéal n'est pas **une poésie impersonnelle**, « objective » selon l'expression de Rimbaud dans la lettre dite du voyant adressée par le poète à son ancien professeur Georges Izambard où « je est un autre ».

2. Le lyrisme, ou la poésie musicale

▶ Pour définir le lyrisme, il ne reste alors qu'un seul critère valable pour tous les textes, et présent dans l'origine même du mot lyrisme : **sa dimension musicale**.

▶ Jusqu'à la fin du Moyen Âge, la poésie lyrique était en effet chantée ; même si ce n'est plus le cas à partir du XVIe siècle, le chant reste un modèle métaphorique pour tout poème lyrique, comme l'atteste la présence du mot *chanson* dans certains titres de poèmes des *Contemplations*.

▶ Est lyrique, en définitive, le texte qui assume et recherche **une musicalité propre**, comme Verlaine dans son « Art poétique » (« De la musique avant toute chose, / Et pour cela préfère l'Impair »), ou Hugo au vers 7 de « Hier au soir » : « Où l'âme aime à chanter son hymne le plus doux ».

Conclusion

Dans la préface des *Contemplations*, Victor Hugo reconnaît la dimension volontiers autobiographique du lyrisme. L'examen des textes confirme la place réservée à l'individualité de l'auteur dans les poèmes lyriques mais fait également apparaître celle du « lecteur », selon les termes de l'écrivain romantique : le poème lyrique devient un espace où la subjectivité se trouve en partage entre le sujet et son destinataire. Pourtant, la raison de ce transfert d'individualité est tout autant à chercher dans l'énonciation que dans le chant lui-même : au-delà de la grammaire, l'universalité lyrique tient au chant que le poète fait reprendre à son lecteur. Le lyrisme retrouve là ses origines : dans l'Antiquité, la poésie était indissociable de la musique, les mots d'un accompagnement instrumental.

Réussir l'épreuve écrite

12 Améliorer ses écrits

TEST	Pour vous situer et identifier les fiches à réviser	248
FICHES DE COURS	43 Faire des phrases courtes et bien construites	250
	44 Exprimer des relations logiques	252
	45 Éviter les répétitions	254
	46 Écrire sans fautes	256
	MÉMO VISUEL	258
EXERCICES & CORRIGÉS	• Ponctuer correctement un texte	260
	• Choisir les bons connecteurs	260
	• Éviter les répétitions	261
	• Se relire efficacement	261
	• Bilan	262
	CORRIGÉS	263

TESTEZ-VOUS

→ CORRIGÉS P. 306-307

Faites le point sur vos connaissances puis établissez votre **parcours de révision** en fonction de votre score.

1 Faire des phrases courtes et bien construites

→ FICHE 43

1. Cochez les affirmations correctes.
- a. La ponctuation est inutile.
- b. Le point-virgule est l'équivalent d'une virgule.
- c. Les virgules correspondent à des pauses dans la phrase.
- d. Les virgules peuvent isoler un groupe de mots en incise.

2. Cochez les phrases qui sont mal construites.
- a. *Il aime lire et réciter des vers.*
- b. *Il aime lire des vers et le théâtre.*
- c. *Il aime ou lire des vers et le théâtre.*

3. Cochez les phrases incorrectes.
- a. *On a rien sans rien.*
- b. *Je crains qu'il vienne.*
- c. *Ne pars pas avant qu'il n'arrive.*
- d. *Il y a pas de problèmes.*

.../3

2 Exprimer des relations logiques

→ FICHE 44

1. Reliez chaque connecteur à la relation logique qu'il exprime.

- *comme* • • cause
- *parce que* • • addition
- *également* • • comparaison
- *en revanche* • • hypothèse
- *soit… soit* • • concession
- *bien que* • • opposition

2. Cochez la ou les phrase(s) correcte(s).
- a. *La phrase est injonctive dû à la présence d'impératifs.*
- b. *Quoique bien écrite, l'argumentation reste maladroite.*
- c. *Quelque soit l'argumentation, il n'est pas convaincu.*

.../2

248

TEST ⟩ FICHES DE COURS ⟩ EXERCICES

3 Éviter les répétitions
→ FICHE 45

1. Comment éviter la répétition du nom « avarice » dans la phrase ci-dessous ?

Harpagon est connu pour son avarice. Son avarice le conduit à vouloir marier sa fille à un homme riche mais âgé.

☐ **a.** en remplaçant *avarice* par *celle-là*

☐ **b.** en remplaçant *avarice* par *qui* et en ne faisant qu'une seule phrase

☐ **c.** en remplaçant *avarice* par *défaut*

2. Parmi les suites proposées, laquelle n'est pas grammaticalement correcte.

Mme de Lafayette décrit les sentiments de la Princesse et de Nemours.

☐ **a.** Ils semblent éternels.

☐ **b.** Rien ne semble pouvoir les séparer.

☐ **c.** Les deux personnages sont passionnément amoureux l'un de l'autre. .../2

4 Écrire sans fautes
→ FICHE 46

1. Quelle est la bonne orthographe ?

a. ☐ piedestal ☐ piédestal ☐ pied'estal

b. ☐ autant pour lui ☐ au temps pour lui

c. ☐ quand même ☐ qu'en même

2. Cochez les expressions dans lesquelles il manque un « s » au mot souligné.

☐ **a.** un arbre sans fruit ☐ **c.** un vélo sans roue

☐ **b.** un héros sans cœur ☐ **d.** des personnages sans relief

3. Quelle est la forme juste ?

a. Il est ☐ sensé ☐ censé venir tous les matins.

b. La ☐ cour ☐ cours de Louis XIV

c. Il ☐ est ☐ et arrivé ce matin.

4. Quelle est la règle pour le pluriel des mots composés (ex. *chef-d'œuvre*) ?

☐ **a.** On met un *s* systématiquement aux deux composants.

☐ **b.** On ne met un *s* qu'au dernier mot.

☐ **c.** On ne met un *s* qu'aux mots qui prennent cette marque du pluriel quand ils ne figurent pas dans le mot composé.

5. Cochez la ou les propositions correctes.

☐ **a.** les livres que j'ai rangés ☐ **c.** les œuvres que j'ai lus et relus

☐ **b.** les livres dont je t'ai parlés ☐ **d.** l'œuvre qui est la plus connue .../5

Score total .../12

12 • Améliorer ses écrits **249**

43 Faire des phrases courtes et bien construites

En bref | *Une phrase bien construite est une phrase qui respecte les règles de la syntaxe et dans laquelle on ne perd pas son lecteur.*

I Faire des phrases courtes

1 Bien ponctuer

■ La ponctuation sert à marquer des pauses et à isoler des groupes syntaxiques. Elle aide donc à **comprendre le sens** de la phrase : son absence peut rendre la phrase ambiguë ou incompréhensible.

■ Attention, le sujet ne doit jamais être séparé par une virgule du verbe qu'il régit.

✗ Hugo dans *Les Misérables,* dénonce les conditions de vie des bagnards.

✗ Hugo dans *Les Misérables* dénonce les conditions de vie des bagnards.

✓ Hugo, dans *Les Misérables,* dénonce les conditions de vie des bagnards.

> 👍 **CONSEIL**
> Si vous avez un doute sur la place des virgules, relisez-vous à haute voix : vous les placerez alors naturellement en fonction du sens de votre phrase.

■ Le **point virgule** a la même valeur qu'un point, mais permet la continuité de l'idée exprimée. Il ne doit pas être utilisé à la place d'une virgule.

Victor Hugo dénonce les conditions de vie des bagnards ; c'est particulièrement le cas dans *Les Misérables.*

■ Les **deux points** permettent d'introduire une énumération ou d'établir un rapport de causalité (→ FICHE **44**).

2 Éliminer parenthèses et tirets

■ De manière générale, **évitez l'usage des parenthèses et des tirets énumératifs** en dissertation et en commentaire. Les parenthèses ne doivent jamais être utilisées pour donner une information complémentaire.

✗ Victor Hugo (poète, dramaturge et romancier) est une grande figure littéraire du XIXᵉ siècle.

✓ Victor Hugo est une grande figure littéraire du XIXᵉ siècle. Il était tout à la fois poète, dramaturge et romancier.

3 Simplifier les phrases

■ N'accumulez pas les relatives :

✗ Victor Hugo a pris position contre Napoléon III, ce qui l'a conduit à un exil qui a duré de longues années.

250

✓ Les prises de position de Victor Hugo contre Napoléon III l'ont conduit à un long exil.

■ Lorsque c'est possible, remplacez les relatives par un adjectif.
✗ Un poète qui est adepte du lyrisme préfère le vers à la prose.
✓ Un poète lyrique préfère le vers à la prose.

II Faire des phrases bien construites

■ Pour intégrer une interrogation dans une phrase déclarative, on utilise une **subordonnée interrogative indirecte**. Elle est introduite par un verbe de parole ; il n'y a ni inversion du sujet ni point d'interrogation
✗ On se demandera si le héros est-il toujours moral ?
✓ On se demandera si le héros est toujours moral.

■ **La conjonction « et »** ne peut coordonner que deux groupes syntaxiques équivalents.
✗ La comédie permet le divertissement [GN] et d'instruire le public [GV].
✓ La comédie permet de divertir [GV] et d'instruire le public [GV].

■ *D'une part… d'autre part / Non seulement… mais encore* sont des **constructions binaires** : il ne faut donc pas omettre la seconde expression.

■ Soyez vigilant sur l'usage du **participe présent** : le sujet du verbe conjugué doit être le même que le sujet du participe présent.

> **CONSEIL**
> Limitez l'emploi du participe présent qui alourdit souvent vos phrases.

✗ En pensant à sa fille, le poème s'écrivit facilement.
✓ En pensant à sa fille, Hugo écrivit facilement son poème.

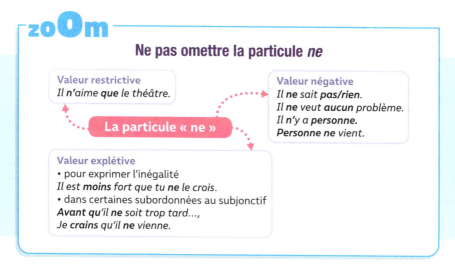

zoOm

Ne pas omettre la particule *ne*

Valeur restrictive
Il n'aime que le théâtre.

Valeur négative
Il ne sait pas/rien.
Il ne veut aucun problème.
Il n'y a personne.
Personne ne vient.

La particule « ne »

Valeur explétive
• pour exprimer l'inégalité
Il est moins fort que tu ne le crois.
• dans certaines subordonnées au subjonctif
Avant qu'il ne soit trop tard…,
Je crains qu'il ne vienne.

12 • Améliorer ses écrits   251

44 Exprimer des relations logiques

En bref *Pour énoncer et défendre ses idées, pour convaincre son interlocuteur, il est nécessaire de connaître et de maîtriser les outils dont la langue dispose pour mettre en relation les idées et construire une pensée.*

I L'expression de la cause et de la conséquence

C'est certainement le type de relation logique le plus couramment employé, pourtant le choix du bon connecteur n'est pas toujours évident.

1 Quelle différence entre *parce que* et *puisque* ?

■ Il ne faut pas confondre **parce que** et **puisque** :
- *parce que* explicite **la cause** ;
- *puisque* (*dès lors que, du moment que, comme…*) énonce **un constat**.

■ Exemples :
> ✓ Le texte est injonctif parce que tous les verbes sont à l'impératif.
> [On énonce un résultat, puis on le justifie.]

> ✓ Puisque tous les verbes sont à l'impératif, on peut dire que le texte est injonctif.
> [*Puisque* introduit la cause connue de l'interlocuteur (on est d'accord pour dire que les verbes sont à l'impératif), avant d'énoncer le résultat.]

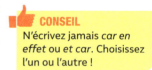

CONSEIL
N'écrivez jamais *car en effet* ou *et car*. Choisissez l'un ou l'autre !

2 Quelles différences entre *en raison de*, *à cause de*, *dû à* ?

■ *Dû à* n'est pas une locution prépositive (comme *en raison de*, *à cause de*…) mais le participe passé du verbe *devoir* qui se construit avec la préposition *à* (*devoir quelque chose à quelqu'un*).

> ✗ Le texte est injonctif dû à la présence des impératifs.
> ✓ Le texte est injonctif en raison de / à cause de la présence des impératifs.
> ✓ Si le texte est injonctif, cela est dû à la présence des impératifs

3 Penser à la ponctuation

Les **deux points** peuvent avantageusement remplacer un connecteur de cause.

> ✓ Rimbaud était un poète précoce. Il a en effet publié ses premiers poèmes à 17 ans.
> ✓ Rimbaud était un poète précoce : il a publié ses premiers poèmes à 17 ans.

II — L'expression de l'opposition et de la concession

Pour rédiger une dissertation ou un commentaire, vous avez besoin d'exprimer l'opposition et la concession.

1 | Les connecteurs exprimant l'opposition

Les *connecteurs d'opposition* sont nombreux et ne posent pas de problème d'emploi : *mais, cependant, en revanche, alors que, pourtant, tandis que, néanmoins, au contraire, d'un autre côté, or, en dépit de, au lieu de, loin de…*

2 | Les connecteurs exprimant la concession

■ Attention à l'emploi de *malgré et bien que*. *Malgré* est une préposition, elle est donc toujours suivie d'un GN : *malgré que* est à bannir. Pour introduire une subordonnée, utilisez *bien que* + subjonctif.

✓ Malgré son goût pour la médecine, Rabelais préféra la littérature.
✓ Bien que André Breton soit mort, son influence se fait toujours sentir.

■ On peut aussi employer *quoique et quel(le) que soit* (attention à l'accord !).

✓ Quoique grand poète, Soupault est peu connu aujourd'hui.
✓ Quels que soient les arguments opposés, ils ne pourront nous convaincre.

À NOTER
Ne confondez pas la conjonction *quoique* (= *bien que*) et le relatif *quoi que* (= *quel que soit ce que*).

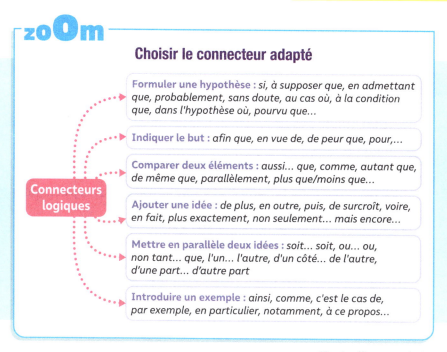

Choisir le connecteur adapté

Connecteurs logiques

- **Formuler une hypothèse** : *si, à supposer que, en admettant que, probablement, sans doute, au cas où, à la condition que, dans l'hypothèse où, pourvu que…*
- **Indiquer le but** : *afin que, en vue de, de peur que, pour,…*
- **Comparer deux éléments** : *aussi… que, comme, autant que, de même que, parallèlement, plus que/moins que…*
- **Ajouter une idée** : *de plus, en outre, puis, de surcroît, voire, en fait, plus exactement, non seulement… mais encore…*
- **Mettre en parallèle deux idées** : *soit… soit, ou… ou, non tant… que, l'un… l'autre, d'un côté… de l'autre, d'une part… d'autre part*
- **Introduire un exemple** : *ainsi, comme, c'est le cas de, par exemple, en particulier, notamment, à ce propos…*

45 Éviter les répétitions

En bref *Dans vos différents types d'écrits, il faut éviter les répétitions qui alourdissent vos phrases et appauvrissent votre pensée. Comment les éviter ?*

I Traquer les répétitions et les redondances

■ Veillez à ne pas surcharger votre texte d'informations inutiles :

• informations que avez déjà données :

> Écrire un article sur le blog de la classe est une bonne idée. Cela permet d'approfondir sa propre réflexion. Cependant, ~~sur le blog de la classe~~, il faudra être attentif à l'orthographe.

• informations évidentes :

> La marquise de Merteuil, l'une des protagonistes du roman épistolaire de Laclos, réside à Paris et écrit à Valmont qui n'est ~~pas à Paris, mais~~ à la campagne auprès de Madame de Tourvel.
> [Il va de soi que si Valmont est à la campagne, il n'est pas à Paris.]

■ Traquez également les **pléonasmes** qu'on peut écrire sans s'en rendre compte, par exemple :

> Le dramaturge met en scène des muets ~~qui ne peuvent pas parler~~.
> [muet = personne qui ne peut pas parler : la précision est donc inutile]

> **MOT CLÉ**
> Un **pléonasme** est la répétition dans un même énoncé de mots ayant le même sens (*monter en haut, descendre en bas...*).

II Utiliser des pronoms de reprise

■ Les pronoms sont des équivalents de groupes syntaxiques (groupe nominal, groupe verbal, groupe prépositionnel). Ils leur servent de substitut et sont utiles pour éviter les répétitions.

■ Un pronom de reprise reprend théoriquement le nom le plus proche : attention à ne pas créer d'ambiguïté.

> **?** L'acteur a rencontré le metteur en scène. Il lui a parlé de la pièce. [Qui a parlé ?]
> ✓ L'acteur a rencontré le metteur en scène et lui a parlé de la pièce.
> ✓ L'acteur a rencontré le metteur en scène. Ce dernier lui a parlé de la pièce.

■ Leur emploi est rarement possible après un nom collectif.

> Nous avons pu discuter avec la troupe à l'issue du spectacle.
> ✗ Ils étaient tous très intéressants. [Grammaticalement, *ils* ne renvoie à rien.]
> ✓ Tous les comédiens étaient très intéressants.

TEST   FICHES DE COURS   EXERCICES

III Chercher des synonymes et enrichir le sens

■ Toute langue dispose de plusieurs synonymes pour désigner une même réalité ou une même notion. Pensez à utiliser un lexique varié pour enrichir vos écrits.

CONSEIL
Au cours de l'année, et selon vos lectures, pensez à vous faire des listes de synonymes.

> Victor Hugo a écrit de nombreux livres ; dans son dernier ~~livre~~ ouvrage, il évoque les ~~livres~~ œuvres qu'il a rédigées dans sa jeunesse.

■ Sachant que tout synonyme n'est jamais l'exact équivalent d'un mot, on peut chercher une reformulation qui enrichisse le sens en apportant un supplément d'information.

> Harpagon est connu pour son avarice. Cette manie le conduit à vouloir marier sa fille à un homme riche mais âgé.

Dans cette phrase, *manie* n'est pas un synonyme d'*avarice*. Le mot signifie *folie* et sert à caractériser le type d'avarice dont Harpagon est victime.

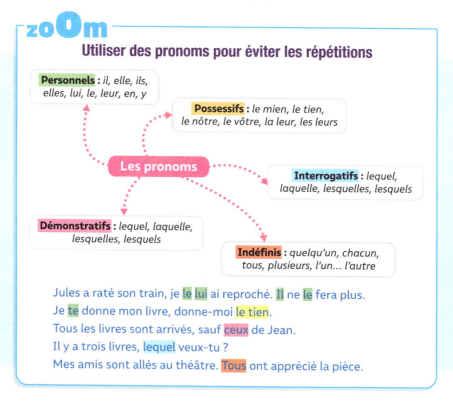

zoOm — Utiliser des pronoms pour éviter les répétitions

- **Personnels** : il, elle, ils, elles, lui, le, leur, en, y
- **Possessifs** : le mien, le tien, le nôtre, le vôtre, la leur, les leurs
- **Interrogatifs** : lequel, laquelle, lesquelles, lesquels
- **Démonstratifs** : lequel, laquelle, lesquelles, lesquels
- **Indéfinis** : quelqu'un, chacun, tous, plusieurs, l'un… l'autre

Jules a raté son train, je le lui ai reproché. Il ne le fera plus.
Je te donne mon livre, donne-moi le tien.
Tous les livres sont arrivés, sauf ceux de Jean.
Il y a trois livres, lequel veux-tu ?
Mes amis sont allés au théâtre. Tous ont apprécié la pièce.

12 • Améliorer ses écrits   255

46 Écrire sans fautes

En bref | *Écrire sans fautes peut sembler un objectif difficile à atteindre, mais il suffit souvent de se relire attentivement pour éviter un grand nombre d'erreurs.*

I Les fautes courantes

On distingue deux types d'orthographe. L'une s'apprend et suit des règles, c'est l'orthographe grammaticale ; l'autre semble plus aléatoire car elle est le résultat de l'histoire de la langue, c'est l'orthographe lexicale.

1 L'orthographe grammaticale

■ Les fautes d'accord sont **faciles à éviter** si l'on connaît les règles clés :
– le verbe s'accorde avec son sujet ;
– les adjectifs et les déterminants s'accordent avec le nom auquel ils se rapportent ;
– le participe passé s'accorde avec le sujet lorsqu'il est employé avec l'auxiliaire *être* ; avec le COD lorsqu'il est employé avec l'auxiliaire *avoir* et que le COD est placé avant le verbe.

■ Notez également que lorsque deux verbes se suivent, le second est à l'infinitif sauf si le premier verbe est un auxiliaire (*être* ou *avoir*).

> 👍 **CONSEIL**
> Pendant l'année, notez les fautes que vous faites régulièrement pour y prêter une attention particulière le jour J.

2 L'orthographe lexicale

■ On fait moins de fautes quand on comprend la raison d'être de l'orthographe. Voici quelques exemples :

• Les accents circonflexes remplacent un *s* présent dans la langue ancienne :
hospital → hôpital ; *chastel* → château

• L'adverbe se construit sur le féminin de l'adjectif :
essentiel [masc.] → essentielle [fém.] → essentiellement [adv.]

• La consonne finale du participe passé est utile pour construire la forme féminine. Cherchez la forme féminine et vous aurez le participe passé : *mise* → *mis*.

■ Inversement, tenter de donner un sens à un mot ou une locution conduit parfois à faire des fautes.
~~pied d'estale~~ au lieu de piédestal
~~autant pour moi~~ au lieu de au temps pour moi
~~qu'en même~~ au lieu de quand même

■ N'oubliez pas les accents : une erreur ou un oubli d'accent est une faute.

■ Attention également aux homophones : *a* [verbe *avoir*] ≠ *à* [préposition], *ou* [conjonction] ≠ *où* [pronom], *et* [conjonction] ≠ *est* [verbe *être*], *ces* [démonstratif] ≠ *ses* [possessifs], *sensé* [qui a du bon sens] ≠ *censé* + verbe [qui est supposé faire quelque chose].

256

| TEST | FICHES DE COURS | EXERCICES |

II Des casse-têtes

1 | Faut-il le pluriel ou le singulier ?

Voici deux cas où l'on peut trouver l'un ou l'autre selon le sens de l'énoncé.

> **CONSEIL**
> À la maison ou en situation d'examen, gardez toujours une dizaine de minutes pour vous relire et vous corriger.

■ Après une préposition exprimant l'absence :

un héros **sans cœur** [il ne peut avoir qu'un seul cœur]

un héros **sans principes** [en général, on a plus d'un principe]

un héros **sans aucun principe** [après *aucun*, *aucune*, il ne peut y avoir le pluriel]

■ Après un nom collectif :

un recueil **de poèmes** [il y a <u>plusieurs poèmes</u>]

un recueil **de poésie** [le recueil contient <u>de la poésie</u>]

Le <u>groupe</u> des poètes **a signé** un manifeste. [ils l'ont signé au nom du groupe]

Une série de <u>ruptures</u> **ont marqué** la fin du mouvement. [chaque rupture a contribué à la fin du mouvement]

2 | Comment former le pluriel des noms composés ?

Le principe est de **marquer le pluriel sur les mots qui l'acceptent** (noms, adjectifs) et de ne pas le marquer sur les autres (adverbes, prépositions, verbes).

- des coffre**s**-fort**s**, des sourd**s**-muet**s**
- des chef**s**-d'œuvre [pièces maîtresses d'une œuvre]
- des tragi-comédie**s**, des arrière-pensée**s**, des poète**s** avant-gardiste**s**
- des savoir-faire

---

zoOm

Impact des fautes d'orthographe sur le sens

L'orthographe n'est pas une convention sans importance : une mauvaise orthographe peut conduire à une mauvaise interprétation du sens. Exemples.

Le drame **où** le personnage développe le caractère propre au siècle des Lumières.	≠	Le drame **ou** le personnage développ**ent** le caractère propre au siècle des Lumières.
Ses arguments ferme**s** la port**ent** à l'éloge de la guerre.	≠	Ses arguments ferme**nt** la porte à l'éloge de la guerre.
Un héros et un personnage secondaire redoutable**s**.	≠	Un héros et un personnage secondaire redoutable.

12 • Améliorer ses écrits   **257**

MÉMO VISUEL

Faire des phrases courtes et bien construites

Bien ponctuer
- Terminer chaque phrase par une **ponctuation forte** (., ?, !,).
- Marquer des pauses grâce à des **virgules**.

Bien construire une phrase négative
La négation comporte toujours **deux mots.**

Bien construire les subordonnées
- Choisir le **bon pronom relatif**
  *Le livre **dont** je te parle et **que** je t'ai prêté…*
- Ne pas confondre **interrogative** directe et indirecte.
  *On se demandera **si** le poème **est** lyrique. Le poème est-il lyrique ?*

AMÉLIORER

Structurer son propos

Soigner la présentation
- Commencer chaque paragraphe par un **alinéa**.
- **Sauter une ligne** entre chaque partie, et **deux lignes** après l'introduction et avant la conclusion.

Utiliser des connecteurs logiques
- Pour **ajouter** une idée : *de plus, en outre, de surcroît, par ailleurs…*
- Pour introduire un **exemple** : *par exemple, ainsi, c'est ainsi que, notamment…*
- Pour marquer une **opposition** : *mais, cependant, néanmoins, pourtant, en revanche…*

TEST **FICHES DE COURS** EXERCICES

Éviter les répétitions

Utiliser des pronoms
- Vérifier que l'**antécédent** n'est pas ambigu.
  Les actrices étaient vêtues de robes déchirées.
  Pourtant ~~elles~~ ces dernières étaient très belles.
- Ne pas oublier d'**accorder** le pronom avec le mot qu'il remplace.
  *Les actrices **auxquelles** les metteurs en scène portent une grande attention…*

Utiliser un vocabulaire varié
- Éviter les **verbes passe-partout.**
  Le maître explique à Jacques qu'il doit ~~faire attention~~ être attentif ~~à bien faire ce qu'un valet doit faire~~ à bien exécuter toutes les tâches d'un valet.
- Utiliser des **synonymes.**
  L'auteur dit/écrit/explique/affirme/démontre/assure/ déclare/prétend/annonce…

SES ÉCRITS

Se relire

1 Vérifier que les phrases sont **complètes** (au moins un verbe conjugué, pas de mot oublié).

2 Vérifier que les verbes sont **accordés avec leur sujet.**

3 Vérifier que les déterminants et les adjectifs sont **accordés avec le nom** auquel ils se rapportent.

4 Vérifier l'orthographe des **homophones grammaticaux.**

5 S'interroger sur l'orthographe des **mots difficiles.**

12 • Améliorer ses écrits 259

▶ EXERCICES

Ponctuer correctement un texte → FICHE 43

1 Recopiez ou annotez ce texte en rétablissant les majuscules et les signes de ponctuation.

dans son monde les airs l'albatros est cet oiseau qui décide librement d'accompagner les hommes mais sans que leurs mondes ne se touchent en effet on remarque que la première strophe est composée de deux fois deux vers en enjambement ce qui ralentit le rythme et mime l'indolence du vol de l'oiseau on a l'impression de chemins parallèles celui de l'oiseau et celui du navire mais l'oiseau semble plus à l'aise dans son monde puisque sa définition « vaste oiseau des mers » l'associe à son monde naturel la mer alors que ce même élément devient source de danger pour les hommes des « gouffres amers » le jeu sur la rime et les allitérations renforcent cette impression le poète dans son monde est serein empli d'idéal compagnon lointain des hommes

Choisir les bons connecteurs → FICHE 44

2 Complétez le texte en insérant les connecteurs logiques manquants afin de mettre en évidence les étapes du raisonnement.

Il s'agit du résumé d'un extrait du Traité des animaux *de Condillac (1714-1780), qui aborde la difficulté qu'ont les humains à se représenter la manière dont les animaux perçoivent le monde.*

Nous connaissons le mode de perception des chauve-souris, ………………… il est si éloigné du nôtre que nous ne pouvons nous mettre à la place de cet animal. De quelle manière ………………… avoir accès à sa subjectivité ?

………………… la connaissance que j'ai du monde dépend de ma subjectivité, je ne pourrai jamais savoir ce que je serai en chauve-souris, ni ce que cela fait à une chauve-souris d'être une chauve-souris. Une transformation physique n'y suffirait pas, et je ne pourrai penser cette transformation que par rapport à ce que je suis maintenant.

On ne peut opérer que des déductions à partir de nos propres connaissances ………………… une autre espèce rencontrerait les mêmes difficultés dans la connaissance qu'elle aurait de nous. ………………… nous aurions tort de croire les espèces différentes moins complexes.

 CONSEIL
N'oubliez pas que la ponctuation a un rôle à jouer dans l'argumentation et l'articulation des idées, notamment les deux-points.

TEST > **FICHES DE COURS** > **EXERCICES**

3 Même exercice que précédemment mais les trois paragraphes ont été supprimés : à vous de les restituer en signalant le passage à la ligne par une barre oblique (/).

> .... souverain doive être connu pour sa mansuétude, il doit savoir faire preuve de fermeté .... punir quelques coupables évite la ruine d'un pays, surtout lorsqu'on arrive au pouvoir. .... on ne peut régner par la peur et l'affection, il faut choi-
> 5 sir la peur .... en cas de besoin tout homme comblé de bienfaits se montrera lâche .... la crainte de la punition garantira sa fidélité. Attention néanmoins à ne pas vous faire haïr, gardez-vous des excès et châtiez avec justice ; ne commencez pas à spolier le peuple, c'est un engrenage dangereux. Le chef de guerre surtout doit être
> 10 intraitable, ... Annibal adoré par ses soldats pour son courage et sa fermeté. Ne cherchez pas à vous faire aimer, ... à vous faire craindre.
>
> Machiavel, *Le Prince*, 1532

Éviter les répétitions   → FICHE 45

4 Réécrivez le texte en évitant les répétitions des mots en couleur.

Si l'autobiographie est essentiellement un récit, puisque l'autobiographe raconte sa vie, la visée de l'autobiographie est aussi l'analyse de soi. C'est pourquoi dans l'autobiographie se mêle aussi du discours : l'autobiographe se penche sur son passé, le juge, l'analyse. Ainsi, il peut interrompre le récit de sa vie (mené en général aux temps du passé), et intervenir au présent de l'écriture pour porter un regard critique, amusé, ou complice sur les événements qui ont marqué l'histoire de sa vie.

Se relire efficacement   → FICHE 46

5 Voici un paragraphe rédigé par un élève au sujet du tableau *Le Cri* de Munch. Surlignez les fautes selon le code couleur proposé, puis réécrivez le texte sans fautes.

- fautes d'accord
- forme verbale en [e]
- homophones
- lexique (dont erreurs d'accent)

Edvard Munch, *Le Cri*, 1893.

Lorsqu'on regarde ce personnage, la première sensation qui ce dégage est un sentiment d'horreur, de peur, de crainte. La manière dont il cache ses oreilles suggère qu'il essaye de couvrir un bruit effréyant, comme un cris ou une explosion. Le fait de boucher ses oreilles pourraient montré la manière dont il veut masquée la souffrance de la vie quotidienne, car, a l'expression de son visage, on pourrait pensée que sa vie est un calvère.

12 • Améliorer ses écrits   **261**

Ce personnage ne veut plus entendre le cris du désespoires, de l'horreur, de la mort… Je pense qu'il veut tout simplement devenir sourd pour ne plus subir ces sons qui lui sembles insupportables. De plus, l'expression de son visage montre qu'il voit quelque chose qui sort de l'ordinaire. On a l'impression qu'il assiste à une scène dramatique et traumatisante, qui restera peut être gravé en lui a jamais.

Bilan

→ FICHES **43** à **46**

6 **Le paragraphe ci-dessous, extrait d'un commentaire sur la fin de** *Candide* **de Voltaire, est truffé d'erreurs et de maladresses. Cet exercice vous propose de l'améliorer progressivement tout en respectant son sens.**

L'élève se demande si Voltaire critique le fait de se livrer à la réflexion, ou seulement le fait de réfléchir de manière abstraite et incohérente.

> Il ne s'agit pas pour l'auteur de s'opposer à toute forme de raisonne-ment parce que le héros au début du texte est plongé dans de profondes réflexions. Il s'agit plutôt d'une pensée nourrie d'expériences et d'obser-vations. Ce qui est par exemple rejeté est le discours du philosophe et des
> 5 métaphysiciens, qui a une tendance affirmée à bavarder, à brasser des idées, à délayer. Et ses pensées débouchent toujours sur une action inco-hérente. Dans son second discours, on voit bien que le philosophe n'a pas renoncé à l'absurdité et à l'incohérence : il use encore de la termi-nologie optimiste pour expliquer l'actualité. Critique des raisonnements
> 10 interminables sur des questions métaphysiques.

1. Corriger les fautes de ponctuation ou de syntaxe

a. Deux groupes de mots devraient être entre virgules : repérez-les et rétablissez les virgules.

b. Expliquez en quoi les mots en couleur sont fautifs et proposez une correction.

2. Améliorer le style et supprimer les maladresses

a. La mise en opposition de deux interprétations différentes à l'aide de « Il ne s'agit pas… / Il s'agit plutôt… » (l. 1-3) est bancale : pourquoi ? Reformulez la deuxième phrase pour corriger le problème.

b. La phrase de la ligne 6 commence par la conjonction *et*. Est-ce correct ? Faites une proposition pour mieux relier cette phrase à la précédente.

c. Pourquoi l'énumération soulignée n'est-elle pas convaincante ? Reformulez-la.

d. Quel connecteur logique faudrait-il ajouter à la dernière phrase pour clore le paragraphe ?

CORRIGÉS

Ponctuer correctement un texte

1 **D**ans son monde, les airs, l'albatros est cet oiseau qui décide librement d'accompagner les hommes, mais sans que leurs mondes ne se touchent. **E**n effet, on remarque que la première strophe est composée de deux fois deux vers en enjambement, ce qui ralentit le rythme et mime l'indolence du vol de l'oiseau. **O**n a l'impression de chemins parallèles, celui de l'oiseau et celui du navire ; mais l'oiseau semble plus à l'aise dans son monde, puisque sa définition, « vaste oiseau des mers », l'associe à son monde naturel, la mer, alors que ce même élément devient source de danger pour les hommes : des « gouffres amers ». **L**e jeu sur la rime et les allitérations renforcent cette impression. **L**e poète, dans son monde, est serein, empli d'idéal, compagnon lointain des hommes.

Choisir les bons connecteurs

2 Nous connaissons le mode de perception des chauve-souris, **cependant / mais / pourtant** il est si éloigné du nôtre que nous ne pouvons nous mettre à la place de cet animal. De quelle manière **alors** avoir accès à sa subjectivité ?

Puisque la connaissance que j'ai du monde dépend de ma subjectivité, je ne pourrai jamais savoir ce que je serais en chauve-souris, ni ce que cela fait à une chauve-souris d'être une chauve-souris. Une transformation physique n'y suffirait pas, et je ne pourrai penser cette transformation que par rapport à ce que je suis maintenant.

On ne peut opérer que des déductions à partir de nos propres connaissances : / **ainsi** une autre espèce rencontrerait les mêmes difficultés dans la connaissance qu'elle aurait de nous. **Ainsi / C'est pourquoi / Donc** nous aurions tort de croire les espèces différentes moins complexes.

3 **Bien qu'**un souverain doive être connu pour sa mansuétude, il doit savoir faire preuve de fermeté : punir quelques coupables évite la ruine d'un pays, surtout lorsqu'on arrive au pouvoir. **Puisqu'**on ne peut régner par la peur et l'affection, il faut choisir la peur **car** en cas de besoin tout homme comblé de bienfaits se montrera lâche **alors que** la crainte de la punition garantira sa fidélité.

Attention néanmoins à ne pas vous faire haïr, gardez-vous des excès et châtiez avec justice ; ne commencez pas à spolier le peuple, c'est un engrenage dangereux.

Le chef de guerre surtout doit être intraitable, **comme** Annibal adoré par ses soldats pour son courage et sa fermeté. Ne cherchez pas à vous faire aimer, **mais** à vous faire craindre.

 À NOTER

Le paragraphe est une unité de sens : tout passage à la ligne crée un paragraphe, c'est-à-dire une unité de sens. Structurer un texte argumentatif en paragraphes est donc fondamental pour bien mettre en évidence les étapes de la démonstration.

12 • Améliorer ses écrits   **263**

Éviter les répétitions

4 Si l'autobiographie est essentiellement un récit, puisque l'autobiographe raconte sa vie, la visée **en** est aussi l'analyse de soi. C'est pourquoi **s'y** mêle du discours : l'autobiographe se penche sur son passé, le juge, l'analyse. Ainsi, il peut interrompre **son récit** (mené en général aux temps du passé), et intervenir au présent de l'écriture pour porter un regard critique, amusé, ou complice sur les événements qui ont marqué **son histoire**.

Se relire efficacement

5 Lorsqu'on regarde ce personnage, la première sensation qui se dégage [il s'agit du pronom réfléchi *se* : on ne peut pas remplacer par *cela*] est un sentiment d'horreur, de peur, de crainte. La manière dont il cache ses oreilles suggère qu'il essaye de couvrir un bruit effrayant comme le son d'un cri ou une explosion. Le fait de boucher ses oreilles pourrait [accord avec *fait*] montrer [verbe + verbe : le second est à l'infinitif] la manière dont il veut masquer la souffrance de la vie quotidienne, car à l'expression de son visage on pourrait penser que sa vie est un calvaire.

Ce personnage ne veut plus entendre le cri du désespoir, de l'horreur, de la mort… Je pense qu'il veut tout simplement devenir sourd pour ne plus subir ces sons qui lui semblent [accord à la 3e personne du pluriel avec *qui*, mis pour *ces sons*] insupportables. De plus, l'expression de son visage montre qu'il voit quelque chose qui sort de l'ordinaire. On a l'impression qu'il assiste à une scène dramatique et traumatisante, qui restera peut-être [il s'agit ici de l'adverbe *peut-être*, qui prend un trait d'union] gravée [accord au féminin singulier avec *qui*, mis pour *scène*] en lui à jamais [il s'agit de la préposition *à* : on ne peut pas remplacer par *avait*].

Bilan

6 **1. a.** Il est nécessaire d'utiliser les virgules pour isoler le complément circonstanciel *au début du texte* ainsi que *par exemple*, toujours entre virgules.

b. • *parce que* : la subordonnée explicite ce qui est énoncé dans la principale, il faut donc remplacer *parce que* par **puisque**.

• *a* : le verbe étant au singulier, il est accordé grammaticalement avec *discours*. Or *avoir une tendance à* et les verbes à l'infinitif qui suivent ne peuvent se rapporter qu'à un sujet humain : il faut donc accorder au pluriel avec *du philosophe et des métaphysiciens* : **ont**.

À NOTER

Quand l'accord se fait non par rapport au nombre du mot mais par rapport à son sens, on parle de syllepse : *La plupart* (singulier) *sont attentifs* (pluriel).

• *ses* : *ses* ne peut pas référer grammaticalement au philosophe. Il faut donc répéter le nom : *les pensées du philosophe* (ou *leurs pensées* s'il s'agit de celles du philosophe et des métaphysiciens).

| TEST | FICHES DE COURS | EXERCICES |

• *critique* : selon que l'on voit en *critique* un nom ou un verbe, la phrase sera nominale (ce qu'il vaut mieux éviter dans un paragraphe argumenté), ou fautive puisque le verbe n'a pas de sujet. On pourrait écrire : ***Ce texte est une critique...*** ou ***L'auteur critique...***.

2. a. L'opposition est bancale parce qu'elle met en parallèle un verbe à l'infinitif *s'opposer à...* et un groupe nominal *une pensée nourrie...*. Il faudrait introduire le second terme par un antonyme de *s'opposer à* : *Il s'agit plutôt de **privilégier / préférer / donner la préférence...***

b. Il n'est pas conseillé de commencer une phrase par *et* puisque cette conjonction coordonne deux éléments qui ont une même fonction. Si l'on veut commencer une nouvelle phrase en ajoutant un argument, on préférera les connecteurs d'adjonction : *De plus / En outre*.

c. L'énumération n'est pas convaincante car les trois termes sont de sens proche, ce qui crée une redondance. En outre, *délayer* est employé ici dans un sens familier, registre de langue à proscrire dans un commentaire.

Proposition de reformulation : *une tendance affirmée à brasser des idées en se perdant dans des bavardages interminables / à brasser des idées de manière trop bavarde...*

d. Pour que la dernière phrase soit bien la phrase conclusive du paragraphe, il faut ajouter le connecteur *donc*.

Voici une proposition de reformulation du paragraphe (il pourrait encore être perfectionné, mais nous avons déjà éliminé les grosses erreurs ainsi qu'un certain nombre de maladresses).

Il ne s'agit pas pour l'auteur de s'opposer à toute forme de raisonnement **puisque** le héros, au début du texte, est plongé dans de profondes réflexions. Il s'agit plutôt de **donner la préférence** à une pensée nourrie d'expériences et d'observations. Ce qui est, par exemple, rejeté est le discours du philosophe et des métaphysiciens qui ont une tendance affirmée **à brasser des idées en se perdant dans des bavardages sans fin. De plus, les pensées du philosophe** débouchent toujours sur des actions incohérentes. Dans son second discours, on voit bien que le philosophe n'a pas renoncé à l'absurdité et à l'incohérence : il use encore de la terminologie optimiste pour expliquer l'actualité. **L'auteur critique donc** les raisonnements interminables sur des questions métaphysiques.

12 • Améliorer ses écrits **265**

Réussir l'épreuve orale

Réussir l'épreuve orale
13 Préparer et passer l'épreuve

TEST	Pour vous situer et établir votre parcours de révision	270
FICHES DE COURS	47 Préparer l'épreuve orale	272
	48 Réussir la première partie de l'oral	274
	49 Présenter une œuvre à l'oral	276
	50 Dialoguer avec l'examinateur	278
	MÉMO VISUEL	280
SUJETS GUIDÉS & CORRIGÉS	**OBJECTIF BAC**	
	13 EXPLICATION DE TEXTE ❘ Paul Éluard, « La courbe de tes yeux » (1926)	282
	OBJECTIF MENTION	
	14 EXPLICATION DE TEXTE ❘ Voltaire, « Le Nègre de Surinam », *Candide* (1759)	286

269

TESTEZ-VOUS

→ CORRIGÉS P. 306-307

Faites le point sur vos connaissances puis établissez votre **parcours de révision** en fonction de votre score.

1 Préparer l'épreuve

→ FICHE 47

1. L'explication de texte à l'oral :
- ☐ a. a été préparée en classe pendant l'année.
- ☐ b. se limite aux connaissances vues en cours.
- ☐ c. nécessite un approfondissement personnel.
- ☐ d. est improvisée le jour de l'oral.

2. Au brouillon, il est utile de :
- ☐ a. rédiger l'introduction et la conclusion.
- ☐ b. rédiger le développement.
- ☐ c. noter les axes du plan.
- ☐ d. détailler les procédés.

…/2

2 Expliquer un texte à l'oral

→ FICHE 48

1. Lors de la lecture orale du texte :
- ☐ a. il faut effectuer les liaisons.
- ☐ b. pour un texte théâtral, il faut lire les noms des personnages.
- ☐ c. il faut impérativement se lever.
- ☐ d. il faut mettre le ton.

2. L'introduction de l'explication comprend :
- ☐ a. l'annonce de la problématique.
- ☐ b. l'annonce du plan.
- ☐ c. une ouverture.
- ☐ d. la présentation du texte.

3. Une explication linéaire consiste à :
- ☐ a. expliquer le texte mot à mot.
- ☐ b. résumer le texte par paragraphe.
- ☐ c. suivre les mouvements du texte.
- ☐ d. mettre en lumière le sens et les impressions qui émergent du texte.

TEST | FICHES DE COURS | SUJETS GUIDÉS

4. La question de grammaire consiste à :

☐ **a.** réciter la définition d'une notion grammaticale.

☐ **b.** expliciter le sens d'une phrase.

☐ **c.** analyser la structure d'une phrase ou d'un passage.

☐ **d.** reformuler une phrase du texte en en modifiant la syntaxe.   …/4

3 Réussir la deuxième partie de l'oral

→ FICHES **49** et **50**

1. L'œuvre présentée :

☐ **a.** est forcément une lecture cursive.

☐ **b.** a obligatoirement été étudiée en cours.

☐ **c.** peut être une lecture personnelle.

☐ **d.** ne peut pas être contemporaine.

2. Lors de la présentation de l'œuvre, il faut :

☐ **a.** faire une biographie de l'auteur.

☐ **b.** résumer l'œuvre.

☐ **c.** lire un passage.

☐ **d.** donner son avis sur l'œuvre.

3. Lors de l'entretien :

☐ **a.** il faut répondre très précisément à l'examinateur.

☐ **b.** il faut développer ses réponses.

☐ **c.** il ne faut évoquer que l'œuvre présentée.

☐ **d.** il ne faut pas couper l'examinateur.

4. Pour réussir cette deuxième partie de l'oral, il faut :

☐ **a.** faire des fiches de lecture pendant l'année.

☐ **b.** lire toutes les œuvres d'un même auteur.

☐ **c.** faire des recherches sur l'œuvre, l'auteur et le contexte.

☐ **d.** ne rien préparer et improviser.   …/4

Score total …/10

Parcours PAS À PAS ou *EXPRESS* ? → MODE D'EMPLOI P. 3

13 • Préparer et passer l'épreuve   **271**

47 Préparer l'épreuve orale

En bref *Le jour de l'oral, vous disposez de 30 minutes de préparation. Cette durée, relativement brève, ne permet pas de réaliser l'explication de texte sans révision préalable. Il faut procéder avec méthode et bien gérer son temps.*

I Quel est l'objectif ?

■ Si elle a été préparée en cours, l'explication de texte n'en demeure pas moins un exercice personnel. Il est important d'apporter un regard original sur le texte et de montrer que vous vous l'êtes approprié.

■ L'explication nécessite :
– d'avoir une bonne compréhension du texte et de ses enjeux ;
– d'inscrire l'extrait dans l'œuvre et/ou dans le parcours auquel il se rattache ;
– de repérer avec justesse les procédés d'écriture et surtout d'en étudier les effets ;
– d'employer un lexique approprié.

II Comment se préparer pendant l'année ?

1 S'approprier les textes

■ Relisez régulièrement les six textes (3 extraits au minimum pour chaque œuvre, 3 extraits pour le parcours associé), et essayez d'approfondir le travail fait en classe en vous interrogeant sur votre propre ressenti.

■ Dégagez l'intérêt du texte : pourquoi vous en a-t-on proposé l'étude ?
• S'il s'agit d'un extrait d'une œuvre au programme, demandez-vous comment il s'inscrit dans l'œuvre : occupe-t-il une place particulière ?
• S'il s'agit d'un texte complémentaire, déterminez le rapport qu'il entretient avec l'œuvre et le parcours.

CONSEIL
N'hésitez pas à prendre des notes à différentes périodes de l'année car les impressions de lecture peuvent évoluer.

■ Documentez-vous sur le contexte, l'auteur, le courant littéraire…

2 Préparer des fiches efficaces

■ Pour se constituer de bons supports de révision, il est important de préparer sur chaque texte des fiches comportant les points-clés suivants :
– des informations sur le texte, l'œuvre, l'auteur, le courant littéraire…
– le ou les enjeux principaux du texte ;
– les mouvements du texte ;
– des idée(s) d'amorce et d'ouverture ;

272

■ Relevez également les particularités grammaticales de chaque texte pour anticiper la question de grammaire, et faites-vous des fiches de révision sur les principales notions grammaticales (→ FICHES 33-36).

III Comment gérer son temps de préparation le jour J ?

■ Lisez le texte tout en repérant les éventuelles difficultés de lecture (diérèses, liaisons, noms propres...). Repérez directement sur le texte les procédés que vous souhaitez commenter et adoptez un code couleur clair pour vous repérer facilement dans le texte.

CONSEIL
Le jour J, pensez à prendre une montre ou un réveil car votre téléphone portable sera interdit. Posez la montre sur la table et regardez-la régulièrement.

■ Notez vos idées clés au brouillon. Pour ne pas vous perdre dans vos notes, il est judicieux de n'écrire qu'au recto et de consacrer une feuille à chaque mouvement du texte (chaque grande partie de votre explication).

■ Rédigez intégralement l'introduction et la conclusion au brouillon, afin de ne rien oublier sous l'effet du stress lors de votre passage.

■ Vous pouvez consacrer 20 minutes à l'explication de texte afin de garder :
– 5 minutes pour répondre à la question de grammaire ;
– 5 minutes pour noter rapidement les éléments clés de votre présentation de l'œuvre choisie pour la deuxième partie de l'oral.

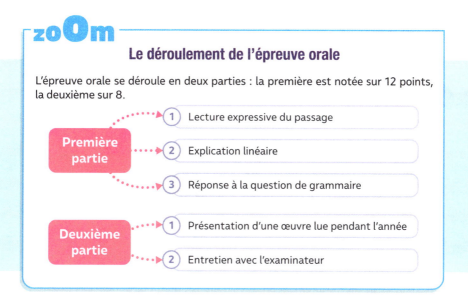

48 Réussir la première partie de l'oral

En bref *La première partie de l'oral dure 12 minutes. Vous devez lire le texte, puis expliquer l'extrait choisi par l'examinateur, et enfin répondre à la question de grammaire.*

I Lire le texte

Après avoir situé et contextualisé le texte, le moment de la lecture est essentiel car il permet à l'examinateur de vérifier votre bonne compréhension.

■ Lisez lentement, en marquant des pauses. Respectez les liaisons et la ponctuation, et adoptez une intonation qui souligne votre compréhension du texte et de ses nuances (l'ironie par exemple).

■ Tenez compte des spécificités de chaque genre :

Pour un texte poétique	• Respectez la versification, les diérèses ou synérèses et les enjambements. • Prononcez les [e] avant une consonne mais pas avant une voyelle ou en fin de vers.
Pour un texte théâtral	• Ne lisez pas les didascalies mais tenez compte des indications données (*en criant, en chuchotant, à part...*). • Marquez une pause entre deux répliques.
Pour un texte d'idées	• Montrez-vous convaincant·e. • Soulignez l'enchaînement des idées (en insistant notamment sur les connecteurs logiques).

II Expliquer l'extrait

■ L'explication linéaire d'un texte consiste à suivre l'ordre de l'extrait et à l'analyser au fur et à mesure de son déroulement.

■ Le risque le plus évident est la paraphrase, c'est-à-dire de reformuler autrement le contenu du texte sans analyse ni interprétation.

■ Pour éviter cet écueil, il est conseillé d'appliquer une méthode rigoureuse.

• Commencez par définir les mouvements du texte : cela permet d'en dégager la structure. Pour cela, appuyez-vous sur l'organisation en paragraphes, les connecteurs logiques, le repérage des thèmes abordés...

• Dégagez l'enjeu principal du texte, qui servira de fil conducteur à votre explication : que voulez-vous montrer ?

• N'analysez pas nécessairement phrase par phrase, mais regroupez vos remarques au sein d'un mouvement (métaphore filée ; champs lexicaux...).

• Justifiez vos impressions de lecture par des relevés et des procédés précis.

• Dressez des bilans d'étape pour expliciter la logique de votre démonstration.

TEST • FICHES DE COURS • SUJETS GUIDÉS

III Répondre à la question de grammaire

■ La question de grammaire porte sur l'analyse syntaxique d'une phrase ou d'un court passage du texte. Répondez de manière précise et complète à la question posée.

■ Voici quelques exemples :

Identifier une nature ou une fonction	• Nature : nom, adverbe, subordonnée complétive... • Fonction : sujet, attribut du sujet, COD, COI...
Justifier un accord	• S'il s'agit d'un verbe, repérez son sujet. • S'il s'agit d'un adjectif, identifiez le nom ou groupe nominal auquel il se rapporte.
Justifier l'emploi d'un temps ou d'un mode	• Pourquoi est-il employé dans ce contexte ? • Quel est l'effet produit ?
Analyser une phrase complexe	• Combien de propositions la phrase contient-elle ? • Quelle est leur nature (principale, indépendante, subordonnée) ? • Comment sont-elles reliées (juxtaposition, coordination, subordination) ?
Comprendre une relation logique	• Type de relation (cause, conséquence, but...) • Moyens syntaxiques mis en œuvre

zoOm — Un exemple d'explication linéaire

■ Voici la première strophe d'un poème d'Apollinaire (« Le Pont Mirabeau », *Alcools*, 1913) :

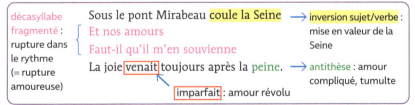

décasyllabe fragmenté : rupture dans le rythme (= rupture amoureuse)

Sous le pont Mirabeau coule la Seine → inversion sujet/verbe : mise en valeur de la Seine
Et nos amours
Faut-il qu'il m'en souvienne
La joie venait toujours après la peine. → antithèse : amour compliqué, tumulte

imparfait : amour révolu

■ À l'oral, vous pourriez proposer l'analyse suivante :

La strophe est formée de quatre vers : deux décasyllabes encadrent un tétramètre et un hexamètre. Le quatrain pourrait être un tercet car les deux vers centraux forment un décasyllabe rompu, à l'image de la rupture amoureuse qu'évoque Apollinaire.
Dans le premier vers, l'inversion du sujet et du verbe place « la Seine » en position finale : c'est une manière d'insister sur le rôle du fleuve, miroir du ressenti du poète. L'amour désormais révolu est évoqué avec l'emploi de l'imparfait « venait ». Il s'agit d'un amour passé et tumultueux, comme le souligne l'antithèse entre « joie » et « peine ».

13 • Préparer et passer l'épreuve   275

49 Présenter une œuvre à l'oral

En bref *La deuxième partie de l'oral dure 8 minutes. L'examinateur vous invite à présenter brièvement une œuvre de votre choix, parmi celles que vous avez lues pendant l'année, avant de vous poser des questions. Vous devez donc choisir l'œuvre avec soin et bien la maîtriser.*

I Faire des fiches de lecture pendant l'année

Comme vous ne déciderez qu'à la fin de l'année quelle œuvre vous allez présenter, il est important de prendre des notes et de développer une opinion critique sur chaque œuvre que vous lisez.

■ Lors de votre lecture, pensez à annoter l'œuvre en indiquant vos impressions, vos questions ou vos réflexions, et soulignez les passages qui vous semblent les plus intéressants, notamment par rapport au parcours étudié.

■ Réalisez ensuite une fiche de lecture comprenant :
– un rapide résumé de l'œuvre ;
– quelques informations clés sur les personnages principaux ;
– les thèmes principaux, les idées développées par l'auteur ;
– des remarques stylistiques sur l'écriture de l'auteur ;
– un bilan personnel synthétisant vos impressions de lecture, les questions que vous vous posez et les réflexions que l'œuvre suscite en vous ;
– les liens que vous pouvez établir avec d'autres œuvres ou avec des faits historiques ou d'actualité ;
– vos passages et citations préférés (en justifiant les choix).

> **À NOTER**
> L'examinateur n'évalue pas l'œuvre que vous avez choisie mais votre capacité à justifier ce choix. Privilégiez donc l'œuvre qui vous a le plus touché·e ou interpellé·e.

II Préparer la présentation

■ Votre présentation doit être succincte (environ deux minutes) mais efficace. Il ne s'agit pas de restituer votre fiche de lecture mais d'en faire ressortir les aspects les plus importants, tout en livrant un regard personnel sur l'œuvre en question.

■ Vous devez donc :
– présenter l'œuvre, son auteur et son contexte de publication ;
– résumer l'œuvre et indiquer les principaux thèmes abordés ;
– donner votre avis et justifier votre choix.

■ Vous pouvez faire des recherches sur l'œuvre, l'auteur et le contexte, mais votre présentation doit être personnelle : il ne s'agit pas de faire un exposé complet sur l'œuvre mais de rendre compte de votre propre expérience de lecture.

III   Pièges et astuces

■ **Les pièges à éviter**

✗ Commencer par résumer le livre, puis l'analyser d'une manière monotone.
✗ Se contenter de synthétiser des critiques que vous avez lues.
✗ Formuler son avis de manière simpliste ou banale : « J'ai bien aimé parce que… »
✗ Donner son avis sans le justifier.
✗ Oublier des aspects essentiels comme la fin de l'histoire, le nom des personnages ou l'époque de l'action.

> **CONSEIL**
> N'essayez pas de tout dire dans votre présentation : au contraire, donnez des pistes que vous pourrez approfondir pendant l'entretien.

■ **Les astuces à mettre en œuvre**

✓ Entremêler le résumé de l'œuvre et les aspects critiques.
✓ Montrer que vous avez compris les enjeux de l'œuvre.
✓ Prendre en compte les ressentis personnels et insister sur votre propre expérience de lecture.
✓ Expliquer pourquoi vous avez choisi cette œuvre.
✓ Montrer en quoi cette lecture a fait évoluer votre regard sur les thèmes abordés.
✓ Mentionner des éléments biographiques de l'auteur importants pour comprendre l'œuvre.
✓ Développer un avis critique s'appuyant sur la narration, les personnages, le style de l'auteur, etc.

Un exemple de présentation

Présentation et résumé

J'ai choisi de lire *La Chartreuse de Parme* de Stendhal en lien avec *Le Rouge et le noir* étudié en cours. Il s'agit d'un roman écrit en sept semaines qui raconte l'histoire d'amour du jeune Fabrice Del Dongo et de Clélia, la fille de son geôlier. À l'instar de Julien Sorel, le héros de *La Chartreuse de Parme* est en quête d'idéal. Fervent admirateur de Napoléon, il est déçu des réalités de la vie et se heurte aux mesquineries de ses contemporains. L'intrigue se déroule une vingtaine d'années seulement avant l'écriture, ce qui permet à Stendhal, pionnier du réalisme, de décrire et de dénoncer les mœurs de son temps.

Avis personnel

D'abord découragé par l'ampleur de cette somme romanesque, j'ai finalement été captivé par les aventures du héros et le style de l'auteur qui oscille entre romantisme et réalisme. J'ai tout particulièrement apprécié le passage de la bataille de Waterloo dans lequel le point de vue interne permet une description à la fois réaliste et satirique du combat.

50 Dialoguer avec l'examinateur

En bref *L'entretien est un dialogue avec l'examinateur, et non un interrogatoire. Montrez-vous dynamique et de bonne volonté, et mettez tout en œuvre pour convaincre votre interlocuteur de votre intérêt pour l'œuvre et de votre bonne compréhension de celle-ci.*

I Les critères d'évaluation

■ Les éléments évalués lors de l'entretien sont :
– votre capacité à défendre une lecture personnelle ;
– votre capacité à expliquer et à justifier un choix ;
– votre aptitude au dialogue ;
– la qualité de votre expression orale ;
– vos qualités d'analyse et d'argumentation, de communication et de persuasion ;
– votre capacité à établir des liens entre la lecture littéraire et les autres champs du savoir.

■ Pour réussir, vous devez donc :
– développer vos réponses, sans attendre que l'examinateur renchérisse ;
– aller au-delà de la question posée par le jury ;
– rebondir sur les suggestions de l'examinateur ;
– utiliser si nécessaire des exemples précis (passages, citations…) ;
– ouvrir sur d'autres œuvres ou d'autres thèmes abordés en lien avec l'œuvre choisie.

II Anticiper les questions de l'examinateur

Voici quelques exemples de questions qui pourraient vous être posées.

Justifier ses choix	• Pourquoi avez-vous choisi cette lecture ? • Un personnage vous a-t-il particulièrement plu ? • Y a-t-il des aspects de cette œuvre que vous n'avez pas appréciés ? Pourquoi ?
Exprimer sa sensibilité artistique	• En quoi cette œuvre vous a-t-elle touché·e ? • Quels messages transmet-elle ? • Que pensez-vous du style de l'auteur ?
Développer un avis personnel	• En quoi a-t-elle fait évoluer votre regard sur telle thématique ? • Partagez-vous l'avis de l'auteur sur telle question ? • Les thématiques abordées vous semblent-elles encore d'actualité ? • Pouvez-vous rapprocher l'œuvre d'autres textes ?

| TEST | FICHES DE COURS | SUJETS GUIDÉS |

III Quelques conseils pour réussir

■ **Mémorisez** quelques citations marquantes, ou ayez en tête certains passages auxquels vous pourrez faire référence pour développer votre analyse. Ces éléments doivent vous permettre de **justifier vos interprétations** ou de souligner ce que vous appréciez particulièrement dans l'œuvre.

■ N'hésitez pas à mentionner les **difficultés** que vous avez rencontrées et **l'évolution de votre perception** de l'œuvre : par exemple, un aspect que vous n'aviez pas compris lors de votre première lecture de l'œuvre et qui a été éclairé par votre travail en classe ou par une recherche personnelle.

👍 **CONSEIL**

Les questions de l'examinateur seront volontairement ouvertes pour vous inviter à développer vos réponses : ne vous contentez donc pas de réponses minimales !

■ Si vous suggérez un rapprochement entre l'œuvre choisie et une autre œuvre ou un fait d'actualité, vous devez être capable de le justifier pendant l'entretien : faites donc quelques **recherches préalables** pour savoir de quoi vous parlez !

zoOm

Un exemple d'entretien

Vous avez choisi de présenter *La Chartreuse de Parme* de Stendhal. Voici quelques questions qui pourraient vous être posées, avec des pistes de réponse.

« Avez-vous des interrogations qui subsistent après votre lecture ? »

« Je continue à m'interroger sur le dénouement de l'intrigue et les raisons pour lesquelles un amour raisonnable et concret entre Fabrice et Clélia est impossible. Certains choix m'ont laissé perplexe : le dénouement semble exagérément tragique et on peut se demander si Stendhal souhaite que le lecteur adhère à cette hécatombe finale ou s'il s'agit d'un moyen de faire ressortir l'aspect fictionnel de son intrigue, d'échapper au réalisme. »

« Vous avez évoqué le caractère réaliste de *La Chartreuse de Parme*, pourriez-vous justifier ? »

« Tout d'abord, le cadre spatio-temporel du roman est réaliste : les lieux sont précisément décrits (Milan, Parme, le lac de Côme…). Des évènements historiques sont également retracés, comme la bataille de Waterloo. Stendhal évoque des lieux qui le fascinent et des épisodes qu'il a réellement vécus, comme les campagnes napoléoniennes. Cependant, contrairement au *Rouge et le Noir*, l'action de *La Chartreuse de Parme* n'est pas contemporaine de son écriture, ce qui limite en partie les effets de réalisme. »

13 • Préparer et passer l'épreuve **279**

MÉMO VISUEL

1. Se préparer

Pendant l'année
- Revoir les explications faites en cours.
- Approfondir ses connaissances sur l'œuvre, l'auteur, le contexte…
- Faire des fiches de révision sur chaque texte.
- Revoir les particularités grammaticales des textes.

Le jour J
- Lire le texte en repérant les éventuelles **difficultés de lecture**.
- Relire le texte **en l'annotant** (mots clés, principaux procédés à commenter…).
- Noter les **idées principales** au brouillon.
- Rédiger l'**introduction** et la **conclusion**.
- Répondre à la **question de grammaire**.

RÉUSSIR

2. Présenter et lire le texte

Lire l'extrait
- **Présenter l'extrait** en le situant dans l'œuvre ou le parcours auquel il appartient.
- Respecter les caractéristiques propres au **genre littéraire** (poésie, théâtre…).
- Être **expressif** mais pas exagérément.
- Respecter les **liaisons** et la **ponctuation**.

TEST ▷ **FICHES DE COURS** ▷ SUJETS GUIDÉS

3 **Expliquer le texte**

- Formuler **le ou les enjeux principaux du texte**, qui serviront de fil conducteur à l'explication.
- Faire le lien entre les **impressions de lecture** et les **procédés** utilisés.
- Procéder dans **l'ordre du texte**, en regroupant les remarques qui se recoupent.

4 **Répondre à la question de grammaire**

- Maîtriser le **lexique de l'analyse grammaticale**.
- Tenir compte du **contexte syntaxique**.

L'ÉPREUVE ORALE

5 **Réussir l'entretien**

Présenter l'œuvre choisie
- **Être bref** mais efficace.
- **Ouvrir** des pistes d'étude de l'œuvre sans entrer dans les détails.
- **Justifier** le choix de l'œuvre en développant un avis personnel.

Dialoguer avec l'examinateur
- **Justifier** sa lecture et son point de vue.
- **Développer** les réponses en élargissant progressivement.
- **Faire des liens** avec d'autres œuvres.

13 • Préparer et passer l'épreuve **281**

▶ **SUJET 13** |

EXPLICATION DE TEXTE ⏱ 30 min

Paul Éluard, « La courbe de tes yeux » (1926)

> Expliquer un poème surréaliste peut représenter un défi, mais les images, nombreuses et inattendues, fournissent un riche matériau pour l'analyse.

 LE SUJET

Vous préparerez l'explication orale de ce texte.

« La courbe de tes yeux » est un poème extrait de Capitale de la douleur, *paru en 1926 et dédié à Gala, épouse et muse d'Éluard.*

La courbe de tes yeux fait le tour de mon cœur,
Un rond de danse et de douceur,
Auréole du temps, berceau nocturne et sûr,
Et si je ne sais plus tout ce que j'ai vécu
5 C'est que tes yeux ne m'ont pas toujours vu.

Feuilles de jour et mousse de rosée,
Roseaux du vent, sourires parfumés,
Ailes couvrant le monde de lumière,
Bateaux chargés du ciel et de la mer,
10 Chasseurs des bruits et sources des couleurs,

Parfums éclos d'une couvée d'aurores
Qui gît toujours sur la paille des astres,
Comme le jour dépend de l'innocence
Le monde entier dépend de tes yeux purs
15 Et tout mon sang coule dans leurs regards.

Paul Éluard, *Capitale de la douleur*, « La courbe de tes yeux », 1926.
© Éditions Gallimard

Question de grammaire : Quelles sont la nature et la fonction des groupes de mots des vers 2 et 3 ?

TEST › FICHES DE COURS › **SUJETS GUIDÉS**

LES CLÉS POUR RÉUSSIR

▶ Présenter le texte

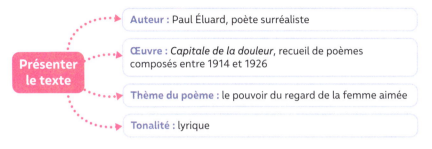

▶ Formuler une problématique

À la première lecture, on est frappé par les images inattendues créées par le poète : tous les sens sont sollicités pour rendre compte de l'omniprésence du regard et de son pouvoir surnaturel.

Comment Paul Éluard évoque-t-il, dans un poème surréaliste, la puissance du regard de la femme aimée ?

▶ Identifier les mouvements du texte

① Vers 1 à 5 : évocation du pouvoir magique du regard de la femme
▶ Observez la versification : comment Éluard se situe-t-il par rapport à la tradition poétique ?
▶ Montrez que le regard de la femme enfante le poète.

② Vers 6 à 12 : description surréaliste du regard
▶ Quelle est la tonalité des images énumérées ?
▶ Quels sont les deux champs lexicaux dominants ?

③ Vers 13 à 15 : conclusion du poème
Montrez que le poème fonctionne de manière circulaire, mais que la fin constitue un élargissement du propos initial.

👍 **CONSEIL**
Lorsque la question de grammaire porte sur la **fonction** d'un groupe de mots, vous devez toujours le replacer dans son contexte syntaxique : ici, commencez par identifier à quelle proposition appartiennent les groupes concernés.

13 • Préparer et passer l'épreuve   **283**

 **LE CORRIGÉ**

Introduction

[présentation du texte] Auteur surréaliste, Éluard vit un amour intense et passionnel avec Gala. Il rédige *Capitale de la douleur* à la suite de leur rupture en 1926. Empreint de tristesse et de lyrisme, le recueil se clôt cependant sur un hommage à l'amour et surtout à la femme qui l'inspire. « La courbe de tes yeux », avant-dernier poème du recueil, est un poème circulaire qui met en œuvre des images marquantes et surprenantes. **[problématique]** Nous allons voir comment Éluard met les procédés surréalistes pour décrire la puissance du regard de la femme aimée. **[plan]** Dans la première strophe, il évoque le pouvoir magique du regard, dont il livre une description surréaliste (v. 6 à 12), avant de conclure, dans les trois derniers vers, sur une généralisation de ce pouvoir au monde entier.

Vers 1 à 5 : l'évocation du pouvoir magique du regard

▸ La première strophe est composée d'une seule phrase et fonctionne de manière circulaire, le premier et le dernier vers étant construits en parallélisme. La répétition de « tes yeux » fait du regard de la femme le début et la fin de tout.

▸ **Le premier vers** est un alexandrin classique avec une césure à l'hémistiche. Éluard semble donc s'inscrire dans la tradition poétique. L'image de la courbe des yeux qui enveloppe le cœur suggère que le poète et sa muse ne font qu'un.

▸ **Les vers 2 et 3** sont constitués de métaphores qui évoquent des formes arrondies (« rond », « auréole », « courbe ») en lien avec la mise au monde : la femme peut enfanter le poète (idée renforcée par le terme « berceau »). L'allitération en [d] (« de danse et de douceur ») souligne la douceur de la femme et l'allitération en [r] (« berceau nocturne et sûr ») son aspect rassurant.

▸ **Dans les vers 4 et 5**, le présent « sais » contraste avec les passés composés « ai vécu », « ont vu ». Le vers 5, décasyllabique alors qu'on attend un alexandrin, renforce cette rupture : le regard est comme une seconde naissance pour le poète. L'omission de « parce » (« C'est [parce] que ») est une manière pour Éluard de revendiquer une écriture libre, accessible à tous.

[conclusion intermédiaire] La première strophe met donc en exergue le pouvoir du regard de la femme qui fait naître le poète à lui-même.

Vers 6 à 12 : description surréaliste du regard

Ces vers, répartis sur deux strophes, sont formés d'une énumération de métaphores surréalistes faisant appel aux différents sens. Les sonorités permettent de rebondir d'une image à l'autre et créent des liens au-delà des juxtapositions.

▸ Le **champ lexical de la nature** est très présent : « feuilles », « mousse », « rosée », « roseaux », « paille ». La beauté de la femme est une beauté naturelle.

▸ Les six décasyllabes ont une césure 4/6, ce qui fait naître un **rythme régulier et musical**. L'énumération progresse avec fluidité du vers 6 au vers 7, grâce aux sonorités similaires « rosée » / « roseaux ».

284

▸ Les **sens** sont sollicités : l'ouïe (« bruits »), la vue (« couleurs », « lumière »), l'odorat (« parfums », « parfumés »), le toucher (« rosée », « paille »).

▸ Les **associations de mots** produisent un effet étonnant même si le vocabulaire est simple : « Couvée d'aurores », « paille des astres », « mousse de rosée ».

[conclusion intermédiaire] La description du regard repose sur une énumération de métaphores à la fois simples et suggestives. Le pouvoir évocateur de ces associations, qui semblent fortuites, est caractéristique de l'écriture surréaliste.

Vers 13 à 15 : conclusion du poème

Dans les trois derniers vers, Éluard généralise la puissance des yeux de la femme qui éclairent le poète mais aussi le monde entier.

▸ **Les vers 13 et 14** constituent une comparaison fondée sur un parallélisme de construction qui assimile le regard de la femme à l'innocence même, et le place à la source du « monde entier » (expression redondante).

▸ **Dans le dernier vers**, « mon sang » (allégorie de la vie) et « leurs regards » se font écho. Le pronom de 3e personne donne aux yeux une existence propre.

[conclusion intermédiaire] L'ouverture du poème s'effectue en un élargissement du pouvoir créateur de la muse sans qui l'auteur ne peut donner vie au texte.

Conclusion

[synthèse] À la fois simple par le choix du vocabulaire et surprenant par le choix des images, le poème, dont le premier alexandrin est resté célèbre, lie l'amour et les mots. La passion pour la femme inspiratrice révèle le poète à lui-même et lui permet d'exprimer ce qu'il a de plus profond. En associant de nombreuses fulgurances surréalistes, il donne une place de choix au sentiment qui devient vecteur de poésie.

DES POINTS EN +
Vous pourriez évoquer en ouverture le poème « L'Amoureuse » (*Capitale de la douleur*) dans lequel Éluard reprend ces thèmes de la puissance créatrice de la femme et de son regard.

Réponse à la question de grammaire

Les vers 2 et 3 sont composés de **trois groupes nominaux** : « un rond de danse et de douceur », « auréole du temps », « berceau nocturne et sûr ». Chaque GN comprend un **nom noyau** (« rond », « auréole », « berceau ») et des **expansions du nom**, qui sont des groupes prépositionnels (« de danse et de douceur », « du temps ») ou des adjectifs (« nocturne et sûr »). Les trois GN sont **apposés** au nom « tour », noyau du GN « le tour de mon cœur » (vers 1).

▶ SUJET 14 | OBJECTIF MENTION

EXPLICATION DE TEXTE ⏱ 30 min **Voltaire, « Le Nègre de Surinam »,** *Candide* **(1759)**

La rencontre entre Candide et l'esclave est l'occasion pour Voltaire de dénoncer l'esclavage en touchant le lecteur : votre explication doit rendre compte de ce double objectif.

LE SUJET

Vous préparerez l'explication orale de ce texte.

Dans le chapitre 19 de Candide, *le héros et son valet Cacambo rencontrent un esclave aux portes de Surinam. Cet épisode conduit Candide à remettre en question la philosophie optimiste de son précepteur Pangloss.*

En approchant de la ville, ils rencontrèrent un nègre étendu par terre, n'ayant plus que la moitié de son habit, c'est-à-dire d'un caleçon de toile bleue ; il manquait à ce pauvre homme la jambe gauche et la main droite. « Eh, mon Dieu ! lui dit Candide en hollandais, que fais-tu là, mon ami,
5 dans l'état horrible où je te vois ?
– J'attends mon maître, monsieur Vanderdendur, le fameux négociant, répondit le nègre.
– Est-ce M. Vanderdendur, dit Candide, qui t'a traité ainsi ?
– Oui, monsieur, dit le nègre, c'est l'usage. On nous donne un caleçon de
10 toile pour tout vêtement deux fois l'année. Quand nous travaillons aux sucreries, et que la meule nous attrape le doigt, on nous coupe la main ; quand nous voulons nous enfuir, on nous coupe la jambe : je me suis trouvé dans les deux cas. C'est à ce prix que vous mangez du sucre en Europe. Cependant, lorsque ma mère me vendit dix écus patagons sur la côte de Guinée, elle me
15 disait : « Mon cher enfant, bénis nos fétiches, adore-les toujours, ils te feront vivre heureux ; tu as l'honneur d'être esclave de nos seigneurs les blancs, et tu fais par là la fortune de ton père et de ta mère. »
Hélas ! je ne sais pas si j'ai fait leur fortune, mais ils n'ont pas fait la mienne. Les chiens, les singes, les perroquets sont mille fois moins malheu-
20 reux que nous. <u>Les fétiches hollandais qui m'ont converti me disent tous les dimanches que nous sommes tous enfants d'Adam, blancs et noirs.</u> Je ne suis pas généalogiste ; mais si ces prêcheurs disent vrai, nous sommes tous cousins issus de germains. Or vous m'avouerez qu'on ne peut pas en user avec ses parents d'une manière plus horrible.

286

> **TEST** > **FICHES DE COURS** > **SUJETS GUIDÉS**

25 – Ô Pangloss ! s'écria Candide, tu n'avais pas deviné cette abomination ; c'en est fait, il faudra qu'à la fin je renonce à ton optimisme.
– Qu'est-ce qu'optimisme ? disait Cacambo.
– Hélas ! dit Candide, c'est la rage de soutenir que tout est bien quand on est mal. »
30 Et il versait des larmes en regardant son nègre, et, en pleurant, il entra dans le Surinam.

Voltaire, Candide, « Le Nègre de Surinam », chapitre 19.

Question de grammaire : Faites l'analyse grammaticale de la phrase soulignée.

LES CLÉS POUR RÉUSSIR

▶ **Présenter le texte**

Présenter le texte
- **Auteur :** Voltaire, philosophe des Lumières
- **Œuvre :** Candide, conte philosophique qui retrace le parcours initiatique du héros éponyme, permettant à l'auteur de dénoncer les travers de la société
- **Situation du passage :** La rencontre avec l'esclave intervient juste après la description de l'Eldorado. Il s'agit, pour les deux personnages, Candide et Cacambo, d'un brusque retour à la réalité après un détour par l'utopie centrale du récit. La dénonciation n'en a que plus de force.

▶ **Formuler la problématique**

En quoi ce texte constitue-t-il une dénonciation efficace de l'esclavage ?

▶ **Identifier les mouvements du texte**

❶ Lignes 1 à 5 : Présentation de la situation
▶ Sur quels aspects du personnage la description de l'esclave insiste-t-elle ?
▶ Quelles émotions l'auteur cherche-t-il à susciter ?

❷ Lignes 6 à 24 : Le discours de l'esclave
▶ Qui est visé dans la prise de parole de l'esclave ?
▶ Par quels procédés d'écriture la dénonciation s'opère-t-elle ?

❸ Lignes 25 à 32 : La dénonciation de l'optimisme
▶ Par quelle périphrase Candide résume-t-il l'optimisme ?
▶ En quoi ce passage illustre-t-il une remise en cause de cette philosophie ?

LE CORRIGÉ

Introduction

[présentation du texte] Philosophe des Lumières, Voltaire a recours à l'apologue avec le genre du conte philosophique pour dénoncer la société de son temps et remettre en cause l'absolutisme, les injustices et l'obscurantisme. À travers le périple de Candide, il lutte également contre l'optimisme incarné par Leibniz qui consiste à se satisfaire du monde tel qu'il existe. Après la découverte de l'Eldorado qui était une utopie idéalisée, Candide entre dans Surinam et y croise un esclave gisant au sol. **[problématique]** Nous allons voir comment l'auteur procède à une dénonciation subtile mais efficace. **[plan]** Dans un premier temps, nous verrons que la rencontre des deux personnages permet la présentation de la situation. Puis, nous étudierons le discours de l'esclave. Et enfin, nous aborderons la critique de l'optimisme par l'auteur.

Lignes 1 à 5 : présentation de la situation

Dans les premières lignes du texte, Voltaire présente la rencontre entre le héros éponyme et l'esclave. Il cherche à **accentuer l'aspect pathétique de la scène** et à **engendrer la pitié**.

▶ L'emploi du passé simple « rencontrèrent » fait plonger dans l'univers du conte et marque la rupture de la rencontre.

▶ La **description de l'esclave** vise à émouvoir le lecteur : sa posture inspire la pitié (« étendu par terre »), ainsi que l'adjectif « pauvre » dans le GN « pauvre homme ». Voltaire précise les mutilations que l'esclave a subies : « il manquait à ce pauvre homme la jambe gauche et la main droite ».

▶ La **pitié de Candide** est marquée par l'interjection « eh mon dieu » et le déterminant possessif « mon ami », ainsi que par l'adjectif « horrible » qui qualifie l'état du personnage.

Lignes 6 à 24 : le discours de l'esclave

La prise de parole de l'esclave est clairement **polémique**. Il se fait le porte-parole de l'auteur pour dénoncer les esclavagistes mais également la religion et les européens qui cautionnent le système existant.

1. La critique des esclavagistes et de ceux qui cautionnent le système

▶ Le nom du négociant, « **Vanderdendur** », par son sens (« dents dures ») et l'allitération en [d], suggère son intérêt pour l'argent et son manque d'humanité. L'adjectif « fameux » dénonce la triste célébrité du personnage.

▶ Le Code noir qui réglementait les devoirs des esclaves est évoqué à travers le parallélisme « Quand nous travaillons aux sucreries et que la meule nous attrape le doigt, on nous coupe la main. Quand nous voulons

 MOT CLÉ

Édité sous Colbert, **le Code noir** est un recueil des décisions royales et des lois relatives au gouvernement, à l'administration et à la condition des esclaves des pays du domaine colonial de la France entre 1685 et la fin de l'Ancien Régime.

TEST ⟩ **FICHES DE COURS** ⟩ **SUJETS GUIDÉS**

nous enfuir, on nous coupe la jambe » : le caractère officiel et réglementaire de ces punitions les rend d'autant plus cruelles.

▶ Le présent et l'emploi du pronom personnel « vous » dans la phrase « C'est à ce prix que vous mangez du sucre en Europe » **implique tout lecteur** qui bénéficie des avantages tirés de l'esclavage. L'indicateur spatial ne peut que renforcer cette volonté de dénonciation.

2. La dénonciation de la religion

▶ Le **champ lexical de la religion** est omniprésent et en lien avec la dénonciation du rôle joué par les prêtres qui convertissent de force les esclaves : « prêcheurs », « Adam », « converti », « messe ».

▶ Les **termes chrétiens et païens** sont mêlés afin de montrer que les convertis ne comprennent pas la religion qui leur est imposée. Ainsi, les prêtres sont désignés par la périphrase « fétiches hollandais ».

▶ Les propos des religieux sont repris et **tournés en dérision** : « vous m'avouerez qu'on ne peut pas en user avec ses parents d'une manière plus horrible ».

3. Une remise en cause subtile

▶ Les propos de l'esclave ne sont pas vindicatifs ni violents. Au contraire, l'expression **« c'est l'usage »** montre que l'esclave ne cherche pas à inspirer la pitié. Cette résignation suscite d'autant plus l'indignation du lecteur.

▶ De même, la naïveté de la mère fait ressortir l'horreur de la situation et ses propos, sous la plume de Voltaire, deviennent **ironiques** : « tu as l'honneur d'être l'esclave de nos seigneurs les blancs ». Le terme « fortune » relève également d'un double sens en lien avec la chance et l'argent.

▶ La **satire** se retrouve également dans les propos de l'esclave : « je ne sais pas si j'ai fait leur fortune mais ils n'ont pas fait la mienne ».

▶ Cependant, l'énumération et l'hyperbole « les chiens, les singes, les perroquets sont mille fois moins malheureux que nous » insistent sur la **barbarie des blancs**.

Lignes 25 à 32 : la dénonciation de l'optimisme

À la fin du texte, Candide reprend la parole pour conclure l'épisode qui se termine par une **remise en cause de la philosophie optimiste**.

▶ La conclusion du texte débute par la reprise de la parole par Candide. Ses interventions **encadrent la tirade** de l'esclave et mettent en lumière les dénonciations.

▶ L'interjection « Ô » souligne le désespoir de Candide, renforcé par les « larmes » qu'il verse. Le rythme de la dernière phrase, particulièrement soigné, ajoute au pathétique de la scène : ils se lisent en effet comme deux alexandrins

▶ Le héros s'adresse à son précepteur qui n'est pas présent, afin de remettre en cause les leçons optimistes qu'il lui a transmises. La question naïve de Cacambo, « qu'est-ce qu'optimisme ? », permet à Candide de redéfinir la philosophie de Leibniz. Il recourt à une antithèse **pour en révéler l'absurdité** : « c'est la rage de soutenir que tout est bien quand on est mal ».

13 • Préparer et passer l'épreuve

Conclusion

[synthèse] En donnant la parole à un esclave et en le rendant maître du dialogue, Voltaire inaugure une dénonciation iconoclaste d'une pratique de son siècle. Cherchant à susciter des émotions tout en conservant une distance ironique, il provoque la réflexion chez le lecteur. **[ouverture]** Montesquieu, dans *De l'esprit des lois*, en 1748, avait déjà dénoncé l'esclavage mais en employant des procédés différents de ceux choisis par Voltaire : il a recours à l'ironie et à l'antiphrase, ridiculisant ainsi les arguments adverses.

Réponse à la question de grammaire

La phrase « Les fétiches hollandais qui m'ont converti me disent tous les dimanches que nous sommes tous enfants d'Adam, blancs et noirs » comprend **trois verbes conjugués** : « ont converti », « disent » et « sommes ». Elle est donc formée de **trois propositions** :
– « Les fétiches hollandais [...] me disent tous les dimanches » est la **proposition principale** ;
– « qui m'ont converti » est une **proposition subordonnée relative**, complément de l'antécédent « fétiches hollandais » ;
– « que nous sommes tous enfants d'Adam, blancs et noirs » est une **proposition subordonnée conjonctive interrogative indirecte**, COD du verbe « disent ».

Réussir l'épreuve orale
14 Être à l'aise à l'oral

TEST	Pour vous situer et établir votre parcours de révision	292
FICHES DE COURS	51 Se présenter devant un public	294
	52 Retenir l'attention du jury	296
	53 S'exprimer efficacement	298
	MÉMO VISUEL	300
EXERCICES & CORRIGÉS	• Bien respirer	302
	• Regarder le jury	302
	• Être expressif	302
	• Articuler	302
	• S'exprimer de manière convaincante	303
	• S'entraîner à la lecture oralisée	304

TESTEZ-VOUS → CORRIGÉS P. 306-307

Faites le point sur vos connaissances puis établissez votre **parcours de révision** en fonction de votre score.

1 Se présenter devant un public → FICHE 51

1. Avant d'entrer dans la salle…
- a. je vérifie une dernière fois mes notes.
- b. je pense aux questions qu'on va me poser.
- c. je respire profondément.
- d. je regarde mon téléphone.

2. Quand j'entre dans la salle…
- a. je me dirige vers mon siège.
- b. je souris et je salue l'examinateur.
- c. je serre la main.
- d. je demande où je dois me placer.

3. Lorsque je m'assois face à un interlocuteur…
- a. je pose mes mains sur la table.
- b. je prends mes notes dans les mains.
- c. je croise les bras.
- d. je laisse mes mains sous la table.

4. Lorsque je suis debout face à un public…
- a. je m'appuie sur une table ou une chaise.
- b. je mets les mains dans mes poches.
- c. je relève mes manches.
- d. je m'avance vers l'auditoire.

…/4

2 Capter l'attention de l'auditoire → FICHE 52

1. Lorsque je m'adresse à un auditoire…
- a. je fixe un point au fond de la salle.
- b. je regarde le premier rang.
- c. je regarde une personne en particulier.
- d. je regarde toutes les personnes.

TEST ❭ FICHES DE COURS ❭ EXERCICES

2. Pour appuyer mon discours, je peux…

☐ **a.** garder les bras le long du corps.

☐ **b.** croiser les bras.

☐ **c.** faire des gestes parasites.

☐ **d.** faire des gestes expressifs.

3. Pour établir un bon contact avec son auditoire, il est important…

☐ **a.** de lire intelligiblement ses notes.

☐ **b.** de regarder les personnes auxquelles on s'adresse.

☐ **c.** de faire de nombreux gestes en tous sens.

☐ **d.** d'adopter une attitude positive et dynamique.

…/3

3 **Se faire comprendre** → FICHE **53**

1. Lorsque j'hésite sur une formulation…

☐ **a.** je prends le temps de réfléchir.

☐ **b.** je meuble avec des interjections.

☐ **c.** je reformule autrement.

☐ **d.** j'abandonne ma phrase.

2. Pour bien se faire comprendre, il est nécessaire de…

☐ **a.** bien articuler.

☐ **b.** faire des pauses.

☐ **c.** garder le même rythme tout le temps.

☐ **d.** parler très lentement.

3. Quelle formulation est la plus convaincante ?

☐ **a.** « Je crois que Zola est un auteur naturaliste. »

☐ **b.** « Zola est sans conteste un auteur naturaliste. »

☐ **c.** « Zola est peut-être un auteur naturaliste. »

☐ **d.** « Zola est sans doute un auteur naturaliste. »

…/3

Score total …/10

Parcours PAS À PAS ou *EXPRESS* ? → MODE D'EMPLOI P. 3

14 • Être à l'aise à l'oral **293**

51 Se présenter devant un public

En bref *L'entrée dans la salle et le premier contact avec le jury sont essentiels dans une situation de prise de parole. Avec de l'entraînement, vous pouvez apprendre à bien gérer votre corps et votre attitude de manière à ne pas trahir votre stress.*

I Gérer son stress

1 Comprendre le mécanisme à l'origine du stress

■ Le stress est une réaction normale qui manifeste l'importance que revêt l'examen à vos yeux. Lors d'une épreuve orale, ce sentiment est renforcé par la peur d'être jugé(e).

■ Votre cerveau interprète la situation comme un danger : il libère de l'adrénaline pour mettre le corps en alerte. Le rythme cardiaque et la respiration s'accélèrent, les muscles se contractent... Nos ancêtres étaient alors prêts à fuir ou à combattre !

■ Votre objectif est de faire comprendre à votre cerveau que vous n'êtes pas réellement en danger. Pour cela, concentrez-vous sur votre respiration : respirer profondément revient à envoyer au cerveau un message de fin d'alerte. La libération d'adrénaline prend fin et les manifestations extérieures du stress disparaissent progressivement.

■ Il ne faut pas, pour autant, chercher à supprimer totalement le stress : il permet de maintenir une pression qui vous aide à vous surpasser.

2 Se préparer efficacement

■ Un oral se prépare comme une performance physique, à force d'entraînement. N'hésitez pas à répéter votre prestation devant une caméra ou un miroir en travaillant les postures, les gestes et la voix.

■ Prenez la parole aussi souvent que possible en public : cela vous permettra de prendre confiance en vous et d'apprendre progressivement à maîtriser votre stress.

■ Avant l'oral, isolez-vous et visualisez le déroulement de l'épreuve comme un film avec de nombreux détails. Ne vous laissez pas envahir par les pensées négatives.

■ Ne révisez pas à la dernière minute et ne doutez pas de votre prestation dans les derniers instants. Détendez-vous, sortez vous aérer, faites du sport, écoutez de la musique...

> **CONSEIL**
> Pour éviter tout stress inutile, arrivez en avance, prenez le temps de vous installer confortablement et n'oubliez pas de prendre une montre pour gérer votre temps.

II Adopter la bonne attitude

1 Si vous devez rester debout

■ **Centrez-vous** par rapport à votre public et posez vos notes à proximité. **Ancrez bien vos pieds au sol**, de manière à avoir une assise stable.

■ Placez dès le départ **vos mains à hauteur de votre ventre**, sans les laisser pendre le long du corps. Vous pouvez les croiser devant vous et les dénouer lorsqu'il sera nécessaire d'appuyer le propos.

■ **Évitez de vous balancer** de droite à gauche ou d'avant en arrière, de croiser et décroiser les jambes, etc. Si vous ressentez le besoin de bouger, il est préférable de vous déplacer de manière franche, soit en avançant vers le public, soit latéralement, et cela très doucement.

2 Si vous devez vous asseoir

■ Attendez un signe de votre interlocuteur avant de vous asseoir. Prenez le temps de **positionner votre siège droit**, en face de la ou des personne(s) à qui vous vous adressez.

■ **Posez vos notes et vos mains visibles sur la table**, ce qui vous permettra d'avoir les mains libres pour appuyer votre discours par des gestes.

■ **Tenez-vous droit·e**, légèrement penché·e en avant, plutôt qu'en arrière, afin de faciliter les échanges. Au cours des différentes phases de votre intervention, **surveillez vos changements de position**, notamment ceux qui trahissent un relâchement de l'attention (recul, placement des mains sous la table, appui sur le dossier, les accoudoirs…).

> 👍 **CONSEIL**
> Avoir un stylo dans les mains peut vous donner une contenance, à condition bien sûr de ne pas jouer avec le bouchon ni de le faire tourner.

zoOm

Éviter les gestes parasites

Apprenez à identifier les gestes parasites et les gestes d'auto-contact que vous effectuez pour vous rassurer en situation de stress : ils brouillent la communication et traduisent votre inconfort. Avec un peu d'entraînement, il devient facile de les éviter.

Passer la main dans ses cheveux

Remonter ses manches ou tirer dessus

Toucher sa montre, ses bracelets, ses bagues

Se gratter frénétiquement

52 Retenir l'attention du jury

En bref *Une fois installé·e, il ne suffit pas de maîtriser son stress et son sujet, il faut aussi parler de manière efficace et convaincre le jury. Le visage et ses expressions, ainsi que la gestuelle, sont alors essentiels pour renforcer le propos.*

I Établir le contact

■ Le premier contact est essentiel. Dès l'entrée dans la salle, donnez l'impression d'être ouvert à l'échange, avenant, sans être trop familier.

■ Le sourire est l'atout indispensable pour détendre l'atmosphère et gagner la sympathie du jury. Il ne s'agit pas de rire faussement ou de sourire en permanence mais d'afficher une attitude aimable.

■ La politesse est de mise, même si parfois le stress fait oublier les fondamentaux de la courtoisie : saluer vos interlocuteurs, remercier, attendre d'être invité à s'asseoir ou à partir avant de le faire.

■ Montrez-vous à l'écoute des attentes du jury sans foncer tête baissée dans vos explications. Laissez à vos examinateurs le temps de s'installer et prenez le temps de disposer les documents dont vous aurez besoin.

II Communiquer efficacement

1 Regarder l'examinateur

■ Se trouver face à face avec un ou des examinateur·s peut être impressionnant. Ne vous laissez pas déstabiliser par les regards portés sur vous : tentez d'en faire abstraction en imaginant que ce sont des professeurs que vous connaissez.

■ Ne rédigez pas vos fiches pour ne pas être tenté·e de les lire et détachez-vous au maximum de vos notes, au moins dans les moments cruciaux de votre intervention.

■ Regardez chacun de vos interlocuteurs. Ne les fixez pas, mais accordez-leur des regards réguliers, afin de capter leur attention.

■ Évitez de regarder ailleurs, ce qui donnera l'impression d'être fuyant. Inutile donc de fixer vos pieds, le plafond, ou encore le mur au fond de la salle.

 CONSEIL
Entraînez-vous avec des amis à faire une présentation en les regardant. Invitez-les à se placer dans des endroits différents d'une salle et demandez-leur de lever la main dès qu'ils se sentent regardés pendant votre prise de parole. Vous vous apercevrez rapidement que vous avez tendance à regarder toujours les mêmes personnes.

2 | Soigner la gestuelle

■ **Évitez de rester trop statique** pendant votre intervention mais ne surchargez pas non plus votre intervention par des gestes répétitifs ou sans lien avec le propos.

■ Vos gestes doivent intervenir à des moments essentiels de votre prise de parole afin d'**appuyer ce que vous dites**. Ils doivent donc coïncider avec ce que vous cherchez à exprimer : enthousiasme, opposition, implication personnelle…

3 | Éviter la monotonie

■ **Variez les intonations** pour donner de la vivacité à ce que vous dites et ne pas ennuyer votre jury.

■ **Insistez** sur les aspects essentiels en appuyant sur certains segments de phrases ; marquez les interrogations ou les exclamations par une **intonation expressive**.

■ **Ayez l'air convaincu·e** de ce que vous affirmez en adoptant une voix claire et en apparaissant sûr·e de vous.

---

zoOm

Appuyer son propos par des gestes signifiants

Il est important d'appuyer son discours par des gestes qui retiennent l'attention et soulignent les moments clés.

■ Mains tendues vers l'auditoire : **impliquer le public.**

■ Mains à gauche puis à droite : **souligner une opposition.**

■ Compter avec ses doigts : **énumérer.**

■ Mains écartées ou rapprochées : **exprimer l'union ou la désunion.**

■ Lever ou baisser un doigt : **exprimer un doute ou un questionnement.**

■ Main sur la poitrine : **montrer son implication personnelle.**

53 S'exprimer efficacement

En bref *Si une grande partie de la communication repose sur l'attitude non verbale, il ne faut évidemment pas négliger l'aspect verbal de l'échange. Articuler, faire des pauses, choisir les mots justes sont autant d'atouts dans la prise de parole.*

I S'exprimer correctement

1 Choisir ses mots

■ Vous êtes jugé·e sur la qualité de votre expression, d'où l'importance de bien choisir vos mots. Il est parfois difficile de trouver la bonne formulation : prenez le temps de chercher les termes les plus appropriés.

■ Évitez les contractions (« j'sais pas », « j'pense ») et prononcez correctement les négations incluant un « ne » audible. Si un terme familier vous échappe, reformulez dans un registre plus soutenu.

2 Bannir les tics de langage

Variables d'une époque à une autre, ces petits marqueurs de la communication sont à proscrire le jour de votre oral.

■ Commencez par repérer ceux que vous employez le plus souvent et entraînez-vous à vous en débarrasser dans vos conversations courantes ou lors de vos prises de parole en classe. Il peut s'agir :
• d'expressions en vogue (« genre », « carrément », « trop », « j'avoue »…) ;
• de mots de liaison (« donc », « alors », « et voilà », « en fait »…) ;
• d'onomatopées (« euh », « ben », « bah… »).

■ Bannissez également la mise systématique entre guillemets (geste à l'appui) qui vous sert à justifier que vous n'avez pas trouvé le mot juste pour vous exprimer.

II Soigner son élocution

■ Parlez distinctement en articulant pour être bien compris·e. Faites particulièrement attention à ne pas « avaler » les fins de phrases et les fins de mots.

■ Adaptez le volume de votre voix en fonction de la proximité avec votre auditoire. Ni trop fort, ni pas assez, vous devez trouver le juste équilibre. N'hésitez pas à demander si vous parlez suffisamment fort et si l'on vous entend.

CONSEIL
Parler face à un public ne s'improvise pas et, pour éviter de bafouiller, il est nécessaire d'exercer sa voix et de **s'entraîner**.

3 | Répondre adroitement

■ Prenez le temps de vous assurer que vous avez bien compris la question posée et vérifiez que vous n'avez pas juste saisi un mot à partir duquel vous allez construire votre raisonnement.

■ Vous pouvez, ponctuellement, reformuler la question posée pour vous assurer de votre compréhension : « vous me demandez si », « vous voulez savoir comment ».

■ Évitez les modalisateurs qui expriment le doute : « je crois que », « peut-être », « éventuellement ». Ne commencez pas votre réponse par un segment de phrase qui vous fait perdre toute crédibilité : « Je ne sais pas, mais... », « Je ne suis pas sûr, mais... ».

III Adopter le bon rythme

■ Ne parlez ni trop lentement, pour avoir le temps de tout dire, ni trop vite, pour laisser au jury la possibilité d'intégrer ce que vous dites et de prendre des notes.

■ Trouvez le juste équilibre en accélérant ou en ralentissant le débit :
• ralentissez lorsque vous présentez le plan, lorsque vous abordez un aspect essentiel, lorsque vous voulez particulièrement retenir l'attention.
• accélérez au moment des exemples, des énumérations, des citations ;

■ N'hésitez pas à reformuler plusieurs fois un aspect important de votre intervention et à faire des pauses entre deux idées ou avant d'enchaîner sur un point important. On a souvent peur des silences à l'oral et pourtant, ils sont nécessaires.

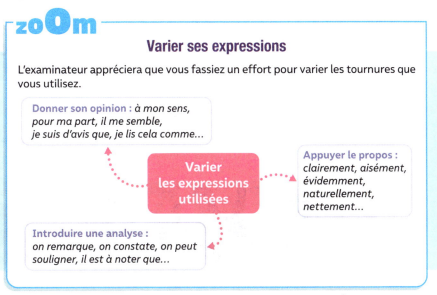

zoOm — Varier ses expressions

L'examinateur appréciera que vous fassiez un effort pour varier les tournures que vous utilisez.

Donner son opinion : à mon sens, pour ma part, il me semble, je suis d'avis que, je lis cela comme…

Appuyer le propos : clairement, aisément, évidemment, naturellement, nettement…

Introduire une analyse : on remarque, on constate, on peut souligner, il est à noter que…

Varier les expressions utilisées

MÉMO VISUEL

① L'attitude

Gérer son stress
- Prendre le temps de **s'installer** confortablement.
- **Respirer** profondément.

 Entraînez-vous à prendre la parole en public dès que vous en avez l'occasion : cela vous aidera à apprivoiser votre stress.

Établir un bon contact avec son auditoire
- **Saluer** l'examinateur en entrant dans la salle.
- Adopter une **posture dynamique** pendant toute la durée de l'oral.
- **Regarder** régulièrement l'examinateur.
- Se montrer **réactif** et **de bonne volonté** lorsque l'on vous interroge.

 Ne rédigez pas vos fiches, pour ne pas être tenté·e de les lire !

ÊTRE À L'AISE

② La gestuelle

- Bannir les **gestes parasites** (se gratter, toucher ses cheveux…).
- Appuyer son discours de **gestes signifiants**.

TEST — **FICHES DE COURS** — EXERCICES

3 La voix et le langage

Soigner son expression
- Utiliser un **niveau de langue** courant ou soutenu.
- Chasser les **tics de langage** et les expressions à la mode.
- Éviter les **expressions négatives** qui vous font perdre en crédibilité (« Je ne sais pas, mais… »).
- Éviter les **contractions** (« j'sais pas »).

 Utilisez un vocabulaire précis et n'hésitez pas à reformuler certaines phrases afin de clarifier votre propos.

Soigner son élocution
- Trouver le bon **volume** (mieux vaut parler trop fort que pas assez).
- Surveiller son **débit** de parole.
- Varier l'**intonation**, en particulier pendant la lecture.
- Faites des **pauses** pour mettre en valeur les moments clés.

 Pensez à bien articuler, cela vous forcera à ralentir le rythme.

À L'ORAL

4 L'état d'esprit

- Penser **positif** et se faire **confiance**.
- Faire confiance à **l'examinateur** : il n'est pas là pour vous mettre en difficulté, vous pouvez compter sur sa bienveillance.
- **Relativiser** l'enjeu : ne cédez pas à la panique, vous ne jouez pas votre vie !

 Ne partez jamais battu : vous avez toutes les cartes en main pour réussir.

14 • Être à l'aise à l'oral 301

▶ EXERCICES

Bien respirer
→ FICHE 51

1 **1. Respiration abdominale**

Inspirez par le nez en gonflant doucement le ventre, puis expirez le plus lentement possible par la bouche.

2. Respiration par paliers

Prenez une grande inspiration en dirigeant beaucoup d'air dans l'abdomen, un peu moins dans la cage thoracique et une petite quantité dans la gorge. Puis, expirez en vidant les paliers dans l'ordre inverse.

CONSEIL
Mettez la main sur votre ventre pour le sentir se gonfler lorsque vous inspirez.

Regarder le jury
→ FICHE 52

2 **1. Entraînement à deux**

a. Circulez dans une pièce en regardant vos pieds, puis relevez les yeux en même temps. Croisez le regard de l'autre et continuez à circuler dans la pièce en ne vous lâchant pas des yeux.

b. Faites le même exercice en vous entraînant à dominer l'autre par le regard, puis en vous laissant dominer. Cet exercice, déstabilisant dans un premier temps, vous permettra de mieux gérer le face à face.

2. Entraînement seul·e

Au quotidien, exercez-vous à regarder dans les yeux les gens avec qui vous entretenez une conversation.

Être expressif
→ FICHE 53

3 **1. Prononcez la phrase suivante en jouant successivement les différentes émotions indiquées.**

« Les lapins sont morts et le jardin est dévasté par les taupes. »

a. la colère **b.** la tristesse **c.** la fascination **d.** la peur **e.** l'envie **f.** la joie

Vous pouvez ajouter autant d'émotions que vous le souhaitez.

2. Vous pouvez ensuite répéter la phrase avec une émotion donnée, en l'amplifiant progressivement.

Articuler
→ FICHE 53

4 **Exercez-vous à répéter, en articulant bien, les virelangues suivants.**

a. Ton thé t'a-t-il ôté ta toux tenace ?

b. Trois très gros, gras, grands rats gris grattent.

TEST 〉 FICHES DE COURS 〉 **EXERCICES**

c. Mur gâté, trou s'y fit, rat s'y mit.

d. Six slips chics, six chics slips.

e. Didon dîna, dit-on, du dos d'un dodu dindon.

f. Tadalarana — tedelerene — tidilirini — todolorono — tudulurunu

> **CONSEIL**
> L'objectif n'est pas de les dire le plus vite possible mais d'exagérer l'articulation.

S'exprimer de manière convaincante

→ FICHES **51** à **53**

5 **Lisez plusieurs fois le texte ci-dessous pour vous en imprégner, puis suivez les consignes indiquées.**

« En continuité avec le courant romantique, on retrouve dans ce poème les mêmes thématiques : la nature, l'isolement et le mal de vivre. Chez Baudelaire, cette mélancolie devient le Spleen. L'unique refuge de l'artiste se trouve dans l'art et le Beau.

Ici, Baudelaire oppose, d'une certaine manière, l'Idéal au Spleen. Il met en scène une vision pessimiste de la société, dans laquelle le poète ne trouve pas sa place. Toutefois, ne nous méprenons pas sur l'aspect novateur du texte : il reprend une image initiée par les Romantiques, puis développée par Verlaine, celle du poète maudit, incompris de ses contemporains, marginal dans la société. »

a. Soulignez les mots ou segments de phrases importants.
→ Lisez le texte à voix haute en insistant sur ces passages.

b. Notez par un trait les pauses nécessaires (la ponctuation peut vous aider).
→ Relisez le texte en insistant sur les passages soulignés et en marquant les pauses nécessaires.

c. Repérez les passages qu'il serait pertinent d'associer à des gestes.
→ Relisez une dernière fois le texte en prenant en compte les trois consignes précédentes : montrez-vous aussi convaincant·e que possible !

S'entraîner à la lecture oralisée

6 **Préparez la lecture oralisée de ce poème grâce aux consignes données.**

Le Dormeur du val

C'est un trou de verdure où chante une rivière,
Accrochant follement aux herbes des haillons
D'argent ; où le soleil, de la montagne fière,
⁵ Luit : c'est un petit val qui mousse de rayons.

Un soldat jeune, bouche ouverte, tête nue,
Et la nuque baignant dans le frais cresson bleu,
Dort ; il est étendu dans l'herbe, sous la nue,
Pâle dans son lit vert où la lumière pleut.

¹⁰ Les pieds dans les glaïeuls, il dort. Souriant comme
Sourirait un enfant malade, il fait un somme :
Nature, berce-le chaudement : il a froid.

14 • Être à l'aise à l'oral 303

> Les parfums ne font pas frissonner sa narine ;
> Il dort dans le soleil, la main sur sa poitrine,
> 15 Tranquille. Il a deux trous rouges au côté droit.

Arthur Rimbaud, « Le Dormeur du val », 1870.

a. Surlignez les [e] qui doivent être prononcés en fin de mots.

b. Comptez les syllabes de chaque vers pour vérifier que vous prononcez correctement les alexandrins. Marquez la ou les diérèse·s à l'aide d'un trait oblique (/).

c. Notez les enjambements à l'aide d'une flèche, afin d'effectuer une lecture fluide.

d. Soulignez les liaisons à ne pas oublier.

e. Lisez l'ensemble du poème à voix haute.

CONSEILS

- Respectez le rythme de chaque strophe : les deux premiers quatrains sont composés d'une phrase chacune, tandis que les deux tercets comportent des phrases plus courtes. Le ton se fait ainsi plus grave.
- Marquez une pause avant la dernière phrase, qui constitue la chute du poème.

LE CORRIGÉ

5 « En continuité avec le courant romantique, / **[ouvrir les mains]** on retrouve dans ce poème les mêmes thématiques /: <u>la nature / l'isolement / et le mal de vivre</u>. **[compter sur les doigts]** / Chez Baudelaire, / cette mélancolie devient le <u>Spleen</u>. / <u>L'unique</u> refuge de l'artiste / se trouve dans <u>l'art</u> et <u>le Beau</u>. / **[mains d'un côté, puis de l'autre]**

Ici, Baudelaire oppose, / d'une certaine manière, / <u>l'Idéal au Spleen</u> **[geste d'opposition, balancement]**. Il met en scène une vision <u>pessimiste</u> de la société, dans laquelle le poète ne trouve pas sa place. **[geste de négation]** / Toutefois, ne nous méprenons pas sur <u>l'aspect novateur du texte</u> **[geste de mise en garde : index levé]** : / il reprend une image initiée par les Romantiques, puis développée par Verlaine, / celle du <u>poète maudit</u>, /incompris de ses contemporains, / marginal dans la société. »

▶ Plus de conseils en vidéo sur annabac.com.

6

> ### Le dormeur du val
>
> C'est un trou de verdure où chant*e* une rivière,
> Accrochant follement aux herb*e*s des haillons
> D'argent ; où le soleil, de la montagne fière,
> Luit : c'est un petit val qui mouss*e* de rayons.

304

TEST 〉 **FICHES DE COURS** 〉 **SUJETS GUIDÉS**

Un soldat jeune, bouche ouverte, tête nue,
Et la nuque baignant dans le frais cresson bleu,
Dort ; il est étendu dans l'herbe, sous la nue,
Pâle dans son lit vert où la lumière pleut.

Les pieds dans les glaïeuls, il dort. Souriant comme
Sourirait un enfant malade, il fait un somme :
Nature, berce-le chaudement : il a froid.

Les parfums ne font pas frissonner sa narine ;
Il dort dans le soleil, la main sur sa poitrine,
Tranquille. Il a deux trous rouges au côté droit.

Plus de conseils en vidéo sur annabac.com.

14 • Être à l'aise à l'oral   305

CORRIGÉS DES TESTS

1 La poésie : histoire littéraire et outils d'analyse → P. 14-15

1 **1.** a et c · **2. a.** Faux ; **b.** Vrai ; **c.** Vrai ; **d.** Faux

2 **1. a.** Gautier – Parnasse ; **b.** Lamartine – romantisme ; **c.** Hugo – romantisme ; **d.** Verlaine – symbolisme ; **e.** Baudelaire – symbolisme · **2.** c et d · **3.** b et d

3 **1.** b et d · **2. a** (« Y fleurit »), **c**, **e** (assonances en /en/) et **g** (sauf les vers 2-3, qui forment toutefois un alexandrin coupé en deux).

4 **b** (nombreuses métaphores et comparaisons), **c** (tonalité didactique : description précise et structurée) et **e** (champ lexical de la géographie).

2 Les recueils de poésie au programme → P. 36-37

1 **1.** a · **2.** c · **3.** a, b et c · **4.** b

2 **1.** c · **2.** c · **3.** c · **4.** b

3 **1.** a et b · **2.** c · **3. a.** « Zone » – la modernité ; « Le pont Mirabeau » – la fuite du temps ; « Nuit rhénane » – l'ivresse ; « Les colchiques » – l'automne ; « La Loreley » – l'amour et la mort · **4. c.**

3 La littérature d'idées : histoire littéraire et outils d'analyse → P. 58-59

1 **1.** c · **2.** a et c · **3.** b · **4.** a

2 **1.** b · **2.** b · **3.** a

3 **1.** b · **2.** b et c · **3.** b

4 **1.** c · **2.** a · **3.** b

4 Les œuvres de littérature d'idées au programme → P. 80-81

1 **1.** c · **2.** b · **3.** b et c · **4.** a et b

2 **1.** b · **2.** a · **3.** b · **4.** c

3 **1.** b · **2.** c · **3.** c · **4.** a

5 Le roman et le récit : histoire littéraire et outils d'analyse → P. 102-103

1 **1.** a et d · **2.** a

2 **1. a.** Rabelais – XVIᵉ siècle ; **b.** Mme de Lafayette – XVIIᵉ siècle ; **c.** Montesquieu – XVIIIᵉ siècle ; **d.** Chrétien de Troyes – Moyen Âge · **2.** b

3 **1.** a, b et d · **2.** Zola – naturalisme ; Balzac – réalisme ; Flaubert – réalisme ; Hugo – romantisme ; Stendhal – réalisme ; Maupassant – réalisme

4 **1. a.** *La Peste* – Camus ; **b.** *La Condition humaine* – Malraux ; **c.** *L'Écume des jours* – Vian ; **d.** *Nadja* – Breton · **2.** b et c

5 **1. a.** narratif ; **b.** au passé, à la 3ᵉ personne ; **c.** omniscient · **2.** a, b et c

6 Les romans et récits au programme → P. 124-125

1 **1.** a · **2.** b, c et d · **3.** b et d · **4.** b et d · **5.** b

2 **1.** a et b · **2.** b · **3.** a, b et d · **4.** b, c et d · **5.** a

3 **1.** a · **2.** a · **3.** c · **4.** b · **5.** b et c

CORRIGÉS DES TESTS

7 Le théâtre : histoire littéraire et outils d'analyse → P. 146-147

1 1. a, b et c · 2. a · 3. a et b · 4. c ·
5. b

2 1. a · 2. c · 3. a et b · 4. a et b
3 1. a, b et c · 2. b · 3. c

8 Les pièces de théâtre au programme → P. 168-169

1 1. c · 2. a et c · 3. Argan → d ;
Toinette → b ; Cléante → a ; Béline → c
· 4. a, b et c

2 1. c · 2. M. Remy → a ; Mme Argante
→ c ; Dubois → b · 3. 1-b, 2-d, 3-a,
4-c · 4. *Les Fourberies de Scapin* →

b ; *Tartuffe* → a ; *Le Jeu de l'amour
et du hasard* → c

3 1. la Mère → b ; Suzanne → c ;
Catherine → a ; Antoine → d
· 2. c · 3. a · 4. a et c

9 Maîtriser les outils de l'analyse grammaticale et littéraire → P. 190-191

1 1. c · 2. b · 3. c
2 1. d · 2. c · 3. a
3 1. a · 2. a et c : énoncé coupé
de la situation d'énonciation ;

b, d, e et f : énoncé ancré dans la
situation d'énonciation

4 1. a · 2. a et d
5 1. b · 2. b · 3. a · 4. a

10 Construire un commentaire organisé → P. 208-209

1 1. b · 2. a · 3. a, b, c, d, f, i et j
2 1. c · 2. c · 3. c · 4. b

3 1. b · 2. b · 3. a · 4. a

11 Construire une dissertation → P. 228-229

1 1. c · 2. b · 3. a · 4. b
2 1. c · 2. a · 3. c · 4. b

3 1. a · 2. c · 3. c · 4. a

12 Améliorer ses écrits → P. 248-249

1 1. c et d · 2. b et c · 3. a, b et d
2 1. a. *comme* – comparaison ;
b. *parce que* – cause ; c. *également* –
addition ; d. *en revanche* – opposition ;
e. *soit… soit* – hypothèse ;
f. *bien que* – concession · 2. b

3 1. c · 2. b
4 1. a. piédestal ; b. au temps pour lui ;
c. quand même · 2. a (un arbre sans
fruits) et c (un vélo sans roues) ·
3. a. censé ; b. cour ; c. est · 4. c · 5. a
et d

13 Préparer et passer l'épreuve → P. 270-271

1 1. a et c · 2. a, c et d
2 1. a et d · 2. a, b et d · 3. c et d · 4. c

3 1. c · 2. b et d · 3. a, b et d · 4. a et c

14 Être à l'aise à l'oral → P. 292-293

1 1. c · 2. b · 3. a · 4. d
2 1. d · 2. d · 3. b et d

3 1. a et c · 2. a et b · 3. b

Le personnage de roman   **307**

LEXIQUE LITTÉRAIRE
La poésie

■ **Accentuation**

Manière d'intensifier la prononciation d'une syllabe. La syllabe accentuée et celle qui la suit sont séparées par une coupe.

■ **Allitération, assonance**

• Allitération : répétition d'une même consonne dans des mots voisins.

• Assonance : répétition d'une même voyelle dans des mots voisins.

■ **Art poétique**

Ouvrage didactique, généralement en vers, réunissant un ensemble de règles concernant la versification et la composition des divers genres de poésies.

Par extension, l'art poétique désigne tout poème dans lequel s'exprime une conception personnelle de la poésie.

■ **Ballade**

Forme fixe de la poésie médiévale composée de trois strophes et d'une demi-strophe appelée envoi caractérisée par le retour du même refrain à la fin de chaque strophe.

■ **Blason**

Poème qui fait l'éloge ou le blâme d'une personne (et parfois d'un objet ou d'une notion) à travers une description détaillée.

■ **Calligramme**

Du grec *kallos* « beau » et *gramma* « écriture ». Mot inventé par Guillaume Apollinaire pour désigner des poèmes dont le texte est disposé en forme de dessin.

■ **Césure / coupe**

• Césure : coupe principale du vers. Dans l'alexandrin classique, elle est située après la sixième syllabe.

• Coupe : division du vers en mesures rythmiques secondaires par rapport à la césure. Les coupes et la césure créent le rythme du vers.

■ **Chanson**

Genre poétique d'origine médiévale qui repose sur l'union d'une musique, d'un texte et de la voix humaine et est généralement composé de plusieurs strophes et d'un refrain.

■ **Élégiaque**

Tonalité poétique qui exprime, sur le ton de la plainte, la méditation mélancolique du poète sur les peines de l'amour ou la fuite du temps.

■ **Enjambement, rejet, contre-rejet**

• Enjambement : procédé poétique consistant à supprimer la pause habituelle à la fin du vers en rompant l'accord entre l'unité du vers et celle de la phrase.

• Rejet : forme d'enjambement où la limite du vers et celle de la phrase ne concordant pas, un élément déborde dans le vers suivant.

• Contre-rejet : forme d'enjambement où un élément déborde dans le vers précédent.

■ **Épique**

Tonalité propre à l'épopée qui, par extension, peut être associée à d'autres œuvres caractérisées par un style élevé et la représentation de héros historiques et légendaires.

■ **Formes fixes**

Formes poétiques qui obéissent à des règles instituées (nombre de strophes, mètre, rimes…).

LEXIQUE

■ **Hémistiche**
Chacune des moitiés d'un vers coupé par la césure.

■ **Hymne**
Poème généralement long, en alexandrins ou en décasyllabes, consacré à l'éloge d'un personnage mythologique, d'un souverain ou d'une entité abstraite.

■ **Lyrique**
Tonalité particulière généralement associée à la poésie qui a pour objet l'expression des sentiments.

■ **Mètre**
Type de vers déterminé par le nombre de syllabes et de coupes qu'il comporte.
Voici les principaux mètres :
• Alexandrin : vers français de douze syllabes traditionnellement utilisé en poésie entre le XVIe et le XIXe siècle.
• Décasyllabe : vers de dix syllabes, très fréquent dans la poésie médiévale.
• Octosyllabe : vers de huit syllabes, le plus ancien vers français.

■ **Ode**
Poème lyrique d'éloge et de célébration, originaire de la Grèce antique.

■ **Poème en prose**
Poème non versifié, inventé au XIXe siècle par Aloysius Bertrand, qui s'inscrit dans le mouvement romantique de rejet des règles traditionnelles et des formes fixes.

■ **Pointe**
Trait d'esprit, jeu de mots ou expression piquante qui marque la fin d'un poème, d'une épigramme ou d'un conte et qui a pour but de surprendre le lecteur.

■ **Rime**
Reprise d'un même élément sonore à la fin de deux vers au moins.

Les rimes

Disposition
• plates : AABB
• croisées : ABAB
• embrassées : ABBA

Terminaison
• féminines : terminées par un e muet
• masculines : toutes les autres

Qualité
• pauvres : reprise d'un seul son
• suffisantes : reprise de deux sons
• riches : reprise de trois sons

■ **Sonnet**
Poème à forme fixe d'origine sicilienne composé de deux quatrains et de deux tercets, généralement en alexandrins. Il est particulièrement prisé par les poètes de la Pléiade.

■ **Strophe**
Ensemble de vers défini par sa disposition dans la page (les strophes sont séparées par des blancs), le groupement des mètres (égaux ou alternés) et l'agencement des rimes.

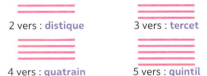

2 vers : **distique**   3 vers : **tercet**

4 vers : **quatrain**   5 vers : **quintil**

■ **Vers**
Unité de base du poème, le vers est défini par un retour à la ligne. On classe les vers selon leur mètre.

■ **Vers libre**
Caractéristique de la poésie moderne, le vers libre se libère des règles de versification traditionnelles (rimes, mètre régulier…).

Lexique   **309**

LEXIQUE

La littérature d'idées

Apologie
Discours ou écrit visant à défendre et, par extension, à louer une personne ou une doctrine.

Apologue/fable
Court récit en prose ou en vers, utilisant souvent l'allégorie animale à des fins didactiques et morales.

Caricature
Présentation défavorable d'une personne, d'un objet ou d'une idée, par le recours à l'exagération et à la déformation.

Conte philosophique
Genre hybride, apparu au XVIIIᵉ siècle, qui met les qualités du conte traditionnel (récit court, fictif et plaisant) au service de problématiques philosophiques.

Convaincre, démontrer, persuader
• Convaincre : amener un interlocuteur à reconnaître la véracité ou la nécessité d'une proposition en utilisant des arguments raisonnés.
• Démontrer : établir la vérité d'une proposition d'une manière rigoureuse.
• Persuader : amener un interlocuteur à adhérer à une proposition en jouant sur ses sentiments grâce à des procédés rhétoriques.

Didactique
Tonalité qui caractérise des textes écrits pour transmettre un savoir.

Discours
Exposé sur un thème déterminé, destiné à être prononcé devant un auditoire.

Éloge/blâme
• L'éloge est un discours prononcé ou écrit vantant les mérites et les qualités d'un individu, d'une institution ou d'une chose.
• Contrairement à l'éloge, le blâme stigmatise les défauts et les insuffisances d'un individu, d'une institution ou d'une chose.

Éloquence
Art de persuader par la parole en usant de procédés rhétoriques.

Engagé
Se dit d'un écrivain qui, d'une part, affiche des convictions politiques ou philosophiques l'engageant dans les débats de son temps, et, d'autre part, considère la littérature comme un média possible de ses convictions.

Essai
Genre en prose, inventé par Montaigne, qui se caractérise par sa forme libre et son refus de l'exhaustivité. L'essai expose des pistes de réflexion et des tentatives d'interprétation, sans prétendre élaborer une doctrine.

Euphémisme
Figure de style consistant à atténuer l'expression d'une idée jugée trop brutale, désagréable ou vulgaire en substituant au terme précis un mot ou une périphrase jugés plus acceptables.

Humanisme
Philosophie qui place l'homme et ses valeurs au-dessus de toute autre considération, et qui vise à l'épanouissement des qualités humaines. Le mouvement humaniste se développe dans toute l'Europe pendant la Renaissance et se caractérise par un retour à la culture antique.

Humour
Tonalité qui se caractérise par la capacité à considérer la réalité sous un aspect insolite et plaisant et permet une prise de distance.

Hyperbole
Figure de style consistant à amplifier un énoncé pour produire une impression forte.

LEXIQUE

Ironie
Forme d'expression consistant à dire le contraire de ce que l'on pense, ou à feindre d'approuver les opinions d'un adversaire pour mieux en montrer l'ineptie ou la cruauté.

Littérature de l'absurde
Mouvement littéraire, nourri par les préoccupations existentialistes, qui se développe après la Seconde Guerre mondiale et tend à marquer un « retour du tragique » (J.-M. Domenach). Les écrivains de ce mouvement postulent l'absurdité de l'existence et dévoilent les impasses de la communication.

Lumières
Mouvement philosophique et littéraire du XVIIIe siècle, qui prône l'usage de la raison contre les préjugés et l'intolérance, et remet en cause l'ordre politique, social et religieux de l'Ancien Régime.

Maxime
Au XVIIe siècle, formule brève et frappante exprimant une vérité générale en matière de morale ou de psychologie. La Rochefoucauld en fait un genre littéraire.

Morale
Dans une fable ou un apologue, conclusion sous forme de leçon.

Moraliste
Auteur qui, partant de l'observation des mœurs, propose des réflexions sur la nature humaine.

Stratégie argumentative
Moyens mis en place, en fonction du thème ou de la situation, pour convaincre un auditoire.

Oratoire (style)
Qui vise, par des procédés expressifs et des effets de rythme, à impressionner l'auditoire ou à le séduire.

Pamphlet
Écrit, généralement court, de tonalité satirique et polémique, qui attaque vigoureusement un pouvoir politique ou religieux ainsi que les personnes qui l'incarnent.

Pathétique
Qui est propre à exciter des émotions intenses telles que la douleur ou la pitié.

Parabole
Récit allégorique et symbolique. La parabole est généralement associée aux livres saints mais peut être utilisée dans tout récit à contenu moral.

Parodie
Imitation, dans une intention comique, d'un genre, du style d'un auteur, d'une cérémonie…

Plaidoyer
Discours ou ouvrage argumentatif consacré à la défense, généralement passionnée, d'une personne, d'une idée ou d'une cause dans un contexte de controverse publique.

Polémique
Qualifie une œuvre, un esprit ou un style qui critique, attaque ou discute avec vivacité et agressivité.

Réquisitoire
Discours, passage d'une œuvre ou bien œuvre intégrale mettant en accusation une personne ou une idée.

Satire
Toute œuvre ou passage d'une œuvre, quel qu'en soit le genre, qui attaque les mœurs des contemporains de l'auteur, ou qui contient une critique politique, sociale ou religieuse.

Thèse
Proposition que l'on tient pour vraie et que l'on soutient par une argumentation pour la défendre contre d'éventuelles objections.

Lexique

LEXIQUE

Le roman et le récit

■ **Abyme (mise en)**
Procédé qui consiste à inscrire dans l'œuvre une réflexion sur l'œuvre elle-même, ce qui brouille les frontières entre le réel et l'imaginaire. Exemple : un personnage de roman qui écrit lui-même un roman.

■ **Antihéros**
Personnage de fiction dépourvu des caractéristiques traditionnellement attribuées au héros (courage, force, beauté, vertu…).

■ **Autobiographie**
Genre littéraire dans lequel l'auteur fait le récit de sa propre vie.

■ **Autofiction**
Genre littéraire qui mélange les éléments autobiographiques et les éléments fictionnels.

■ **Description**
Représentation de ce qui se situe dans l'espace. Elle a plusieurs fonctions.

La description
- Fonction référentielle : elle donne à voir
- Fonction narrative : elle analyse et fait avancer l'intrigue
- Fonction narrative : elle renvoie par analogie au personnage
- Fonction poétique : elle est caractérisée par un style recherché

■ **Ellipse**
Suppression d'un épisode dans un récit.

■ **Épilogue**
Partie ajoutée à la fin d'un roman, qui raconte des faits postérieurs au dénouement de l'action principale.

■ **Épistolaire (genre)**
Genre littéraire, très en vogue au XVIIe siècle, qui concerne à la fois des lettres réelles de personnes célèbres, publiées sous forme de recueils, et des lettres fictives, dans les romans par lettres.

■ **Explicit**
Dernières pages d'un roman qui présentent la situation finale.

■ **Fantastique, merveilleux**
• Fantastique : registre qui fait intervenir des éléments surnaturels dans le monde quotidien.
• Merveilleux : registre caractérisé par l'omniprésence du surnaturel.

■ **Focalisation (point de vue)**
Notion inventée par Genette à la fin du XXe siècle qui permet de déterminer, à l'intérieur d'un récit ou d'une description, comment et par qui sont vus les éléments narrés ou décrits.

Focalisation
- Interne : l'histoire est racontée à travers ce que sait et voit un personnage
- Externe : l'histoire est racontée par un témoin extérieur de façon neutre et objective
- Zéro : le narrateur est omniscient, il raconte comme s'il savait et voyait tout

LEXIQUE

■ Incipit
Premières pages d'un roman ou d'un conte qui présentent la situation initiale. L'incipit *in medias res* est un cas particulier dans lequel le lecteur est projeté au milieu de l'action.

■ Naturalisme
Mouvement littéraire développé dans la deuxième moitié du XIXe siècle, par Zola en particulier, qui cherche à rivaliser avec la science et faire du roman un lieu d'expérimentation.

■ Nouveau Roman
Génération de romanciers, apparue après la Seconde Guerre mondiale, qui se caractérise par une contestation radicale des règles traditionnelles du roman et le refus de mettre leur œuvre au service d'une idéologie.

■ Pastiche
Pratique d'écriture consistant à imiter, dans une intention ludique, un texte-source tiré de l'œuvre d'un écrivain reconnu.

■ Réalisme
Mouvement artistique de la deuxième moitié du XIXe siècle qui revendique la liberté de traiter des sujets de la vie réelle et contemporaine et de représenter la banalité du quotidien.

■ Récit de voyage
Genre centré sur la relation d'un voyage, en général réel, effectué par l'auteur, qui en expose la description et les péripéties dans le but d'instruire et de divertir un lecteur.

■ Roman d'apprentissage
Type de roman dans lequel un jeune héros mûrit au fil des épreuves que lui réservent la société et l'amour.

■ Roman picaresque
Genre romanesque né au XVIe siècle en opposition aux romans de chevalerie idéalisés et qui raconte les aventures d'un picaro, jeune homme marginal, pauvre et rusé.

■ Romantisme
Mouvement artistique, né au XIXe siècle en réaction au classicisme, qui met l'accent sur l'individu et ses souffrances, la nature et l'imaginaire et revendique la liberté totale du créateur.

■ Schéma narratif
Décomposition de la structure d'un récit en cinq étapes :

1. situation initiale : début du récit et présentation des éléments qui le composent ;

2. élément perturbateur : déclencheur qui bouleverse la situation initiale ;

3. péripéties : ensemble des actions entreprises par le héros pour atteindre son but et des problèmes auxquels il se trouve confronté ;

4. dénouement : résolution qui met fin aux péripéties ;

5. situation finale : situation à laquelle aboutit le récit.

■ Science-fiction
Genre qui prend pour thème « non la réalité telle qu'elle nous apparaît, mais celle que nous pouvons commencer à imaginer à partir des données les plus avancées de la science » (Marc Soriano).

Lexique **313**

LEXIQUE

Le théâtre

■ Absurde (théâtre de l')

Mouvement théâtral apparu en réaction à la Seconde Guerre mondiale qui conteste la logique et les règles dramaturgiques traditionnelles et qui marque un « retour du tragique » (J.-M. Domenach).

■ Abyme (mise en)

Procédé qui consiste à inscrire dans l'œuvre une réflexion sur l'œuvre elle-même, ce qui brouille les frontières entre le réel et l'imaginaire. Exemple : mettre en scène des personnages qui jouent une pièce de théâtre.

■ Aparté

Mot ou parole brève qu'un personnage dit à part soi, en présence d'autres personnages, et que seul le spectateur est censé entendre.

■ Bienséances

Notion propre au théâtre classique. La bienséance externe répond à une exigence de convenance morale et vise à dissimuler tout élément susceptible de choquer le public. La bienséance interne concerne la cohérence de la structure de la pièce et des personnages.

■ Catharsis

Définie par Aristote, elle désigne la fonction moralisatrice de la tragédie classique qui purge (libère) par procuration le spectateur de ses passions néfastes, en faisant de lui le témoin des pulsions et des souffrances du personnage.

■ Comédie

Pièce divertissante représentant des personnages de moyenne et basse condition et dont le dénouement est nécessairement heureux.

■ Coup de théâtre

Tout événement inattendu qui modifie radicalement le cours de l'action ou son dénouement.

■ Dénouement

Ce qui conclut une pièce de théâtre et « dénoue » le nœud dramatique. Il doit être nécessaire, complet et rapide.

■ *Deus ex machina*

Tout événement, toute intervention surnaturelle, tout personnage dont l'arrivée fortuite au dernier acte dénoue providentiellement la situation.

■ Didascalies

Instructions de jeu et de mise en scène données, dans le texte même, par l'auteur pour ses personnages.

■ Dramatique

Tonalité qui caractérise des scènes riches en péripéties, fondées sur une succession rapide d'actions ou d'événements, dans une atmosphère de tension et de violence.

■ Drame romantique

Genre théâtral né au début du XIXᵉ siècle qui veut peindre le monde et l'homme dans leur totalité, en mêlant les registres (grotesque et sublime) et les genres et en se détournant des règles du théâtre classique.

■ Exposition

Première partie d'une pièce de théâtre où sont présentés tous les éléments nécessaires à la compréhension de l'action (personnages, lieux, intrigues…)

■ Farce

Toute courte pièce d'un comique bas et grossier. Certains procédés farcesques peuvent être repris dans des pièces plus complexes.

■ Fatalité

Destin auquel le héros dramatique est condamné par une puissance supérieure, les dieux dans la tragédie classique, et contre lequel il ne peut pas lutter.

314

LEXIQUE

■ Mélodrame

Drame populaire du XIXᵉ siècle cherchant à susciter des émotions violentes chez le spectateur, caractérisé par des situations complexes, des personnages stéréotypés et une recherche du pathétique.

■ Mise en scène

Ensemble des dispositions visant à régler la représentation de la pièce (jeu des comédiens, mouvements, décors…).

■ Monologue

Discours prononcé dans une pièce de théâtre par un personnage seul (ou qui croit l'être).

■ Nœud dramatique

Événements qui portent l'action à son plus haut degré de tension. Il est généralement résolu au dernier acte.

■ Pathétique

Tonalité propre à exciter des émotions intenses chez le spectateur telles que la douleur ou la pitié

■ Péripétie

Événement imprévu qui renverse le cours de l'action. Elle est, en principe, réversible contrairement au coup de théâtre.

■ Pitié

Selon Aristote, sentiment de compassion vis-à-vis de la douleur d'autrui, qui, avec la terreur, doit être suscité chez le spectateur qui assiste à une tragédie classique.

■ Quiproquo

Méprise, généralement comique, qui fait qu'une personne ou une chose est prise pour une autre, et situation qui en découle.

■ Représentation théâtrale

Action de donner un spectacle de théâtre devant un public.

■ Stichomythie

Succession de courtes répliques (un vers ou un hémistiche) entre deux personnages.

■ Tirade

Longue réplique qu'un personnage adresse d'un trait à un interlocuteur.

■ Tragédie

Pièce de théâtre en vers, codifiée au XVIIᵉ siècle, mettant en scène des événements funestes arrivés à de grands personnages et dont le dénouement est malheureux.

■ Tragicomédie

Pièce à sujet romanesque, qui met en scène des personnages de rang élevé, où se mêlent divers tons (tragique, pathétique et parfois comique) et dont le dénouement est généralement heureux.

■ Tragique

Tonalité dérivée de la tragédie qui se rapporte à une situation insoluble dans laquelle un héros est broyé par des forces qui le dépassent et n'a pas d'autre issue que la mort.

■ Unités (règle des trois)

Règle du théâtre classique qui impose que l'action évite les intrigues secondaires (unité d'action), soit restreinte à vingt-quatre heures (unité de temps) et se déroule en un seul lieu (unité de lieu).

■ Vaudeville

Aussi appelé « théâtre de boulevard ». Comédies d'intrigue, aux scénarios simplistes et stéréotypés, brodant souvent autour du thème de l'adultère et privilégiant des effets comiques appuyés.

■ Vraisemblance

Règle du théâtre classique qui impose que tout ce qui compose la pièce soit vraisemblable. Il ne s'agit pas de montrer le vrai mais ce que le spectateur est prêt à accepter comme vrai.

Définitions extraites de *A à Z Littérature*, © Hatier, 2011

TABLEAUX DE GRAMMAIRE
Natures

La nature d'un mot, d'un groupe de mots ou d'une proposition désigne la caté-gorie à laquelle il ou elle appartient : la nature d'un mot est indiquée dans le dictionnaire.

I. Nature des mots

On distingue les **mots variables**, qui peuvent porter une marque d'accord, des **mots invariables**, dont l'orthographe ne change pas.

1. Les mots variables

NATURE	DÉFINITION	EXEMPLES
nom	permet de nommer un être, une chose ou une idée	Elsa, soleil, liberté
déterminant	introduit le nom et indique le plus souvent son genre et son nombre	un, la, cette, ses
adjectif qualificatif	qualifie, précise une qualité du nom ou du pronom auquel il se rapporte	beau, grande, difficiles
pronom	remplace un nom ou un groupe nominal	elle, lui, ceux, le vôtre
verbe	• exprime une action ou un état ; • se conjugue (selon le temps et le mode auxquels il est employé, le nombre et la personne du sujet)	manger, viendra, auront fini

2. Les mots invariables

NATURE	DÉFINITION	EXEMPLES
adverbe	modifie le sens d'un verbe, d'un adjectif ou d'un autre adverbe	très, vraiment, ici, dehors
préposition	relie un mot et son complément	à, dans, par, pour, en, vers, avec, de, sans, sous
conjonction de coordination	relie deux propositions de même nature	mais, ou, et, donc, or, ni, car
conjonction de subordination	relie deux propositions dont l'une est subordonnée à l'autre	comme, que, lorsque, quoique

316

II. Nature des groupes de mots

La nature d'un groupe de mots dépend de son noyau.

NATURE	DÉFINITION	EXEMPLES
groupe nominal	groupe dont le noyau est un **nom**	un **spectacle** ; un magnifique **spectacle** de danse qui vous bouleversera
groupe adjectival	groupe dont le noyau est un **adjectif**	Mon avis est **proche** du sien.
groupe verbal	groupe dont le noyau est un **verbe conjugué**	Marco **n'est** jamais à l'heure.
groupe infinitif	groupe dont le noyau est un **verbe à l'infinitif**	**Obtenir** ce poste est mon seul objectif.
groupe participial	groupe dont le noyau est un **participe** (présent ou passé)	**Roulant** à pleine vitesse, le train n'a pas pu éviter l'obstacle.

III. Nature des propositions subordonnées

NATURE	DÉFINITION	EXEMPLES
conjonctive	proposition introduite par une conjonction de subordination (ou locution conjonctive) : *que, puisque, parce que...*	Nous souhaitons **que vous assistiez à toutes les réunions**.
relative	proposition introduite par un pronom relatif : *qui, que, quoi, dont, où, lequel, duquel...*	La série **dont tu parles** est très populaire.
interrogative indirecte	proposition introduite par un mot interrogatif : *qui, quand, comment, pourquoi, quel, si...*	Je me demande **quelle équipe va remporter la coupe du monde**.
exclamative	proposition introduite par un mot exclamatif : *quel, comme, combien...*	Je sais **combien c'est important pour toi**.
infinitive	proposition sans mot introducteur, qui comporte un infinitif ayant son sujet propre	Les gagnants du loto voient **leur vie changer du jour au lendemain**.
participiale	proposition sans mot introducteur, qui comporte un participe (présent ou passé) ayant son sujet propre	**L'année scolaire étant terminée**, le lycée a fermé ses portes.

TABLEAUX DE GRAMMAIRE

Fonctions

La fonction d'un mot correspond à son rôle dans la phrase.

FONCTION	DÉFINITION	EXEMPLES
sujet *(qui est-ce qui ? qu'est-ce qui ?)*	désigne l'être ou la chose qui fait ou subit l'action exprimée par le verbe ; commande l'accord du verbe	Le scandale du Watergate a éclaté en 1972.
complément d'agent	désigne l'être ou la chose qui fait l'action dans une phrase passive	Le scandale a été révélé par la presse.
COD *(qui ? quoi ?)*	complète directement le verbe et désigne son objet	Cette athlète a remporté plusieurs titres olympiques.
COI *(à qui ? à quoi ? de qui ? de quoi ?)*	complète indirectement le verbe (= par l'intermédiaire d'une préposition) et désigne son objet	Mon collègue vous a envoyé un email.
attribut du sujet	donne une caractéristique du sujet par l'intermédiaire d'un verbe (généralement un verbe d'état : *être, sembler, paraître...*)	Cette tarte semble délicieuse.
attribut du COD	donne une caractéristique du COD après un verbe exprimant un jugement, une opinion	Je trouve cette tarte délicieuse.
complément circonstanciel *(où ? quand ? comment ? ...)*	précise les circonstances de l'action (lieu, temps, manière ...) ; peut être supprimé ou déplacé ; répond à la question *où ?, quand ?, comment ?, dans quel but ?*, etc.	Les Américains ont débarqué en Normandie le 6 juin 1944.
complément du nom	expansion du nom le plus souvent introduite par une préposition	une brosse à dents, le chien de Paul
complément de l'adjectif	précise le sens de l'adjectif	Éva est déçue que tu ne sois pas là.
épithète (adjectif)	qualifie un nom ou un pronom, qu'il suit ou précède immédiatement	un moment agréable
apposition	apporte un complément d'information sur un nom ou pronom, dont il est séparé par une virgule	Paris, la ville-lumière, attire des millions de touristes chaque année.

318

CRÉDITS ICONOGRAPHIQUES

Rabat 1	Coll. Luc Viatour (lucnix.be) / Wikimedia commons
Rabat 2	Coll. Musée Carnavalet / Wikimedia commons
Rabat 3	Coll. Archives Hatier
Rabat 4	Coll. François Emile Zola / Wikimedia commons
Rabat 5	Coll. Hamburger Kunsthalle / Wikimedia commons
4 h	ph © Bridgeman images
4	© *Alcools*, Guillaume Apollinaire, Coll. Classiques & Cie Lycée © Editions Hatier
4	© *Les Contemplations*, Victor Hugo, Coll Classiques & Cie Lycée © Editions Hatier
4	© *Les Fleurs du mal*, Charles Baudelaire, Coll. Classiques & Cie Lycée © Editions Hatier
5 h	ph © Josse / Bridgeman Images
5	© *Les Caractères*, La Bruyère Coll. Classiques & Cie Lycée © Editions Hatier
5	© *Gargantua*, Rabelais, Coll. Classiques & Cie Lycée © Editions Hatier
5	© *Déclaration des droits de la femme et de la citoyenne*, Olympe de Gouges, Coll. Classiques & Cie Lycée © Editions Hatier
6 h	ph © Bridgeman images
6	© *Le Rouge et le Noir*, Stendhal, Coll. Classiques & Cie Lycée © Editions Hatier
6	© *La Princesse de Clèves*, Mme de Lafayette, Coll. Classiques & Cie Lycée © Editions Hatier
6	© *Mémoires d'Hadrien*, Marguerite Yourcenar, Coll. Folio © Editions Gallimard
7 h	ph © Michèle Laurent
7	© *Le Malade Imaginaire*, Molière, Coll. Classiques & Cie Lycée © Editions Hatier
7	© *Les Fausses Confidences*, Marivaux, Coll. Classiques & Cie Lycée © Editions Hatier
7	© Les Solitaires Intempestifs
10	ph © Beau Lark / Fancy / Photononstop
11	ph © Bridgeman images
13	ph © akg-images
17	ph © Archives Alinari, Florence, Dist. RMN-Grand Palais / Fratelli Alinari
19	ph © Hervé Lewandowski / RMN-Grand Palais (musée d'Orsay)
21	ph © Nimatallah / akg-images © Salvador Dalí, Fundació Gala-Salvador Dalí, Adagp, 2019
23	ph © akg-images
26	© *Les Fleurs du mal*, Charles Baudelaire, Coll. Classiques & Cie Lycée © Editions Hatier
32	ph © Bridgeman images
35	© Agence photographique du musée Rodin
39	© Mathieu Rabeau / RMN-Grand Palais (musée du Louvre)
41	© Agence photographique du musée Rodin
43	ph © Bridgeman Images © Adagp, Paris, 2019
44	© *Les Contemplations*, Victor Hugo, Coll Classiques & Cie Lycée © Editions Hatier
44	© *Alcools*, Guillaume Apollinaire, Coll. Classiques & Cie Lycée © Editions Hatier
45	© *Les Fleurs du mal*, Charles Baudelaire, Coll. Classiques & Cie Lycée © Editions Hatier
55	ph © Josse / Bridgeman Images
57	ph © Eric Vandeville / akg-images
61	ph © Eric Vandeville / akg-images
63	ph © Bridgeman Images
65	© Droits réservés
70	© *Gargantua*, Rabelais, Coll. Classiques & Cie Lycée © Editions Hatier
70	© *Les Caractères*, La Bruyère Coll. Classiques & Cie Lycée © Editions Hatier
71	© *Candide*, Voltaire, Coll. Classiques & Cie Lycée © Editions Hatier
74	© Lison Daniel - Instagram @les.caracteres
75	ph © G. Dagli Orti / De Agostini Picture Library / Bridgeman Images
79	ph © Josse / Bridgeman Images

83	Coll. Archives Hatier
85	ph © Josse / Bridgeman Images
87	© 2015 Ruby Films
88	© *Gargantua*, Rabelais, Coll. Classiques & Cie Lycée © Editions Hatier
88	© *Déclaration des droits de la femme et de la citoyenne*, Olympe de Gouges, Coll. Classiques & Cie Lycée © Editions Hatier
89	© *Les Caractères*, La Bruyère Coll. Classiques & Cie Lycée © Editions Hatier
99	ph © BnF
101	ph © Bridgeman images
105	ph © *Le Rapport de Brodeck*, Manu Larcenet d'après Philippe Claudel © DARGAUD, 2019
107	ph © BnF
109	ph © Bridgeman images
111	ph © Prod DB © Films Armorial - Sunchild productions / DR
114	© *Gargantua*, Rabelais, Coll Folio Classiques © Editions Gallimard
114	© *La Princesse de Clèves*, Mme de Lafayette, Coll. Classiques & Cie Lycée © Editions Hatier
115	© *Madame Bovary*, Gustave Flaubert, Coll. Classiques & Cie Lycée © Editions Hatier
116	© *La Princesse de Clèves*, Mme de Lafayette, Coll. Classiques & Cie Lycée © Editions Hatier
117	ph © Prod DB © Cinetel – Silver Films / DR
118	© *Les Liaisons dangereuses*, Laclos, Coll. Classiques & Cie Lycée © Editions Hatier
119	ph © Stéphane Maréchalle/RMN-Grand Palais (musée du Louvre)
123	ph © akg-images
127	ph © akg-images
129	Coll. Fine Art Images / Heritage Images / Christophel
131	ph © Eileen Tweedy / Aurimages
132	© *La Princesse de Clèves*, Mme de Lafayette, Coll. Classiques & Cie Lycée © Editions Hatier
132	© *Mémoires d'Hadrien*, Marguerite Yourcenar, Coll. Folio © Editions Gallimard
133	© *Le Rouge et le Noir*, Stendhal, Coll. Classiques & Cie Lycée © Editions Hatier
143	© Roger-Viollet
145	ph © Michèle Laurent
149	ph © Michèle Laurent
153	© Roger-Viollet
155	ph © Marc Enguerand / CDDS
158	© *Hernani*, Victor Hugo, Coll. Classiques & Cie Lycée © Editions Hatier
158	© *Dom Juan*, Molière, Coll. Classiques & Cie Lycée © Editions Hatier
159	© *Oh les beaux jours*, Samuel Beckett © Les Éditions de Minuit
161	ph © Eric Garrault / Pasco
162	ph © Photo Josse / Leemage / Bridgeman Images
164	ph © Michèle Bellot / RMN-Grand Palais (musée du Louvre)
167	ph © Marie Clauzade
171	ph © Marie Clauzade
173	ph © Mario Del Curto
175	ph © Josse / Bridgeman Images
176	© *Le Malade Imaginaire*, Molière, Coll. Classiques & Cie Lycée © Editions Hatier
176	© Les Solitaires Intempestifs
177	© *Les Fausses Confidences*, Marivaux, Coll. Classiques & Cie Lycée © Editions Hatier
187	ph © Thierry Thorel / CIT'Images
199	ph © https://www.marc chagall.net/the-concert.jsp- © Adagp, Paris 2019
202	ph © ART Collection / Alamy Stock Photo
261	ph © Nasjonalmuseet, The Fine Art Collections
267	ph © Beau Lark/Fancy / Photononstop